ADVANCED MARATHONING
THIRD EDITION

ピート・フィッツィンジャー、
スコット・ダグラス 著
篠原美穂 訳 前河洋一 監修

★

アドバンスト・
マラソン
トレーニング

ベースボール・マガジン社

CONTENTS ● 目次

本 書 の 発 行 に 寄 せ て

マラソンを走る。これほど人生を一変させる経験は、ないでしょう。マラソンは
5kmや10kmのレースとは違います。筋肉に蓄えたグリコーゲンの力では、ほん
の少し足りない、絶妙な距離（でもそこが面白い！）。この距離を走りきるための、鍛
錬と準備をしなければなりません。マラソンに求められる体力を身につけるためには、
長期にわたる大きなトレーニングブロックを細分化し、一つひとつの練習を積み重ねて
いくことが必要です。同時に、最高の走りをするには、休養が十分でケガもなく、エネ
ルギーが満ちた状態でレースに臨まなければならない。それは、ときとして気が遠くな
るようなことにも思えます。

　私自身、初めてマラソンに挑戦するまでは、37kmのロング走でさえ、走る前には神
経が高ぶり、怖気づいたものです。それでも、マラソンよりも短いランニングやさまざ
まなワークアウトをこなし、レース本番が目の前に迫ると、マラソンへの挑戦は大ジャ
ンプに臨むというよりは、次の一歩を踏み出すことのように思えてきました。レイ・ト
レーシーコーチは、白いカレンダーの小さな四角のなかに、毎日の練習を几帳面に書き
込んでくれていました。それを見れば、日々何を目的に練習し、何にフォーカスすべき
か、はっきりとわかります。その明確に組み立てられたトレーニングは、私にとって実
にありがたいものでした。そのおかげで、42.195kmを（自分にも負けず、坂にも負
けず、風にも負けずに）走るといっても、臆するほどのことではない、と思えたので
す。毎週毎週、練習は増え続け、その一つひとつがレースの日に必要な自信となりまし
た。マラソンレースは、その練習の積み重ねの先の、最終地点で行われる特別なイベン
ト。そんな感覚になったのです。マラソンは、レースと同じ距離をレースと同じペース
で練習するわけにはいきません。ですから、最高のレースにできる、という自信を自分
の身体に対して持つことも、やはりある程度必要なのです。

　ピート・フィッツィンジャー、スコット・ダグラス両氏が本書『アドバンスト・マラ
ソントレーニング』を通して伝えていることも、同じです。最高のレースにするために、
私たちはレースの日にピークを合わせ、体力を養成し、なおかつ身体を十分に休めて万
全の状態に整えます。そのためには、毎日何にフォーカスすべきなのか。それを本書が
ガイドとなり、教えてくれるのです（ただ、マラソンで経験することは、さまざまです。

人生を一変させる力を秘めていることは確かですが、すべてがうまくいくとはかぎりません）。

　以前、初めてマラソンに挑戦する従妹のミッシェルから助言を求められたことがあります。そのとき彼女に渡したのは、この『アドバンスト・マラソントレーニング』でした。なぜなら、レースの目標が幅広く設定されていて、エネルギー補給、テーパリング、ケガの予防に対するアドバイスが載っているだけでなく、ワークアウトや休みの日に関しても詳しく説明されているからです。ミッシェルはマラソン初心者ですが、読んでもらいたい人はほかにもいます。大学時代、クロスカントリーチームで一緒だったランナーのなかには、マラソンでベストの力を発揮し、オリンピック代表選考レースの出場資格を得たいと考えている人もいます。そういったランニング仲間にも、私はこの本を勧めています。

　マラソンという競技には、元気づけられることもあれば、力のなさを思い知らされることもあります。気持ちが奮い立つこともあるでしょう。また、レースまでの何週間にも及ぶ旅のあいだには、自分自身が変化していきます。それはただ単に筋肉が鍛えられ、肺や心臓が大きくなるだけではありません。意志が強固になり、自分のなかにひそんでいた、とてつもなく強い精神力に、気づくこともきっとあるでしょう。レース当日、スタートラインを一歩越えれば、そのときから42.195kmの競技は始まります。マラソンに至るまでの道のりも同じです。初日のトレーニングがどんなに楽に思えたとしても、その日からマラソンの旅は始まるのです。ぜひ、レースにエントリーし、この本を参考にして自分の旅程を組み立ててみてください。十分なトレーニング、ガイダンス、やりぬこうとする意志、周到な準備。これがそろえば、誰でもマラソンを走ることができると、私は信じます。皆さんのチャレンジを待っています。3カ月の旅は、きっとあなたを大きくしてくれるでしょう。

モリー・ハドル
10,000mとハーフマラソンの米国記録保持者、
オリンピック出場2回、マラソンベスト2時間26分

ワンランク上のマラソンへ、ようこそ。本書、『アドバンスト・マラソントレーニング』は版を重ね、第3版となった。初版と第2版に対しては好評をいただいており、ありがたいことに直接意見を寄せてくれる人も後を絶たない。マラソンという最も過酷なレースの攻略法を求める読者が、数えきれないほどいるという事実を、あらためて思い知らされるばかりである。

　マラソンは、ただ完走するだけであれば、特に秘訣などない。長く走れるようになるために、長く練習をする。それだけのことである。しかし、マラソンという競技で結果を出したいなら、話はそう簡単ではなくなる。

　結果にこだわるとなると、さまざまなことが気にかかってくる。それは42.195kmを走りぬくための基礎的な持久力の養成だけにとどまらない。ロング走はどれくらいの速さで走るべきか、どんなタイプのインターバルトレーニングをすべきか、最高のパフォーマンスのために食事はどう管理すべきか、ハードな練習をいつ行えば、体力を向上させつつ回復を促進できるのか。こうしたことにも関心が向くようになる。しかしそのベストアンサーは、簡単に手に入るものではない。確かなベースとなる知識が必要なのだ。そして、その知識を身につけられるのが、本書である。

　マラソンを走った経験があり、基礎レベルを卒業したいランナー、あるいはすでに短い種目で実績を残していて、次はマラソンを走ろうというランナーは、文字どおり「アドバンストなマラソントレーニング」を始めるべきである。第3版には新しい章を加えて内容を拡充し、各章に最新の情報を盛り込んだ。本書が読者のランニング・ライブラリーに欠かせない大切な一冊になれば、さいわいである。

アドバンスト・マラソントレーニング

　では、「アドバンストなマラソン」とは何か。「完走できた」と言えるだけのレースでは満足できないランナーたちが求めるもの、それがアドバンストなマラソンだ。マラソンを短い距離のレースのように、できるだけ速く走りたい、ということである。ただそうは言っても、生活のすべてをなげうって、トレーニングひとすじに生きるという意味ではない。年齢や現実の生活なども考えたうえでベストを尽くす、ということである。自己ベストをマークしたい、ボストンマラソンの参加資格を得たい、10年前の自分に勝ちたい。そんなランナーのために本

書は書かれている。

　競技としてのマラソンには、理にかなった綿密なトレーニングが必要だ。タイムを気にせず完走するだけのマラソンとは、まったくわけが違う。本気でパフォーマンスを向上させるつもりなら、知識が求められる。ロング走とレースペース走をどう組み合わせるのか、ハードな練習はどのくらいの距離をどのくらいのペースで行うべきか、40キロ地点でもスタート地点と同じペースで走るには何を食べるべきか、といったことが、わかっていなければならない。アドバンストなマラソンのベースには、ランニング仲間の知恵や体験談よりも確かなものが必要なのである。だからこそ、『アドバンスト・マラソントレーニング』では、トレーニングにおいてもレースにおいても、スポーツ科学をベースとしているのだ。

　第2部で紹介するトレーニングプログラムのベースとなっているコンセプトは、いたってシンプルだ。これは運動生理学の研究によって明らかになったことだが、世界屈指のマラソンランナーには、いくつか共通した生理学的特性がある。その特性とは、大量のグリコーゲン（体内貯蔵型の糖質）を筋肉内に貯蔵できる能力、最大下負荷のペースを長時間持続できる能力、大量の酸素を筋肉に送り込みそれを利用できる能力、優れたランニングエコノミー（一定量の酸素でより速く走れる能力）である。このうち、マラソンの成功に最も重要な特性が何であるかは、わかっている。そして、どのタイプの練習をすればその特性が向上するかということも、わかっている。では、マラソントレーニングとはどうあるべきか。それは、各タイプのトレーニングと十分な回復とのバランスをとり、速いペースで42.195kmを走り続けられる力を目標レースに向けて高めていく、というトレーニングである。

　もちろん、我々筆者は、トレーニングスケジュールだけを提示して、「我々を信じて、書かれているとおりにトレーニングをしなさい」と言って終わりにすることもできた。しかし、提示された練習を行う意味をより深く理解できれば、頑張って練習しようとするモチベーションも高まるだろう。そして、目標に対してどれだけ向上しているか、より正確に自分を評価できるようにもなる。このような考えから、我々はトレーニングスケジュールを紹介する前に、数章を割いてマラソン成功の原理を説明することにした。そこにはマラソンの成功に欠かせないものとは何か、そしてそれはなぜなのか、ということが書かれている。これを理解して自分のものにすれば、より優れたマラソンランナーになる力となるはずだ。では第1部の概要を紹介する。

マラソンを理解するためのガイド

　第1章は本書の中でもいちばん長い部類に入る。そのため、きちんと腰掛けて一気に読んでもらおうとは、我々も思っていない。実際、トレーニングスケジュールを選んで練習を始めてしまってもかまわないし、第1章をとばしてしまったことを気にする必要もない。しかし、第1章では本書のトレーニングスケジュールの基礎をなす理論を解説しているため、どこかの時点で第1章を読み込み、キーコンセプトを理解していなければならない。

第1章では、マラソンレースの成功に必要な生理学的特性について、詳しく掘り下げて説明する。その生理学的特性とは、乳酸性作業閾値（LT）が高いこと、大量のグリコーゲンを筋肉と肝臓に貯蔵できること、燃料としての脂肪の利用効率が高いこと、最大酸素摂取量（$\dot{V}O_2max$）が高いこと、ランニングエコノミーが優れていることである（何を言っているかわからなくても、今の時点では大丈夫だ。第1章を読めば、これらの概念の意味とマラソンとの関係が完全に理解できる）。第1章では、マラソンの成功に必要な特性について考察したあと、どのようなトレーニングをすれば、その特性を向上させる最大限の刺激を身体に与えられるか、解説する。

　第1章に登場する概念は、必ず理解すること。これは非常に重要だ。できるだけ多く、できるだけ速く走ればマラソントレーニングになると考える人もいるが、そうではない。よいレースがしたいという意欲がいくらあっても、トレーニングの傍ら本業もおろそかにはできない、というのが、おおかたの実情だ。よって、限られた時間内で最大の効果が得られるトレーニングをすることが必要になる。第1章を最後まで読めば、トレーニングスケジュールで指定されている練習がなぜマラソントレーニングとして有効なのか、わかるようになるだろう。

　第2章の主題は適切な栄養摂取と水分補給である。この2つがレースを成功させるうえで果たす重要な役割について説明する。マラソンランナーが食べるべきもの、飲むべきものについては、これまで確たる情報に基づくことなく議論されてきた。その不確かな点においては、トレーニングというトピックとさして変わらない。この第3版では、最新の研究とそのベストの実践法を1つにまとめあげ、新たに追加した。第2章を読めば、トレーニングやレースの燃料として何が必要なのか、そして、食事がどのように働いてマラソンの目標達成につながるのか、理解できるだろう。さらに、脱水症がパフォーマンスに及ぼす影響や、トレーニングやレースで脱水症を回避する方法ついても、学ぶことができる。

　繰り返しになるが、理にかなったマラソン練習とは、ハードなトレーニングをただ積み重ねることではない。第1章ではマラソンの鍵となる練習をいくつか紹介しているが、1つの練習を行ったら、まず身体にその効果を吸収させ、そのあとに他の重要な練習を行う。たいていの場合は、そうしたほうが目標に向かって大きく前進できる。要するに、特に長い距離の練習、強度の高い練習をしたあとは、身体の回復を図るべき、ということだ。第3章の主題は、身体を最大限に回復させる方法である。長距離あるいは高強度の練習をした翌日以降は、距離やペースをどのくらいに設定して走ればよいのか、燃料を素早く補給するためには何を食べたらよいのか、そしてハードな練習の成果を十分に得るためには、身体の発するサインをどのように観察すればよいのか、ということについて説明する。

　本書の後半で紹介しているトレーニングスケジュールに沿って一通りのトレーニングを行えば、マラソンを速く走るために必要な要素をすべて網羅したことになる。しかし、走っていない時間にも、マラソンランナーとして向上するために、できることはある。第4章では柔軟性トレーニング、コアスタビリティトレーニング、レジスタンストレーニング、有酸素性のクロ

ストレーニングといった、パフォーマンスを最大限に高めるトレーニングについて詳しく解説するほか、ランニングフォームドリルについてもいくつか紹介する。

　第5章は、この第3版で新たに設けた、年配ランナーのためのものである。マラソントレーニングの原理はすべてのランナーに共通するが、その原理をどう実行に移すかは、加齢により変わってくる。第5章ではまず、年齢とともに遅くなる理由について考察し、加齢による変化にうまく対応するための、トレーニング法、食事法、回復法について説明する。我々のアドバイスどおりにトレーニングをしても、これから生涯最高記録が生まれるとはかぎらないが、シニアランナーなりの知恵と力をつけることはできるだろう。

　第6章はテーパリングについてである。マラソンのタイムは、レース前の最後の2、3週間の過ごし方に大きく左右される。しかし、レース前のテーパリングは非常に重要でありながら、非常に誤解されてもいる。したがって、本書ではテーパリングの説明に1章を割くことにした。第6章を読めば、レースに向けた走行距離の減らし方と、その理由を知ることができる。また、体力を維持しつつも疲れが抜けた状態でスタートラインにつくには、レース直前にどのような練習をするべきかということも、わかるだろう。

　トレーニング理論の最終章である第7章では、レース当日にすべきことを詳しく説明する。レース戦略について区間ごとにアドバイスをするほか、当日の食事や、給水のとり方といった重要な事項についても説明する。

トレーニングプログラム

　第9章から第13章はトレーニングプログラムである。第1章から第7章で解説した理論を応用して作成した、レース当日までの1日ごとのスケジュールを紹介する。その前の第8章は、スケジュールに沿ってトレーニングを行うための詳しいマニュアルである。それぞれの練習を実施するペースがわかるだけでなく、ケガや病気などでスケジュールどおりにトレーニングができなくなった場合にどうスケジュールを調整するのか、ということも、初版と第2版に寄せられた読者の意見を通して学ぶことができる。

　第9章から第12章は、週間走行距離別のトレーニングプログラムである。指定されている走行距離の最も少ないのが第9章であり、トレーニング期間中最大となる週で89kmほどである。第10章の週間走行距離は89〜113km、第11章は113〜137kmである。第12章のプログラムは特に長い距離を走るランナーのためのもので、週間161km（100マイル）を超える週もある。

　どの距離のプログラムを選ぶかは、読者しだいである。自分のこれまでのトレーニング歴、ある距離を超えたときのケガの発生傾向、トレーニング期間中のランニング以外の予定などを考慮に入れて決めること。しかし、どのプログラムを選んでも、走行距離レベルに応じた力を最大限得られるように、練習が組まれている。

　第9章から第12章には、このほかにも決めなければならないことがある。各章では12週間

と18週間の、2通りのスケジュールを紹介している。ほとんどのランナーには18週間スケジュールのほうを勧めるが、そこまで時間に余裕がないときもあるだろう。12週間のスケジュールはそのような場合のプログラムである。最大限の期間をとらずにコンパクトにまとめてあるが、短期間で大きな成果を挙げるために必要な練習が組み込まれている。

　トレーニングスケジュールはひと目でわかるように作成した。表を横に見ると、レースに至るまでに、走行距離とメインのトレーニングがどう変化していくかがわかり、各期間のトレーニング目標もわかる。表を縦に見ると、どの練習がその週の重要な練習なのかがすぐにわかるので、さらに理解が深まる。本書のトレーニングスケジュールには、毎日の練習目的が明確に記されているため、その日の練習が何を得るためのものなのか、ということだけでなく、1週間を見渡して、どの練習が最も重要であるのかということも、確認できる。

　たしかにスケジュール表を見れば、レースまでの何週間にもわたる期間中に何をするべきか、1日ごとに指定されている。しかし、この綿密なスケジュールどおりに練習をこなせる読者はまずいないだろう。だからこそ、スケジュール表は縦にも横にも見るのだ。トレーニング期間のどの地点にいようと、今どのタイプの練習がいちばん重要なのかということは、表を縦横に見れば、すぐにわかる。練習日を2、3日入れ替えなければならない場合も、どの練習にプライオリティを置くべきか、判断がつくのだ。

　第13章のトレーニングスケジュールは、他のスケジュールとは若干趣が異なる。対象となるランナーも他の章と少々違う。第13章は、3カ月以内に2回以上レースに出るランナーのために書かれている。本来このようなスケジュールは、ベストなレースのためのトレーニングとは言えないが、筆者はそれを無謀だと頭ごなしに否定する立場にはない（もし反対の立場に立つなら、2018年のボストンマラソン優勝者である川内優輝に向かって、「そんなに何回もマラソンを走るなんてとんでもない」、と言わなければならない）。第13章では、このような挑戦をするランナーのことも認め、2回目（あるいは3回目、4回目）のレースで少しでもよい結果が得られるよう、他の章と同じ理論をベースにしたスケジュールを、次のレースまでの期間別に5通り（4、6、8、10、12週間）紹介する。

　以上で本書の概要と使い方が理解できたと思う。ではこれからマラソン成功のための基本原理を学んでいこう。

本 訳 書 の 数 値 の 表 示 に つ い て

原著では距離をマイルで表示しているが、本訳書では1マイル＝1.6kmとして換算し、kmを単位として表記する。この際、小数点第2位以下は四捨五入する。したがって、必ずしも切りのいい数値にはならないが、場合によっては0.1kmであっても有意な差になると考え、半端な数値を採用することにした。なお、レース戦略の説明では、一部マイル表示も残している。また、比喩的な表現においても、マイルを単位として使うことがある。液量に関しても、訳文表記上は半端な数字になっている箇所があるが、これは原著のオンスからmlに換算した結果である。

第①部
マラソントレーニング
とは何か

マラソンに必要な条件と
トレーニング

栄養摂取と水分補給

トレーニングと
回復のバランス

補助的トレーニング

年齢(と分別)を重ねた
ランナーの
トレーニング

ベストパフォーマンスのための
テーパリング

レース当日の戦略

©Jonathan Bachman/Getty Images for Rock 'n' Roll Marathon

第①部
マラソン
トレーニング
とは何か

第❶章
マラソンに
必要な条件と
トレーニング

第❷章
栄養摂取と
水分補給

第❸章
トレーニングと
回復の
バランス

第❹章
補助的
トレーニング

第❺章
年齢（と分別）
を重ねた
ランナーの
トレーニング

第❻章
ベスト
パフォーマンス
のための
テーパリング

第❼章
レース当日の
戦略

第②部
マラソン
トレーニング
プログラム

第❽章
プログラムの
実施

第❾章
週89kmまで
のマラソン
トレーニング

第❿章
週89〜
113kmの
マラソン
トレーニング

第⓫章
週113〜
137kmの
マラソン
トレーニング

第⓬章
週137km
以上の
マラソン
トレーニング

第⓭章
マラソンの
連戦について

第 1 章

マラソンに必要な条件とトレーニング

マラソンとは、慎重な姿勢が求められる競技である。肉体的な負担も、精神的な負担も、とてつもなく大きい。そのため、理にかなった綿密なトレーニングを行うことが、欠かせない。

　本書では、さまざまなアドバイスやトレーニングスケジュールを紹介するが、そのすべては「理にかなった綿密なトレーニング」の必要性から生まれたものである。我々筆者は、マラソンの研究者として、また生涯走り続けるランナーとして、世界屈指の指導者やトップランナーが実践するメソッドや知識を検証し、1つにまとめあげた。そして、彼らが試行錯誤の末に手に入れたその英知に、最新のスポーツサイエンスを織り込んだ。ランナーと呼ばれる人々は、タイムのためならたいていのことはいとわないものである。しかし、日々の生活全体から見れば、マラソンは時間とエネルギーを注ぐ対象のうちの1つにすぎない。本書ではこれを大前提としたうえで、マラソンのトレーニングとレースにおける最も重要な要素と、その理由・取り組み方について解説していく。

　別の言い方をすれば、マラソンのレースは一筋縄ではいかないが、トレーニングはさほど複雑にせずシンプルにすべき、ということだ。マラソンに求められる生理学的特性は決まっている。課題は、42.195kmをできるだけ速く走るということ。これをクリアするには、エネルギー利用という点から酸素消費能力やバイオメカニクス的な条件が必要になるが、精神的な強さも求められるだろう。本章では、マラソンに必要な生理学的な条件と、その条件を満たす最

も効果的なトレーニングについて考える。

　まず考察するのは、乳酸性作業閾値（LT）が高い、あるいは筋肉や肝臓に大量のグリコーゲンを貯蔵できるといった、生理学的な特性である。次に、パフォーマンス向上に有効なトレーニングのタイプに焦点を当て、その理由を説明する。そのあとはトレーニングの構築である。トレーニングをどう組み立てれば、理にかなった方法でトレーニングを進め、望んだ結果を得られるのか、検討する。そして最後に、マラソンの調整として走る、距離の短いレースの重要性について考える。本章を一通り読めば、効果的なマラソントレーニングを裏づける理論がわかり、力を入れるべきトレーニングのタイプとその理由が、理解できるだろう。

マラソンランナーの生理学的特性

　優れたマラソンランナーには共通点が多い。そしてその大部分は、遺伝とトレーニングによって決まる。将来どこまで力を伸ばせるかという範囲は遺伝によって決まり、自分の今の力がその範囲のどこにあるかは、トレーニングによって決まる。ここでは、マラソンの成功に必要な生理学的な条件について考察する。

　優れたマラソンランナーには、以下の生理学的特性がある：

・**遅筋線維の割合が高い**。筋肉内に存在する遅筋線維の割合は遺伝によって決まり、以下に挙げる生理学的特性のほとんどは、その影響を受ける。

・**乳酸性作業閾値（LT）が高い**。LTが高いと、筋肉内・血中の乳酸が高濃度にならずに、有酸素性エネルギーを素早く産生することができる。

・**グリコーゲン貯蔵量が多く、脂肪の利用効率が高い**。この2つの能力が高いと、筋肉はより多くの燃料を脂肪に頼ることができ、42.195kmを力強く走りきれるだけのグリコーゲンを、筋肉と肝臓にため込んでおくことができる。

・**ランニングエコノミーに優れている**。ランニングエコノミーとは、マラソンペースで走る際に、酸素を経済的に使える能力のことである。

・**最大酸素摂取量（$\dot{V}O_2max$）が高い**。$\dot{V}O_2max$が高いということは、より多くの酸素を筋肉に運べる能力があるということ、また、送り込まれた酸素を取り込み利用する筋肉の能力が高いということである。

・**回復が早い**。身体がトレーニングから早く回復できるということである。

　ただし、これらの条件のうち1つだけ備えていても、優れたマラソンランナーにはなれない。例えば、世界で最初にマラソン2時間3分切りを果たしたケニアのデニス・キメットは、20代半ばまではマラソンを走らず、その後突如として長距離ロードレースに専念するようになったランナーだが、ハーフマラソンより短い距離では、世界トップクラスの記録を持っていない。おそらくLTが群を抜いていて、遅筋線維の割合が高いのであろう。キメットと対照的なランナーを1人挙げるとすれば、同じケニア出身のエリウド・キプチョゲだろう。今日、世界最高の男子マラソンランナーと言って差し支えない選手である。2016年のリオデジャネイロ・オリンピックを制したキプチョゲのマラソンデビューは比較的遅かったが、それまではトラックで目覚ましい実績を挙げていた。1,500mという短い距離でも、世界トップクラスの記録を残している。マラソンで成功するか否かは、いくつかの生理学的なファクターとバイオメカニク

ス的な条件、さらには精神的な強さが相まって決まる。それでは、主な生理学的ファクターを1つずつ、さらに詳しく見て行こう。

遅筋線維の割合が高い

体内に無数に存在する筋線維は、遅筋線維、速筋繊維（タイプⅡa線維、タイプⅡb線維）に大別される。このうち、遅筋線維の割合が高いほど、マラソンでよい結果を出す確率は高くなる。遅筋線維には、耐疲労性がある、有酸素能力が高い、ミトコンドリアと毛細血管の密度が高い、といった、持久性運動に適した特性があるため、マラソンを走るには最適なのだ。

個人の持つ遅筋線維の割合は遺伝によって決まっている。しかし、持久性トレーニングを行うことにより、速筋線維、なかでもタイプⅡa線維の性質が、遅筋線維に近づく可能性はある。トレーニングに対してこのような適応があるのは、非常に望ましい。なぜなら、速筋線維がより効率的に有酸素性エネルギーを産生できるようになるからである。しかも、ある研究では、持久性トレーニングを長年行うと遅筋線維の割合が若干増える、という可能性も示されている。

遅筋線維の割合を最も正確に検査する方法は、バイオプシー（筋生検）である。バイオプシーでは、ニードルを使って筋肉内から細胞の断片を微量取り出し、分析をする。検査としては興味深い（そして痛みを伴う）が、ナンセンスだ。自分の筋線維組成を知ることができても、それに対して成す術はないからである。

LTが高い

LTが高いことは、持久系アスリートの条件として最も重要だと思われる。30分以上継続する競技において、パフォーマンスの限界にいちばんダイレクトに影響するのが、LTペースである。マラソンのレースペースは、筋肉内や血中に蓄積される水素イオンによって制限されるが、それには乳酸（糖代謝の副産物）の蓄積が伴う。LTとマラソンのパフォーマンスは密接に関係している。なぜならLTとは、筋肉が有酸素性エネルギー産生を維持できる最高の速度のことだからである。優れたマラソンランナーはたいてい、LTペースにきわめて近いペースでレースを走っている。

平均的なランナーの場合、LTは$\dot{V}O_2max$の約75〜80％に相当する。優れたランナーだと通常80％を超え、エリートランナーの多くは90％近くになる。つまりエリートランナーは、筋肉内や血中に乳酸が蓄積しないうちに、最大酸素摂取量の大部分を活用できる、ということである。

乳酸は筋肉によってつくられ、筋肉、心臓、肝臓、腎臓によって利用される。血中の乳酸濃度は、乳酸の生成と消費のバランスを示す。乳酸は、安静時でさえ微量生じている。今この場で血中乳酸濃度を測定したとしても、1mmol/L程度の濃度にはなるだろう。運動の強度を安静から歩行、軽いランニングへと上げても、乳酸の生成速度とともに消費速度も上昇するため、血中の乳酸濃度は比較的安定したままである。しかし、LTを超える強度で走ると、血中の乳酸濃度は上昇する。乳酸生成の速度に乳酸消費の速度が追いつかなくなるからである。

乳酸の蓄積量が増えると、乳酸生成に伴って生じた水素イオンが、エネルギー産生に使われる酵素の活性を抑制する。また、水素イオンはカルシウムの取り込みを阻害することがあり、

第①部
マラソン
トレーニング
とは何か

第❶章
マラソンに
必要な条件と
トレーニング

第❷章
栄養摂取と
水分補給

第❸章
トレーニングと
回復の
バランス

第❹章
補助的
トレーニング

第❺章
年齢（と分別）
を重ねた
ランナーの
トレーニング

第❻章
ベスト
パフォーマンス
のための
テーパリング

第❼章
レース当日の
戦略

第②部
マラソン
トレーニング
プログラム

第❽章
プログラムの
実施

第❾章
週89kmまでの
マラソン
トレーニング

第❿章
週89〜
113kmの
マラソン
トレーニング

第⓫章
週113〜
137kmの
マラソン
トレーニング

第⓬章
週137km
以上の
マラソン
トレーニング

第⓭章
マラソンの
連戦について

そうすると、筋肉の収縮能力が低下してしまう。つまり、エネルギーを素早く産生できなくなるため、ペースダウンせざるを得なくなるのだ。しっかりとトレーニングを積んだマラソンランナーが、なぜLTをわずかに下回る運動強度で走るのか、これでわかるだろう。

　しかし、適切なトレーニングを行えば筋線維内でいくつかの適応が生じ、乳酸やそれに伴う水素が筋肉内や血中に蓄積することなく、より高い強度で走ることができるようになる。この適応のなかで最も重要なのは、ミトコンドリアの数とサイズが増大すること、有酸素性酵素の活性が高まること、そして毛細血管密度が増加することである。これらの適応はすべて、酸素を利用するエネルギー産生能力の向上につながる。

ミトコンドリアの数とサイズが増大する

　ミトコンドリアは、筋線維の中で唯一、有酸素性エネルギーを産生できる場所である。ミトコンドリアは筋線維内のエネルギー生産工場、と考えるとよい。LTトレーニングでは、乳酸を多量に蓄積せずにエネルギー産生能力をフル活用するので、筋線維内のミトコンドリアのサイズが拡大し（工場の拡張）、数も増える（工場の増設）。ミトコンドリアが増加すると、有酸素性エネルギーの産生も増え、より速いペースを維持することができるようになる。このトレーニング適応は、マラソンランナーにとって非常に大きな意味を持つ。なぜなら、マラソンを走るのに必要なエネルギーの99％以上は、有酸素性エネルギーだからである。

有酸素性酵素の活性が高まる

　ミトコンドリア内に存在する酵素には、有酸素性エネルギーの産生を加速させる働きがある（つまり工場での生産スピードが上がる）。このエネルギー産生酵素の活性は、LTトレーニングによって高まる。つまり、LTトレーニングに対する適応により、ミトコンドリアのエネルギー産生効率が上がるわけである。エネルギー産生酵素の活性が高まるほど、有酸素性エネルギーの産生速度も上がる。

毛細血管密度が増加する

　酸素は、有酸素性エネルギーの産生に欠かせないものである。心臓は酸素が含まれた血液を、血管という優れたシステムを介して筋肉へと送り込む。毛細血管は最も細い血管であり、通常はいくつかの毛細血管で1本の筋線維を取り囲んでいる。この筋線維ごとの毛細血管の数、つまり毛細血管密度は、マラソントレーニングによって増やすことができる。毛細血管密度が増えると、酸素はより効率的に必要部位に運搬されるようになる。このほか、毛細血管には、燃料を筋線維に運搬し、二酸化炭素などの老廃物を除去する役目もある。運搬―除去システムの効率が上がると、酸素や燃料の供給がコンスタントに行われ、老廃物が筋肉内に急速に蓄積することも抑えられる。毛細血管密度が増加すると、各筋線維に酸素が行きわたるため、有酸素性エネルギーの産生速度が高まるのである。

グリコーゲンの貯蔵量が多く、脂肪の利用効率が高い

　糖質はグリコーゲンという形で体内に貯蔵されている。糖質はレース中、燃料として優先的に使われる。貯蔵されたグリコーゲンをレース中ずっともたせる方法は2つある。大量のグリコーゲンを体内に貯蔵できるようにトレーニングすること、そしてマラソンペースで走っても、グリコーゲンを温存できるようにトレーニングすることである。

スタート時に大量のグリコーゲンが筋肉と肝臓に貯蔵できていると、レース中、糖質を枯渇させずに速い速度で身体を動かすことができる。レース中、身体は糖質と脂肪を組み合わせ、燃料として使っている。そしてグリコーゲンが欠乏すると、身体は燃料を脂肪に頼ることになり、ペースダウンせざるを得なくなる。これは、脂肪代謝のほうが酸素の利用効率が低いためである。しかし、適正なトレーニングを行えば筋肉と肝臓が適応し、より多くのグリコーゲンを貯蔵できるようになる。グリコーゲンを使い果たしつつ走り終える練習を定期的に組み込むことにより、グリコーゲンの貯蔵量が将来的に増えるような刺激が身体に加わる（トレーニング・ロー＝レース・ハイのアプローチについては、第2章でより詳しく説明する）。

しかし、体内に貯蔵できるグリコーゲン量には限りがあるので、マラソンペースで走る際に脂肪をできるだけ多く使えるということも、有利な条件となる。優れたマラソンランナーは、脂肪利用能力が鍛えられている。この能力により、貯蔵したグリコーゲンを温存し、枯渇させずにゴールまで走りきることができるのだ。マラソンペースで走り、より多くの脂肪を利用できるように筋肉を鍛えれば、貯蔵したグリコーゲンはより長いあいだもつ。つまり、マラソンのレースで言えば、「壁」の登場が限りなくフィニッシュライン近くまで遠のき、ついには無くなってしまう、ということである。レース中に適切な量の糖質を摂れば、なおさらだ（そもそもこの「壁」という概念自体が、マラソンの練習、ペース設定、レース前後の糖質の摂取が適切でないことを、如実に表している）。本章の後半では、グリコーゲン貯蔵量と脂肪利用効率を向上させるトレーニング法について考察し、第2章では、こうしたトレーニング適応とパフォーマンス対する食事の影響について検証する。

ランニングエコノミーが優れている

一定の酸素量でどれだけ速く走れるか。それは、ランニングエコノミーで決まる。もし同じ酸素消費量で他のランナーより速く走れるなら、それは自分の走りが他人よりも経済的（ランニングエコノミーが優れている）ということである。これは車のエンジンに似ている。つまり、ある車が一定のガソリン量で他の車より長い距離を走れるなら、その車は他の車よりも経済的だ、という考え方だ。

見方を変えれば、ランニングエコノミーは、ある一定ペースで走るときに求められる酸素量と考えることもできる。同じペースで走ったときに消費する酸素量が他のランナーより少なければ、自分の走りのほうが経済的というわけだ。LTペースのランニングで消費する酸素量とランニングエコノミーとがわかれば、マラソンのタイムはかなり正確に推測できる。

ランニングエコノミーは、ランニングスピードによって異なる。そして、疲労とともにランニングエコノミーは低下する。したがって、マラソンのパフォーマンスに関わるのはマラソンペースでのランニングエコノミーであり、レースが進行するうちに生じるランニングエコノミーの低下を減らすことが重要である。

ランナーによってランニングエコノミーは大きく異なる。筆者が複数のエリート選手をテストしたところ、各選手が示したランニングエコノミーには、20％を超える差のあることがわかった。マラソンにおいて、酸素をできるだけ経済的に利用できることが大いに有利となるのは、明らかである。マラソンで消費するエネルギーのほぼすべては有酸素系によって供給され、

第①部 マラソントレーニングとは何か

→ 第❶章 マラソンに必要な条件とトレーニング

第❷章 栄養摂取と水分補給

第❸章 トレーニングと回復のバランス

第❹章 補助的トレーニング

第❺章 年齢（と性別）を重ねたランナーのトレーニング

第❻章 ベストパフォーマンスのためのテーパリング

第❼章 レース当日の戦略

第②部 マラソントレーニングプログラム

第❽章 プログラムの実施

第❾章 週89kmまでのマラソントレーニング

第❿章 週89～113kmのマラソントレーニング

第⓫章 週113～137kmのマラソントレーニング

第⓬章 週137km以上のマラソントレーニング

第⓭章 マラソンの連戦について

酸素の利用効率はその有酸素系のエネルギー産生速度を制限する、主なファクターだからである。

　例えば、LTでの酸素摂取量（訳者注：体重1kg・1分あたりの量）が同じ54ml/kg/分である2人のランナー、AとBが1km3分42秒ペースでレースを走っているとする。両者とも同程度の強度で走っているように見えても、実際にはそうでないことが多い。このペースで走るのに必要な酸素量が、ランナーAは51ml/kg/分、ランナーBは57ml/kg/分だとすると、ランナーAはLTをはるかに下回る強度で走っていることになり、この3分42秒ペースを持続できるはずである。いっぽうランナーBは、確実に乳酸と水素イオンを蓄積していくため、このペースを長時間保つことはできないだろう。ランナーAのLTにおけるペースがBよりも速いのは、Bよりも酸素を効率よく使ってエネルギーを生み出しているからである。

　ランニングエコノミーを決定する主なファクターは、速筋線維と遅筋線維の割合、バイオメカニクス上の諸条件の相互作用、トレーニング歴であると考えられる。遅筋線維の占める割合が重要なのは、速筋線維よりも遅筋線維のほうがミトコンドリアを多く含み、酸素の利用効率が高いからである。マラソンのトップ選手は遅いランナーよりもランニングエコノミーが高い傾向にあるが、その一因は、遅筋線維の割合が高いことにある。長年、トレーニングと走行距離を積み重ねてきたベテランランナーも、初心者ランナーに比べてランニングエコノミーが高いことが多い。その理由としては、筋線維の動員がより効率的だということもあるが、速筋線維が徐々に遅筋線維の性質を帯びるようになったというトレーニング適応も、考えられる。

　ランニングエコノミーは、バイオメカニクス上のさまざまな条件がどう互いに作用するかによっても変わる。しかし、ランニングエコノミーに大きな影響を与える単一の条件は判明していない。1つの条件だけを、他の条件に影響を与えずに変えるのは無理だ。これは、バイオメカニクスを改善しようとするときの問題の1つである。バイオメカニクス的なファクターのなかで、ランニングエコノミーの向上につながると考えられるのは、ランニング中の上下動とストライド長を最適化すること、そして、筋肉と腱の力を向上させ、着地したときに蓄えたエネルギーを、次の一歩のために再利用できるようにすることである。

最大酸素摂取量（V̇O₂max）が高い

　優れたマラソンランナーは最大酸素摂取量（V̇O₂max）が高い。V̇O₂maxが高いということは、大量の酸素を筋肉に運び込むことができるということであり、大量の酸素を筋肉が取り込んで有酸素性エネルギーの産生に利用できる、ということである。

　V̇O₂maxは、説明するまでもなく、運動をしない人よりもランナーのほうが高く、遅いランナーよりも速いランナーほうが概して高い。マラソンのトップランナーも、V̇O₂maxは高い傾向にあるが、その多くは5,000mのエリート選手に及ばない。そして5,000mのパフォーマンスのほうが、V̇O₂maxとの関連性が高い。また、女性のV̇O₂maxは男性のV̇O₂maxよりも10〜15%程度低い。女性は男性よりも生命を維持するのに必要な必須体脂肪率が高く、血中のヘモグロビン濃度が低いからである。

　V̇O₂maxの上昇に最も影響するのは、酸素を筋肉に運び込む能力の向上だと思われる。この酸素運搬能力には次の4つのファクターが関わっている。最高心拍数、心拍ごとに送り出され

る血液量、血中のヘモグロビン量、活動筋に運搬される血流配分である。ヘモグロビンについては、第2章で説明する。活動筋に運搬される血流の配分は、自分で変えることはできない。そうなると、残るは最高心拍数と心拍ごとに送り出される血液量である。

最高心拍数は遺伝的に決まっている。言い換えれば、トレーニングでは改善しない。しかし、マラソンのトップ選手の最高心拍数が特に高いというわけではないので、マラソンの成否の決め手にはならない。

心拍ごとにくみだされる血液量は、1回拍出量（SV）と呼ばれる。心臓の左心室が大きいと、それだけ多くの血液をためておくことができる。血液量はトレーニングによって増大し、その結果として、より多くの血液が左心室にためられるようになる。左心室が強ければ心臓は十分に収縮し、収縮末期に左心室に多くの血液が残ることもない。左心室を多くの血液で満た

第1部
マラソン
トレーニング
とは何か

→ 第❶章
マラソンに
必要な条件と
トレーニング

第❷章
栄養摂取と
水分補給

第❸章
トレーニングと
回復の
バランス

第❹章
補助的
トレーニング

第❺章
年齢（と分別）
を重ねた
ランナーの
トレーニング

第❻章
ベスト
パフォーマンス
のための
テーパリング

第❼章
レース当日の
戦略

第2部
マラソン
トレーニング
プログラム

第❽章
プログラムの
実施

第❾章
週89kmまで
のマラソン
トレーニング

第❿章
週89～
113kmの
マラソン
トレーニング

第⓫章
週113～
137kmの
マラソン
トレーニング

第⓬章
週137km
以上の
マラソン
トレーニング

第⓭章
マラソンの
連戦について

精神力と持久力

本章の内容の大部分は、マラソンの成否に最も関わる、生理学的特性についての説明である。LTやランニングエコノミーといった生理学的特性は、測定が可能だ。もし読者を10人集めて一通り実験を行えば、レースの着順を予想するのに必要な情報は、ほとんどそろうだろう。

しかし、その予想を正確にするためには、もう1つ決定的なファクターが必要だ。それは、集めた10人のランナーのうち、誰が自分の生理学的潜在能力の限界に最も近づけるか、ということである。遅筋線維の割合のような生理学的特性が人によって大きく異なるのと同じように、「メンタルタフネス」にも大きな個人差がある。ランナーのなかには、トップとは言いがたいが粘り強いレース運びで有名な選手もいる。反対に、エリートでも厳しい展開になるときまって力を出しきれずに終わる選手もいる。マラソンファンならばたいてい、何人か名前を挙げることもできるくらいだ。しかし、厳しい状況でも粘れる能力は、経験と意識的な努力によって、向上させることができる。

いくつかの研究では、持久系アスリートと非アスリートとを比べると、痛みに対する閾値が同じであっても、その耐性は持久系アスリートのほうが高い、ということが示されている。つまり、持久系アスリートも非アスリートも、痛みを感じたのは同じレベルだが、持久系アスリートのほうが、その痛みに長時間耐える力が大きかった、ということである。長距離ランナーは、日ごろから苦しみに対処する経験を積んできたため、一時的なつらさに耐えてゴールに行きつく術を知っていたのだ。これは特性として非常に大きい。苦しい走りをしているときやトレーニングでつらい局面にあるとき、あるいはレースでも、「何日間か普通の人になりたい」という強い衝動に、長距離ランナーは駆られるものなのである。

メンタルタフネスは、単に体力がつくだけでも向上する。これはすでに明らかになっていることだ。ふだん運動をしない人を対象とした研究では、適度な運動を6週間行っただけで、痛みに対する耐性が著しく上昇したことが示されている。マラソントレーニングは量も質もそれをはるかに上回る。よって、耐える練習としては数段上になるわけである。

自分にとって正しいマラソンの目標（達成は難しいが、目標として妥当であり、自分にとって目指す意味のある目標）を持つことも、精神的な強さを育む助けとなる。ペースダウンしたい、ショートカットしたい、もうやめたい、という誘惑に駆られるとき、自分の目標が本当に達成したいものであるなら、それを力の源泉に変えることができるだろう。

し、毎回の心収縮でその大部分をくみだせば、SVは多くなる。目的に合った正しいタイプの
トレーニングをすれば、SVは増える。事実、$\dot{V}O_2max$を向上させるトレーニングに対する適
応のなかで最も顕著なのは、SVの増加である。

回復が早い

優れたマラソンランナーは、トレーニングから速やかに回復することができる。このため回
復の遅いランナーに比べ、より多くのトレーニングをこなし、ハードな練習もより頻繁に行う
ことができる。回復速度は、遺伝、トレーニングの組み立て方、年齢、食生活や睡眠などの生
活習慣、トレーニング歴（人生30回目の30km走では1回目ほど疲れないであろう）と関係し
ている。

一定期間内に行うことのできる練習の回数は、ランナーによってまちまちである。回復走と
楽な強度で行う有酸素性のクロストレーニングは、トレーニングのなかでも重要な要素の1つ
であるが、注意深く行う必要がある。回復走やクロストレーニングの強度が高すぎると、オー
バートレーニングになり、ハードな練習の質が落ちてしまうリスクがある。これは長距離ラン
ナー、なかでもマラソンランナーが陥りがちな間違いである。ランナーの多くは、通常のトレ
ーニングと、回復走とのめりはりをつけていないのだ。通常のトレーニングの目的は、一段階
上のトレーニング刺激を与えて体力を向上させることにある。いっぽう、回復走の目的は、ハ
ードな練習からの回復を促進させ、次の練習に備えることにある。

回復走や、低強度から中強度までのクロストレーニングをすれば、筋肉への血流が改善され、
その過程で、ダメージを受けた筋細胞の修復促進、老廃物の除去、筋肉への栄養補給が行われ
る。しかし、回復走のペースが速すぎて、疲れきった状態でハードな練習に臨んでいるようだ
と、こうしたメリットもなくなる。回復走はゆっくり走れば、さらなる利点もある。つまり、
貯蔵されたグリコーゲンの消費が少量で済み、その分、次のハードな練習で利用できるのであ
る。回復を促進する食事については第2章で取り上げる。クロストレーニングについては、第
3章で回復促進の方法として軽く触れたあと、第4章で深く掘り下げる。

鍵となる生理学的特性を高めるトレーニング方法

これまでは、マラソンの成功に必要な生理学的特性について述べてきた。次に検討するの
は、こうした重要な特性を高めるトレーニングとは何か、そして、それをどう実施すれば、効
果的なトレーニングプログラムになるのか、ということである。ここでは、それぞれの特性
（LT、グリコーゲン貯蔵能力と脂肪利用効率、マラソンペースでのランニングエコノミー、
$\dot{V}O_2max$）を向上させるトレーニング方法のほか、マラソンに特化した総合的なトレーニング
についても検討したい。そして、第2章と第3章では、こうしたトレーニングからの回復を促
進する方法について解説する。

LTを向上させる

LTを向上させる最も効果的な方法は、現在のLTペースか、それよりも1kmあたり1、2秒
程度速いペースで走ることである（訳者注：本訳書の数値の表示についてにもあるとおり、本

書では原著のマイル表記を約1.6kmとしてkmに換算して表記する）。これは、持続的なランニング（テンポランニング）、あるいはロングインターバル（クルーズインターバル、またはLTインターバルともいう）の形で行う。こうした練習は平坦な場所だけでなく、アップダウンのある場所や坂道で行ってもよい。そうすれば、レース当日に走る地形のシミュレーションになる。

　このような練習では、筋肉内と血中に乳酸がちょうど蓄積し始める強度で走る。これよりも強度が低いと、LTペースを向上させるトレーニング刺激としては弱くなる。逆に、現在のLTペースより速いペースで練習すると、急激に乳酸が蓄積し、その強度を長時間維持することができない。乳酸を蓄積させずにきつい運動ができるよう筋肉を鍛えるトレーニングでは、強度が高すぎてもやはり効果は薄くなるようだ。LTを高めるトレーニング刺激は、LTペースに近い強度で運動する時間が長いほど、強くなる。

　LTトレーニングは、今の実力で約1時間、レースで持続できるペースで行うべきである。このペースであれば、筋肉内と血中に乳酸がちょうど蓄積し始める強度になるはずだ。テンポランニングは、あまり重視していない6〜10km程度のレースで行うことがあってもいいだろう。しかし、ついむきになって全力で走らないよう、注意すること。あくまでも、LTを高める最適ペースは現段階のLTペースであり、それをはるかに上回るペースではない。

　LTを高める練習としては、ウォーミングアップ15〜20分、テンポランニング20〜40分、クーリングダウン15分、といった構成が標準的である。本書で紹介するLTトレーニングはたいていがこの範囲に入るが、ほぼすべてのトレーニングスケジュールに、これより長い11km

第①部
マラソン
トレーニング
とは何か

第❶章
マラソンに
必要な条件と
トレーニング

第❷章
栄養摂取と
水分補給

第❸章
トレーニングと
回復の
バランス

第❹章
補助的
トレーニング

第❺章
年齢（と性別）
を重ねた
ランナーの
トレーニング

第❻章
ベスト
パフォーマンス
のための
テーパリング

第❼章
レース当日の
戦略

第②部
マラソン
トレーニング
プログラム

第❽章
プログラムの
実施

第❾章
週89kmまで
のマラソン
トレーニング

第❿章
週89〜
113kmの
マラソン
トレーニング

第⓫章
週113〜
137kmの
マラソン
トレーニング

第⓬章
週137km
以上の
マラソン
トレーニング

第⓭章
マラソンの
連戦について

乳酸性作業閾値(LT)を測定するには？

　LTは、トラックまたは運動生理学の研究室で測定するのが最も正確である。研究室の測定では、乳酸濃度が顕著に上昇するまで、数分ごとに速度を漸増してランナーを走らせる。そして、測定者が毎回ランナーの指に針を刺して血液を数滴採取し、分析する。4〜5分間のランニングを、毎回強度を上げながら何回か繰り返し、その合間に採血のための休憩を毎回1分間とるというのが、一般的な測定方法である。さまざまなランニング速度における血中乳酸濃度をグラフ化すれば、LTに相当するペースと心拍数は割り出せる。こうしてランナーは、得られた情報を使い、自分のトレーニング効果を最大限に高めることができる、というわけである。

　LTの測定としては、もっと手軽な、レース結果から予測するという方法もある。前にも書いたが、LTトレーニングは、今の実力で1時間、レースで走れるペースで行うべきである。これは2時間半を切るランナーであれば、ハーフマラソンのレースペースよりも若干速いペース、3時間程度のランナーであれば、15km度のレースペースに相当する。多少経験があるというレベルであれば、10kmのレースペースよりも1kmあたり6〜9秒遅いペース、という求め方もできる。トップランナーならば、マラソンは通常、LTペースよりも2〜3％遅いペースで走るものである。

　心拍数との関係で言うと、トレーニングを積んだランナーのLTは、最高心拍数の82〜91％、または心拍予備量の76〜88％に相当する（心拍予備量は最高心拍数から安静時心拍数を引いた値である）。最高心拍数の求め方については本章の後半で述べる。

程度のテンポランニングが1回入っている。マラソンのトレーニングとしては、LTインターバルも勧めたい。これは、LTペースで走る8〜18分間のランニングを、2〜4分の休息を挟み、2回あるいは3回繰り返す練習である。

　テンポランニングとLTインターバルは、マラソンより短いレースを走るランナーにとっては、両方ともよい練習となる。しかし、マラソンランナーにとっては、LTインターバルよりもテンポランニングのほうが、効果は勝る。結局のところ、マラソンは長い持続走であるから、テンポランニングのほうがより実戦に近いというわけだ。生理学的、心理学的な面から見ても、テンポランニングに軍配が上がる。気分が乗らないときにもテンポランニングを走りきるメンタルタフネスを身につければ、レースでもその強さが武器になるだろう。

グリコーゲン貯蔵能力と脂肪利用効率を向上させる

　グリコーゲンを貯蔵する能力と、脂肪を燃料として利用する能力は、両方とも同じタイプのトレーニングによって向上する傾向がある。持久性トレーニングをするだけで、この2つの適応を促す刺激となり、筋肉の毛細血管密度も高まる。マラソンランナーにとって、こうした持久性トレーニングの中心となるのは、90分間以上継続するランニングであるが、トレーニングの合計量にも意味はある。プログラムの負荷に耐えられるランナーに、1日に2回の練習や、多めの週間走行距離を設定するのには、こうした理由もある。

　ロング走はマラソンランナーにとって基礎を成す必要不可欠なトレーニングである。エリート選手も含め、すべてのマラソンランナーにとって、マラソンの距離は難題だ。しっかりとしたペースで42.195kmのレースを走りぬくには、心身を鍛えてこの長い距離をコントロールできるようになる必要がある。それを、一定ペースのロング走で身につけるのだ。ロング走は精神的な面でもプラスになる。長い距離を走ることにより、レース中に脚や身体にどういうことが起きるのか、シミュレーションできる。例えば、ハムストリングスが37km地点で張ってきたとしても、ロング走をしておけば、同じような感覚は体験済みだ。ストライドを数cm狭めたり、脚の回転に集中したりすれば走り続けられるということが、身をもってわかっているのである。それだけではない。これ以上走りたくないという抗いがたい衝動に打ち勝つ経験もできる。ロング走の練習では、よいことも悪いことも含め、多くのことを経験するが、それは実際のレースでもランナーを待ち受けているものなのだ。

　では、最適なロング走の距離とはどれくらいか。それを示す科学的なエビデンスはない。しかし、生理学的な適応を十分に促すことのできる距離と、ケガをしないでいられる距離のあいだには、トレードオフが確実に存在する。いつも39kmを超えるロング走をしていると、強くはなってもスピードは落ちる。なぜなら、ロング走以外に行うはずの、質の高いハードな練習ができなくなるからである。そればかりか、筋肉が極度に疲労すると衝撃吸収力がなくなるため、ケガをするリスクも高まる。

　筆者の経験から言うと、ケガをせずにレースをベストの状態で迎えるには、ロング走の距離を段階的に伸ばし、最長で34〜35km程度になるようにするのが、いちばん確実だ。レース経験が豊富でケガをしにくい人なら、38km程度を1回走っておくといいだろう。

　ロング走は、スロージョグになってはならない。スロージョグだと単に足を使った時間を増

やすだけである。ロング走の適正ペースは、トレーニング全体における練習の目的によって、それぞれ異なる。ただ、たいていの場合、最も効果的な強度はマラソンペースよりも10〜20%遅い範囲である（2、3回は、マラソンペースで行うロング走も必要だ。その根拠については本章の後半で説明する）。ハートレートモニターを使用するのであれば、ロング走のペースは$\dot{V}O_2max$の75〜84%、または心拍予備量（ハートレートリザーブ）の66〜78%の範囲である（訳者注：心拍予備量とは、最高心拍数から安静時心拍数を引いた数値。詳細についてはp.26のコラムを参照）。このペースなら、マラソンペースに近い姿勢と筋活動パターンで走っていることになる。完全を期すためには、レースをシミュレーションできるようなロング走のコースを見つけること。レース後半に現れる上りや下りの練習は、マラソンのトレーニングには欠かせない重要な要素である。

表1.1●ロング走のペースの例（1kmあたり）

マラソンペース	ロング走前半ペース（マラソンペースより20%遅い）	ロング走後半ペース（マラソンペースより10%遅い）
3'10"	3'58"	3'31"
3'25"	4'16"	3'48"
3'40"	4'35"	4'04"
3'55"	4'54"	4'21"
4'10"	5'13"	4'38"
4'25"	5'31"	4'54"
4'40"	5'50"	5'11"
4'55"	6'09"	5'28"
5'10"	6'28"	5'44"
5'25"	6'46"	6'01"

　ロング走がこれよりもはるかに遅いペースになると、準備不足でレースに臨むことになりかねない。ゆっくりとしたロング走だと、よくない走り方が助長されるばかりか、レースのきつさもシミュレーションできない。いっぽう、速すぎるペースだと、レースパフォーマンスを度外視したトレーニングになってしまう。なぜなら疲労が抜けず、他の重要な練習が満足にこなせなくなるからである。**表1.1**はロング走のペース例である。マラソンペースより10〜20%遅いという強度に基づき、レベルごとに示した（訳者注：原著ではマラソンペースが1マイル5分〜8分30秒（1km3分07秒〜5分19秒）までの8段階で示されているが、本訳書では1kmあたりのペースが切りのよい数字となるように改変した）。

　ロング走を行う際、最初の数kmはゆっくりでもよいが、8kmに至るまでにマラソンペースのマイナス20%程度には上げること。その後も徐々にペースを上げ、最後の8kmではマラソンペースのマイナス10%程度になるようにする。心拍数で言うと、最初の数kmは前述の推奨強度ゾーン（$\dot{V}O_2max$の75〜84%、または心拍予備量の66〜78%）の最低値で走り、そこから徐々に強度を上げ、最後の8kmでは推奨強度ゾーンの最高値に達するように走る、ということである。このように走れば非常によい練習となり、生理学的な適応に対して強い刺激を

第①部 マラソントレーニングとは何か

→ 第❶章 マラソンに必要な条件とトレーニング

第❷章 栄養摂取と水分補給

第❸章 トレーニングと回復のバランス

第❹章 補助的トレーニング

第❺章 年齢（と分別）を重ねたランナーのトレーニング

第❻章 ベストパフォーマンスのためのテーパリング

第❼章 レース当日の戦略

第②部 マラソントレーニングプログラム

第❽章 プログラムの実施

第❾章 週89kmまでのマラソントレーニング

第❿章 週89〜113kmのマラソントレーニング

第⓫章 週113〜137kmのマラソントレーニング

第⓬章 週137km以上のマラソントレーニング

第⓭章 マラソンの連戦について

与えることができる。しかし質の高い練習なので、回復日を練習前に１日、練習後に１日ないし２日設けるべきである。

　ロング走を、このペース・強度の範囲で行うと、35kmにかかる時間はマラソンのフィニッシュタイムと同じくらいになるはずである。マラソンの目標タイムと同じだけ走っておけば、それだけ長い時間、一定ペースで走ることができるという自信もつく。

　スケジュール上、ロング走が調整レースの翌日に設定されている場合は、上記のペースよりも緩いペースで走るべきである。例えば土曜日にレースに出た場合、日曜日のロング走はゆったりとしたペースで走らなければならない。そうしないと疲労して筋肉が硬くなり、ケガをする危険性が高まるからである。レース後のロング走は、回復走のような走りでスタートすべきである。走っているうちに筋肉がほぐれてきたら、マラソンペースのマイナス15〜20％程度までペースアップして、トレーニング刺激を強めるとよい。

　こうした毎回のロング走だけでなく、トレーニング全体の量が増えることでも、グリコーゲン貯蔵能力と脂肪利用効率は向上する。さらには、毛細血管密度の向上といったその他の適応も強化される。よって、一定期間に走る距離を増やすこと自体にも、何らかの利点はある。世界屈指のランナーともなると、１週間あたりの走行距離は、176kmから272kmにも及ぶ。

　しかし、長ければ長いほどよいといっても、程度問題である。人にはそれぞれ、現段階での距離の限界というものがあり、それは、バイオメカニクス、過去のトレーニング、故障歴、履いているシューズ、走路面、食生活、その他の生活上のストレスによって左右される（そもそも１週間に240kmも走る人のほとんどは、通勤して週50時間以上働くということはしない）。最高のレースを追い求めようとすることは、故障せずに走れる距離の範囲を見極める、ということなのだ。

　しかも、レースパフォーマンスは走行距離に比例して向上するとはいえ、その進歩の幅はいずれ減少する。週間走行距離を110kmから140kmに増やしても、80kmから110kmに増やしたときほど、結果は向上しないのである。ただ、効果がないわけではない。

　走行距離には、現時点での限界がそれぞれにある。とはいっても時間の経過とともに、その限界も変わる。例えば５年前、長い距離を走ってシンスプリントになったとしても、今、同じ距離を走ってトラブルが生じるとはかぎらないのである。敏腕刑事さながらに過去に起きたケガの原因を洗い出すことが必要だ。「以前に距離を増やそうとしたこともあったけれど、疲れてケガしただけだった」と言うランナーはたくさんいる。こうしたランナーは、自分で安全圏だと思い込んだ距離にずっと戻ったままだ。距離を増やしていれば、長距離に対応できるような身体能力と知恵が身につき、それが実を結ぶこともあったかもしれない。しかし、そのような考え方を、彼らはしないのである。

ランニングエコノミーを向上させる

　レースパフォーマンスを左右する重要なファクターの１つに、マラソンペースにおけるランニングエコノミーがある。ランニングエコノミーは、疲労に伴って低下するため、レース中の落ち込みを減らせるようになれば、最後までペースを保つ力は向上する。レース後半のペースの落ち込みを少なくするといっても大したことには思えないかもしれないが、読者が設定ペー

スをフィニッシュラインまで維持できるようにすることも、本書が目指す主な目標の1つである。

　ランニングエコノミーはトレーニングによって改善する、というエビデンスはいくつか存在するが、その方法を完全にわかっている人はいない。疲労が蓄積してもランニングエコノミーを保つトレーニング方法となると、解明されていないことはさらに多くなる。ランニングエコノミーに関しては、これまでさまざまな研究が行われており、ウエイトトレーニング、バイオフィードバック、プライオメトリックトレーニング、ヒルトレーニング、ウィンドスプリントなどの短い練習、上下動の抑制、ロングインターバルで向上することがわかっている（訳者注：バイオフィードバックとは、本来感知することの難しい生体現象を、知覚できるような視覚・聴覚信号に変換して生体にフィードバックし、コントロールできるようにする技法。またプライオメトリックトレーニングとは、筋パワーを高めるトレーニングである）。

　初心者の場合、ランニングエコノミーを向上させるファクターのなかで最も重要なのは、どんな練習をするかということよりも、今までに走ってきた年数（および走ってきた距離）だろう。ランニングエコノミーは、トレーニングによって速筋線維の性質が遅筋線維に近づき、より経済的になっていく、というプロセスで向上すると思われる。著名な運動生理学者であり指導者でもあるジャック・ダニエルズ博士は、ランニングエコノミーを向上させる方法として、レジスタンストレーニング、坂道走、高速のインターバルを推奨している。この3つのトレーニングをすると、無駄な動きがなくなり、筋線維が最も効果的な組み合わせで動員されるようになると考えられる。

　マラソンランナーがランニングエコノミーを向上させようとする場合、いちばん効果が期待できる方法は、ケガをせずに時間をかけて距離を踏む、レジスタンストレーニングを行う、ヒルトレーニングを行う、短い（80〜120m）ランニングを速くリラックスして繰り返す、の4つである。

　レジスタンストレーニングには、ウエイトトレーニングとプライオメトリックトレーニング（瞬発的トレーニング）とがあり、両方とも長距離ランナーのランニングエコノミーを向上させることがわかっている（Saunders et al. 2004; Larisova 2014; Rønnestad and Mujika 2014）。レジスタンストレーニングを行うと体幹の筋力が向上するため、レース中、よいランニングフォームをより長く保てるようになる。レジスタンストレーニングのタイプが適正であれば、筋肉と腱の強さは増すだろう。そして、筋腱複合体がバネのように振る舞う伸張-短縮サイクル運動（Stretch-Shortening Cycle: SSC運動）における、弾性エネルギーの再利用能力が高まるとも考えられる。要するに、着地時にエネルギーをためて次の1歩で再利用する筋肉の能力が向上する、ということである。レジスタンストレーニングについては、第4章で詳しく検討する（訳者注：SSC運動とは、一言で言えばデプスジャンプのような反動動作である。筋腱複合体が一度伸張してエネルギーをためることで、その直後の短縮性筋活動時に大きな力を発揮する）。

　坂道のランニングは、重力に勝たなければならないため、平地のトレーニングよりもつらい。よって、レジスタンストレーニングの一種でありながら、ランニングの動作に特化したトレーニングになる。ヒルトレーニングに関して行われた包括的な研究では、10〜12秒間の短

第**①**部
マラソン
トレーニング
とは何か

第**❶**章
マラソンに
必要な条件と
トレーニング

第**❷**章
栄養摂取と
水分補給

第**❸**章
トレーニングと
回復の
バランス

第**❹**章
補助的
トレーニング

第**❺**章
年齢（と分別）
を重ねた
ランナーの
トレーニング

第**❻**章
ベスト
パフォーマンス
のための
テーパリング

第**❼**章
レース当日の
戦略

第**②**部
マラソン
トレーニング
プログラム

第**❽**章
プログラムの
実施

第**❾**章
週89kmまで
のマラソン
トレーニング

第**❿**章
週89〜
113kmの
マラソン
トレーニング

第**⓫**章
週113〜
137kmの
マラソン
トレーニング

第**⓬**章
週137km
以上の
マラソン
トレーニング

第**⓭**章
マラソンの
連戦について

い坂道走が、最もランニングエコノミーを向上させたと結論づけられている（Barnes et al. 2013）。この結論は、レジスタンストレーニングと筋線維動員の向上に関する研究や、SSC運動による弾性エネルギーの再利用に関する研究とも、一致するようである。

　おそらく、短い距離を速くリラックスして走ること（ウィンドスプリント）を繰り返すと、無駄な動きがなくなり、速いペースでも動きの協調が保てるように、筋肉が鍛えられるのだろう。ランニングフォームが改善すると、それにしたがって脚と体幹のパワーも増大するが、こうしたことも、ランニングエコノミーの向上にプラスとなるようだ。この練習では、1本ごとの距離が短く、合間に十分な休息をとるので、血中乳酸濃度をずっと低〜中程度に維持したま

最高心拍数と心拍予備量の求め方

本書では、レースに向けて効果的なトレーニングができるよう、さまざまな練習のタイプについて、それぞれ特定の強度を指定している。トレーニング強度を確認するには、ハートレートモニターという便利なツールがある。同じ速度で走ったときの心拍数を比較すると、一定期間における体力変化の指標になる（この場合、トラックや距離がわかっている場所で走るか、GPSを使う）。心拍数によるトレーニング強度のモニタリングはシンプルで、いくつかの点に注意すれば、頼れるものさしとなる。

最高心拍数

　ランニングの強度は最高心拍数との関係、あるいは心拍予備量に対するパーセンテージで表すことができる。最高心拍数とは簡単に言えば、最大努力（全力）で走っているときに達する最も高い心拍数のことである。最高心拍数を予測する計算式はいくつもあるが、そのなかで最も正確なのは、206−年齢×0.7である（Robergs and Landwehr 2002）。この計算式を用いると、例えば43歳の最高心拍数は、206−43×0.7で176となる。しかし個人差があるため、自分の実際の最高心拍数と、この予測最高心拍数とのあいだには、プラスマイナス10bpm（拍／分）以上の差があるかもしれない。したがって、予測最高心拍数を使ってトレーニングを行うと、トレーニングの強度に過

不足が生じかねない。やはりパフォーマンステストを行って、正確な最高心拍数を実測するほうが望ましい。

　最高心拍数は、非常に強度の高いインターバル走を行うと、かなり正確にわかる。ウォーミングアップをしっかり行ったあと、高強度で600mを3本、緩やかな上り坂で走り、その都度、直ちにジョグで戻る。この600mを全力で走ると、3本目を走り終えたときの心拍数は、最高心拍数と2〜3 bpm差の範囲内に収まるはずである。

心拍予備量

　心拍予備量は、最高心拍数と安静時心拍数から算出するため、トレーニング強度の指標としてはさらに正確である。心拍予備量とは単純に、最高心拍数から安静時心拍数を引いた数値であり、心拍数が筋肉に供給する酸素量を増やすために、どのくらい上昇できるかという範囲を示す。本書では安静時心拍数という言葉を、朝目覚めたときの心拍数という定義で使っている。例えばスコットの場合、最近の最高心拍数は188bpmで安静時心拍数は38bpmである。よって心拍予備量は188−38＝150bpmとなる。

　心拍予備量を使って、ある特定の練習に適した心拍数を算出するには、定率を掛けて安静時心拍数を足せばよい。例えばベテランランナーであるスコットが、LTトレーニングを心拍予備量の82〜88％強度で行うとしたら、目標心

ま練習し続けることができる。したがって、マラソンに特化した他の練習の妨げになることもない。

　ウィンドスプリントの一般的な構成は、100m×10である。この100mでは、スタートから70mまではフルスピードになるまで加速する。最後の30mはフロートに移行する（監修者注：フロートとは、加速も急な減速もせずに、それまでの勢いを使って楽に流して走ること。車に例えれば、ギアをニュートラルにしてブレーキをかけずリラックスして駆け抜けるイメージ）。加速区間では身体をリラックスさせた状態でいることが非常に重要である。こぶしを握り締めない、肩を上げない、首を力ませない、といったことに注意する。よいフォームで走る

第①部
マラソン
トレーニング
とは何か

第❶章
マラソンに
必要な条件と
トレーニング

第❷章
栄養摂取と
水分補給

第❸章
トレーニングと
回復の
バランス

第❹章
補助的
トレーニング

第❺章
年齢（と分別）
を重ねた
ランナーの
トレーニング

第❻章
ベスト
パフォーマンス
のための
テーパリング

第❼章
レース当日の
戦略

第②部
マラソン
トレーニング
プログラム

第❽章
プログラムの
実施

第❾章
週89kmまで
のマラソン
トレーニング

第❿章
週89～
113kmの
マラソン
トレーニング

第⓫章
週113～
137kmの
マラソン
トレーニング

第⓬章
週137km
以上の
マラソン
トレーニング

第⓭章
マラソンの
連戦について

拍数は161〜170bpmになる（心拍予備量150bpm×0.82＋安静時心拍数38＝161、心拍予備量150bpm×0.88＋安静時心拍数38＝170）。この数値は、最高心拍数に86〜91％を掛けた数値（彼の場合、162〜171bpm）に非常に近くなる。

　本章および第8章で指定したトレーニング強度を表1.2に示す。走歴の長いランナーの大多数にとっては、この範囲の強度が適している。走歴の浅いランナーは基本的にこの範囲の最低値でトレーニングすべきである。トップクラスの選手ならば、この範囲の最高値でトレーニングをすることになるだろう。

心拍数に上昇する余裕を持たせる

　LT走やロング走を行っていると、同じペースを維持していても心拍数は得てして数bpm上昇していくものである。暑い日には、脱水が生じ、冷却促進のため皮膚に配分される血液が増えることから、心拍数はさらに上昇する。この現象については第2章で詳しく説明するが、こうした理由から、LT走やロング走を行うときは、練習中に心拍数が表1.2の最高値まで上昇してもいいように、最低値から始めるべきである。

　練習の強度ゾーンは、気象条件によって調整すること。湿度が低く、気温が20℃台前半の日は、表1.2よりゾーンを高めに（プラス6bpmを上限とする）設定して走り、気温の低い日と練習効果が同じになるようにする。湿度が高く気温が20℃台前半、または湿度が低く気温が20℃台後半から30℃台前半の場合は、プラス12bpmを限度としてゾーンを高めに設定する。湿度が高く気温も20℃台後半〜30℃台前半と高い場合は、トレーニング内容を変更し、楽な練習にすること。

表1.2●マラソントレーニングの強度

	対最高心拍数(%)	対心拍予備量(%)
$\dot{V}O_2$max(5kmレースペース)走	93-95	91-94
LT走	82-91	76-88
マラソンペース走	82-88	76-84
ロング走／ミディアムロング走	75-84	66-78
有酸素走	72-81	62-75
回復走	<76	<68

ことに意識を集中させ、加速時に気をつけるポイントは、毎回1点に絞る（腕をリラックスさせる、股関節の伸展動作に集中する、など）。

このような練習は、心血管系の改善を目的としないので、休息を短くする意味はない。一般的には、休息は100〜200mのジョグとウオークにする。そうすれば、ほぼ完全に回復してから次の100mを走ることができる。最も重要なのは、よいフォームを保ち、毎回力強く加速することである。

$\dot{V}O_2max$を向上させる

$\dot{V}O_2max$を向上させる最も効果的な運動強度は、現在の$\dot{V}O_2max$の95〜100％である（Daniels 2014, Midgley et al. 2007）。トレーニングを十分に積んだランナーなら、

故障のリスクを最小限に抑えながら距離を増やす

ラ ンニングでは何事においても、絶対ということはないが、下記のガイドラインに従ってトレーニングを行えば、ケガやオーバートレーニングを寄せつけずに、走行距離を増やしていくことができるだろう。

・少しずつ増やす：2年、3年という時間をかければ、走行距離は2倍にも3倍にも増やせる。しかし一度に大幅に増やすと、ほぼ確実にケガや過労につながる。この距離なら一定期間に増やしても安全だ、ということを示す科学的なエビデンスは、残念ながらない。1週ごとにプラス10％を上限に増やすという目安は、一般的によく使われてはいるが、実証されていないのである。ジャック・ダニエルズ博士がその著書（『ダニエルズのランニング・フォーミュラ』、2014年）で推奨しているのは、1週間のうちに行う練習1回につき1.6kmずつ増やしていくという方法である。つまり1週間に6回練習する場合は、最大で週に9.6kmずつ増やすということになる。

・段階的に増やす：新たに練習計画を立てるとき、毎週距離を増やし続けるようなプランにはしないこと。このようなアプローチは、非常にケガをしやすい。1週間で距離を増やしたら、2、3週間はそのまま同じ距離を走り、再び距離を増やすのはそのあとにする。

・距離を増やしているあいだはスピード練習を避ける：強度の高いスピード練習を組み込んだトレーニング期では、距離を増やさない。速いインターバルトレーニングは身体に大きな負荷がかかる。そこに距離を増やせば、負荷はさらに増す。走行距離を増やすのは主に基礎トレーニング期にする。その時期であれば、インターバルを控えても問題ないからである。

・トレーニング強度を落とす：距離を増やすときは、全体的なトレーニング強度を若干落とすといい。強度を落とせば、トレーニングの負荷を高めずにトレーニングの量を増やすことができる。それができたら、トレーニング強度を以前のレベルに戻してよい。再び距離を増やすのはさらにそのあとである。

・道路ならどこでも同じ、ということはない：距離を増やしているあいだ、特に重要なのは、路面の柔らかい場所で練習して身体が受ける衝撃を減らすこと、そして目的に合った状態のよいシューズを履くことである。

・休みを入れる：距離を増やすこと自体をゴールにしない。目的もなく長い距離を踏むと、慢性的な過労や燃え尽き症候群につながりかねない。トレーニングは、マラソン1レースなど、ターゲットを絞って行うべきである。そして目標にしたレースを走り終わったら、次のレースに向けて距離を増やす前に、身体を休ませる。

ピートの場合

私がこれまでに一番長い距離を走り込んだのは、1984年のロサンゼルス・オリンピック代表選考会の前である。当時の候補には、アルベルト・サラザール、グレッグ・マイヤー、トニー・サンドヴァル、ビル・ロジャースといった顔ぶれがそろい、妥協の許されない戦いが待っていた。それまで私の週間走行距離は最高で201km。当時はこれが、自分の身体がこなせる最長の距離だと思っていた。

選考レースは5月である。1月と2月の週間走行距離は、平均で230km。多いときで245km、少ないときで220kmだったが、そのほとんどを、わりと速めのペース（1km3分33秒～51秒）で走った。しかし、そのころは基礎トレーニング期であり、スピード練習をたくさん行う必要のない期間だった。

選考会前の最後の2カ月間は、週間161～193kmにまで距離を減らした。すると、常に脚が力強くフレッシュに感じるようになった。そのころはすでに長い距離への対応ができており、質の高いインターバルトレーニングやテンポランニングを行いつつ、週間161kmを優に上回る距離を走ることができていた。今となっては怖気づいてしまうような距離だが、1月と2月に走り込んだ長い距離によって力がつき、選考会に勝てたのだと、断言できる。

トレーニングで長い距離を踏んだことで、生理学的な効果のほかに、マラソンに求められる精神面での収穫もあった。私が頭角を現しつつあったころ、2時間10分の記録を持つゲーリー・ビヨクルンド（訳者注：1976年モントリオール・オリンピック10,000m米国代表）が、実は週間257kmを走り込んでいると明かしてくれたことがあった。そこまで必要なのかと問い返したところ、彼は「いつも必要というわけではないよ。でも、自分にはできる、と確かめるために、最低1回は走る必要があるね」と教えてくれたのである。

ピート・フィッツィンジャー

第**①**部
マラソン
トレーニング
とは何か

第**①**章
マラソンに
必要な条件と
トレーニング

第**②**章
栄養摂取と
水分補給

第**③**章
トレーニングと
回復の
バランス

第**④**章
補助的
トレーニング

第**⑤**章
年齢（と分別）
を重ねた
ランナーの
トレーニング

第**⑥**章
ベスト
パフォーマンス
のための
テーパリング

第**⑦**章
レース当日の
戦略

第**②**部
マラソン
トレーニング
プログラム

第**⑧**章
プログラムの
実施

第**⑨**章
週89kmまで
のマラソン
トレーニング

第**⑩**章
週89～
113kmの
マラソン
トレーニング

第**⑪**章
週113～
137kmの
マラソン
トレーニング

第**⑫**章
週137km
以上の
マラソン
トレーニング

第**⑬**章
マラソンの
連戦について

V̇O₂maxペースで約8分間、走ることができる。V̇O₂maxの95～100%は、3,000～5,000mのレースペースに相当する。マラソンのトレーニングでは、V̇O₂maxを向上させる刺激を身体に与えるために、5,000mレースペースでのインターバルトレーニングを行うが、休息は3,000mレースペースで行うよりも少なくて済む。これは強度で言うと、最高心拍数のおよそ93～95%もしくは心拍予備量のおよそ91～94%に相当する（5kmレースペースには、現在の実力を示す正確な値を採用すること。つまり、アップダウンもなく、暑い日でもない、最高のコンディションで行われたレースのタイムを使う）。このようなペースまたは強度で走るインターバルトレーニングは、V̇O₂max向上のための練習のなかでも、最も効果的な方法の1つである。

V̇O₂maxを向上させる刺激は、最適強度ゾーンで走った時間の合計によってもたらされる。この事実が、V̇O₂maxトレーニングの組み立てに大きく関わってくる。ここで例として、合計で6,000mを走る練習メニューを2つ、比較してみよう。1つは400m×15、もう1つは1,200m×5という構成のメニューである。400m走の繰り返しでは、各急走区間のうち最適強度ゾーンにいるのはおそらく45秒程度であろう。これを15本走ると、最適強度ゾーンで運動した時間の合計は、約11分間ということになる。しかし、より長いインターバルトレーニングを行えば、最適強度ゾーンの運動時間もずっと長くなる。1,200m走では、最適強度ゾ

ーンで走る時間は毎回3〜4分になるだろう。そうすると、この練習では合計で15〜20分間、最適強度ゾーンで運動することになる。このほうが、$\dot{V}O_2max$向上の刺激としては強くなる。

マラソンランナーの$\dot{V}O_2max$インターバルとして最適な急走区間の継続時間は、おおよそ2〜6分間である。この範囲であれば、95〜100％$\dot{V}O_2max$強度の運動時間を稼ぐだけの長さを十分に確保しつつ、練習中ずっと最適強度を保つことができる。距離にすると、マラソンランナーのインターバルトレーニングは通常、800〜1,600mの繰り返しになるはずである。本書のトレーニングスケジュールでは、600mのインターバルトレーニングも紹介しているが、これは調整レースのある週など、最優先課題がほかにある場合の練習メニューである。

2,000mのインターバルは、本書のスケジュールにはない。たしかにこの長さの急走を繰り返せば、$\dot{V}O_2max$向上の大きな刺激にはなるが、2,000mを6分以内に走れる人は、トップ選手以外にはいないだろう。もし5kmや10kmのレースを目標にしているのなら、パフォーマンスは主に$\dot{V}O_2max$で決まるので、2,000mインターバルでもかまわない。しかし、マラソンランナーとしては、同じ週に行うもっと重要な持久性トレーニングに備えて、疲労を抜いておく必要がある。そのため、回復に数日かかるような$\dot{V}O_2max$トレーニングをしてはならないのである。

マラソンランナーの$\dot{V}O_2max$トレーニングでは、急走区間の合計を5,000〜10,000mにとどめ、通常は6,000〜8,000m程度に収まるようにすべきである。800〜1,600mの急走ならどのような組み合わせでもよい練習となる。急走区間は長くなるほど（例えば1,200mや1,600m）、肉体的にも精神的にもタフな練習になるが、敬遠せずにやってみることだ。$\dot{V}O_2max$トレーニングはトラックか、平らな場所で行うとよい。そうすれば、安心してスピードを出すことができる。また、こうした練習は坂道インターバルとして行ってもよい。アップダウンのあるレースを走るなら、なおのことプラスになるだろう。坂道を使った練習では、5,000mレースペースよりもかなり遅いペースで走るが、心拍数と主観的運動強度は平地を走るときと同じにすべきである。

休息をどれだけとれば最適かという問題には、諸説ある。代謝率を維持できるよう、できるだけ少なくするという説もある。この考え方だと大変高度な練習になり、よい練習になる可能性もあるが、練習を途中で切り上げてしまうリスクもある。このほかには、心拍数が最高心拍数の70％または心拍予備量の60％に低下するまで、とする説もある。

もっと原始的なやり方としては、急走にかかった時間の50〜90％の時間を休息にあてる、という方法がある。例えば1,000mの急走に3分20秒かかったら、休息では1分40秒から3分間、ゆっくりと走る。坂道で練習する場合は、下って戻るため、休息はいくらか長くなるだろう。

本書のスケジュールで紹介する$\dot{V}O_2max$トレーニングは、2つの条件（強いトレーニング刺激を得る、同じ週に行う重要な練習までに疲労がとれる）が両立するトレーニングである。

総合的なトレーニング：マラソンレースペースでのトレーニング

マラソンを走るランナーの目標は、設定したペースを42.195km維持することである。このために必要な生理学的特性は、LTが高いこと、グリコーゲンの貯蔵量が多いこと、脂肪利

用効率が高いこと、などである。これまでに説明した、さまざまなタイプのトレーニングは、これらの特性のうちの、ある一面の改善にのみ焦点を絞ったものである。しかしこれから説明するトレーニングは、可能なかぎりマラソンレースに特化したものになるよう、さまざまな生理学的特性を織り込んだ、総合的なトレーニングである。

マラソンペースのロング走は、レースへの備えとしてはダイレクトなアプローチである。トレーニングの「特異性の原則」によれば、ある競技の練習として最も効果的な方法とは、その競技をできるだけ忠実にシミュレーションすることである。マラソンのレースをシミュレーションするなら、もちろん42.195kmをマラソンペースで走るのが、最も本番に近い。しかし、

第**①**部
マラソン
トレーニング
とは何か

第**❶**章
マラソンに
必要な条件と
トレーニング

第**❷**章
栄養摂取と
水分補給

第**❸**章
トレーニングと
回復の
バランス

第**❹**章
補助的
トレーニング

第**❺**章
年齢（と分別）
を重ねた
ランナーの
トレーニング

第**❻**章
ベスト
パフォーマンス
のための
テーパリング

第**❼**章
レース当日の
戦略

$\dot{V}O_2$maxの練習では追い込みすぎないこと

マ ラソンランナーが$\dot{V}O_2$maxトレーニングで犯しがちなミスとは、インターバルトレーニングのペースが速すぎることと、その頻度が高すぎることである。なぜこの２つのミスを避けるべきなのか、理由を考えてみよう。

インターバルのペースが速すぎるというミス

マラソンランナーにありがちなミスとは、スピード練習の強度を高くしすぎることである。インターバルトレーニングを速く走ればそれだけ力がつくという考え方は、耳に心地よく、一見理にかなっているようにも思えるが、これも間違いである。インターバルを最適強度ゾーンよりも速く走ると、２つのことが起きる。まず、筋肉内の乳酸と水素イオンの濃度が高まる。そして、練習する時間が短くなる。どちらもマラソンランナーにとっては逆効果だ。

マラソンは有酸素性の運動である。マラソンで消費するエネルギーの99％以上は、有酸素系によって供給される。マラソンではLTペースよりわずかに遅いペースで走るため、筋肉内と血中に多量の乳酸が蓄積することはない。実際、マラソンのフィニッシュ地点で乳酸濃度を測定しても、安静時の値をわずかに上回るだけである。

したがって、マラソンランナーにとっては、1,500mレースペース以上のインターバルのような、乳酸濃度を上昇させるトレーニングをする意味はない。このペースで急走区間を走ると、

乳酸濃度が高まり、解糖系を用いたエネルギー産生能力（いわゆる無酸素性運動が思い浮かぶだろう）と、高濃度の乳酸を緩衝する能力（訳者注：乳酸から遊離した水素イオンによる生体内のpH低下を打ち消す、つまり中和させる働き）が改善される。しかし、これらのトレーニング適応は、どちらもマラソンには関係ない。インターバルトレーニングを3,000mや5,000mのレースペースより速いペースで走れば、$\dot{V}O_2$maxを向上させる刺激は弱まってしまうのだ。

$\dot{V}O_2$max練習の頻度が高すぎるというミス

マラソンランナーが陥りがちなミスはもう1つある。それは、$\dot{V}O_2$maxトレーニングをスケジュールに詰め込みすぎることだ。マラソンの成功に必要なトレーニング適応とは、持久力が高まること、LTペースが速くなること、筋肉と肝臓に多量のグリコーゲンを蓄積できるようになることである。

$\dot{V}O_2$maxトレーニングは間違いなく、マラソンランナーにとっては二の次の練習である。インターバルトレーニングには、肉体的にも精神的にも、多くのエネルギーが必要となる。そうであれば、そのエネルギーをマラソンの練習に使ったほうがよい。$\dot{V}O_2$maxトレーニングにもマラソントレーニングとしての役割はあるのだが、取り入れるには、慎重になるべきである。

第**②**部
マラソン
トレーニング
プログラム

第**❽**章
プログラムの
実施

第**❾**章
週89kmまで
のマラソン
トレーニング

第**❿**章
週89～
113kmの
マラソン
トレーニング

第**⓫**章
週113～
137kmの
マラソン
トレーニング

第**⓬**章
週137km
以上の
マラソン
トレーニング

第**⓭**章
マラソンの
連戦について

あいにく（さいわい、と言うべきかもしれないが）、マラソンペースでのロング走は身体にかかる負担が非常に大きい。マラソンペースで走る距離が長すぎると回復に長い時間が必要となり、せっかくのトレーニング効果も帳消しになってしまう。同様に、マラソンペースで行うロング走の頻度が高すぎても、ケガやオーバートレーニングを招いて自分の首を絞めることになる危険性大である。

　本書のトレーニングプログラムには、マラソンペース走という名のロング走が、最大4回組み込まれているが、これはロング走の一部（13〜22km）をマラソンのレースペースで走る練習である。本書のトレーニングプログラムのなかでは、最もマラソンに特化した練習だ。この練習の狙いは、レースと同じような刺激を身体に与えつつも、2、3日で身体が回復できるように、マラソンペースで走る時間を制限することにある。まず、数kmをウォーミングアップとして走り、その後、マラソンペースで走るように指定された距離を走って終了する。こうした練習には生理学的・精神的効果もあるが、それだけでなく、マラソンペースで給水をしたり、エナジージェルを補給したりする絶好の機会にもなる。

　では、このような練習はどこで行ったらよいのだろうか。適度な距離のレースに参加できれば理想的である。距離は正確に計測され、エイドステーションが十分にあり、一緒に走るランナーがいる。しかし、レースという場を借りてテンポランニングを行うときと同様に、その日の目標に集中し、必要以上に速く走らないよう気をつけなければならない。

　トラックは、ラップタイムがとれて給水も頻繁にできることを考えると、マラソンペース走にうってつけの場所と思える。しかし、この練習をする意味を考えてほしい。この練習の目的は、レースの状況をできるだけ忠実にシミュレーションすることにある。つまり道路の上を走ることであって、400mの楕円の周回を延々と繰り返すことではない。まず目標レースの地形を調べること。そしてその状況にできるだけ近づけることが必要だ。ボストンマラソンのような特殊なコースだと、地形をシミュレーションするランナーは多い。しかしこれは、どんなレースにも当てはまる。ごく平坦なシカゴマラソンであっても、脚の筋肉の動きはスタートからフィニッシュまでまったく変わらないため、負担は大きいのだ。

　マラソンペース走では、少なくとも1回はレースで使う予定のシューズを履くべきである。当日にレーシングシューズを履くつもりでも、試し履きは必要だ。最低1回は、当日履くシューズで24km程度を走ってみること。そして、脚が疲れ始めたときに十分なサポートとなるか、マメはできないか、確認するといいだろう。

トレーニングプログラムの構築:期分け

　これまで、マラソンパフォーマンスを向上させるトレーニングのタイプについて説明してきた。次のステップは、トレーニングプログラムの作成である。マラソンランナーは、レース当日をベストの状態で迎えられるように、準備をしなければならない。目標達成のためにトレーニングを体系的に構築することを、「期分け」と呼ぶ。期分けしたトレーニングプログラムの作成で難しいのは、ハードな練習を何回行い、どんなタイプの練習をして、それをどのタイミングで入れるか、決めることである。

　トレーニングは、いくつかの塊に分けると扱いやすい枠組みになる。大きな塊から順に挙げ

ると、マクロ周期（数カ月単位）、メゾ周期（数週間単位）、ミクロ周期（1週間）である。この考え方は、あらゆるスポーツのトレーニングプログラム作成に用いられており、特に陸上競技では広く普及している。本書では、このような専門語用語をそれぞれ、「プラン」（マクロ周期）、「ブロック」（メゾ周期）、「週」（ミクロ周期）という用語に置き換えて説明したい。

マラソンランナーにとってのプランとはそのままの意味、つまりレースまでのトレーニング期全体のことであり、通常は3〜5カ月のトレーニングと、レース後の回復期間を指す。

マラソントレーニングの「プラン」は、いくつかの「ブロック」に分かれる。各ブロックには1つか2つ、具体的なトレーニングの目的がある。マラソンランナーのブロックの期間は4〜8週間といったところだろう。例えば、最初のブロックには最低4週間をかける。そして、トレーニングの量とロング走の距離を増やすことに主眼をおく。たいていは、このような具合で始まるが、レースが近くなるにつれて、トレーニングの優先順位はシフトしていく。そして、シフトするたびに、新しいブロックの内容も変わる。それぞれの「週」には、強度の高い練習と回復、というパターンがある。

表1.3●マラソントレーニングのプラン例

ブロック	主な目的
1	練習の合計距離とロング走の距離を増やし、持久力を高める
2	LTを高める
3	レースの準備
4	テーパリング、レース
5	回復

さて、ここで年2回のマラソンレースを軸とした年間プランを考えてみよう。1年に2回のマラソンを走るとなると、まずレースを終点とする12〜18週間のトレーニングを行い、レース後の数週間を回復にあて、その後、次のレースに向けたトレーニングを始めることになる。

次に、マラソントレーニングの目的について考えてみる。プランは通常5つのブロックに分かれる（**表1.3**）。最初のブロックでは、各練習の合計の走行距離とロング走の距離を増やし、持久力そのものを高めることに焦点を絞る。このブロックは、トレーニングプログラムのなかで最も長くなるだろう。2番目のブロックでは、LTの向上を第一の目的とし、持久力のさらなる向上を第二の目的とする。3番目のブロックでは、レースの準備に集中し、調整レースを組み込む。4番目のブロックは、3週間のテーパリングとレースである。そして5番目のブロックでは、数週間にわたってゆっくりと回復を図る。

それぞれの週には、ハードな練習がたいてい3回組み込まれる。3回という数は、長距離ランナーのトレーニング適応がプラスに表れる限度である。しかし、ハードな練習を週に4回できるランナーもいないことはないし、逆に2回しかこなせないランナーがいることもたしかだ。ハードな練習は少なくとも5種類は考えられる。そうなると、自分に最適なトレーニングプログラムを組むには、かなり頭を使わなければならない。本書のトレーニングスケジュール（レース後の回復を除く）は、4つのブロックを軸に構成され、各週には通常3回、ハードな練習

が組み込まれている。

調整レース

　トレーニングはさまざまな刺激を身体にもたらし、適応を引き起こす。そして、その適応によってマラソンパフォーマンスは向上する。またトレーニングは、挑戦しがいのある目標を設定し、それを達成することで、自信も与えてくれる。しかし、トレーニングだけでは、レースへの完璧な備えとはならない。マラソンを成功させるためにはもう1つ、必要な要素がある。そしてそれは、レースを走ることでしか得られないものである。

　調整レースは、自分の体力を確認する重要な指標であると同時に、マラソンの苦しさに対する気持ちの準備にもなる。練習では、それがどんなに過酷なものであっても、失うものがないため、レースほど精神的につらくはならない。しかしレースでは、他のランナーと勝負をすれば、紙一重であっても相対的に成功するか失敗するか、という差が結果的に生じる。また、レースでは天候の良し悪しにかかわらず、なんとしても完走しようとするが（またそうすべきでもあるが）、練習ならば、状況次第でいつでも切り上げることができ、プライドもさほど傷つかない。最大限の力を尽くす場であるレースでは、精神的な集中を途切れさせないことが求められるが、それは、マラソンをうまく走るために欠かせない条件である。事前に調整レースを1回も走らなかったときのほうが、マラソン当日まで不安は募っていくものだ。

©Harald Tittel/picture alliance via Getty Images

調整レースでは体力の確認とメンタルタフネスの養成ができる

　調整レースには3つの目的がある。1つ目は、食事やウォーミングアップといった、レース前のルーティンを実行すること。2つ目は、トレーニングの仕上がりに関する不安要素を取り除き、体力が向上したという手応えを得ること。3つ目は、レースに対するイライラや緊張をあらかじめ経験することで、マラソンの2、3日前、あるいはスタート数時間前に感じる不安を減らすことである。マラソンレースを走っていると、疲れを感じたり、まだ16kmもあるの

に頑張りぬく自信が揺らいだりするかもしれない。こうしたぎりぎりの状態にあるときに、レースのつらさをあらかじめ短い距離で経験しておいたことが、生きるのである。たしかに最終的な試練であるマラソンのほうが苦しい。だとしても、短い距離の調整レースでその準備ができるというのは、何事にも代えがたい。

　ここで言う調整レースとは、本気で走るレースのことである。テンポランニングやマラソンペース走の練習として走るような、ベストの走りをしないレースのことではない。調整レースに適した距離は、トレーニングの目的によっても異なるが、8kmから25kmまでである。5km以下のレースはマラソン向けの練習とは言いがたく、30km以上の距離だと回復に時間がかかりすぎる。

　調整レースの距離は2つのカテゴリーに分かれる。1つ目のカテゴリーは15〜25kmである。回復には最低6日はかかるので、トレーニングプログラムに組み込むには工夫が必要だ。この程度の距離の調整レースは、肉体的・精神的に最大の効果がある。よって4〜6日間ミニ・テーパリングをして備えること。しかし、それ以上の時間をテーパリングにかけている余裕はない。調整レースは最終目標ではなく、マラソンレース本番に向けたトレーニングを続けなけれ

テクノロジーとトレーニング

近年ランニング界では大きなテクノロジーの変化が起きているが、GPSウォッチが手ごろな値段で簡単に手に入るようになったことも、その1つだろう。GPSウォッチは非常に便利なツールである。ただし、自分がそれを使う身であり、支配される身ではないことをわかっていれば、の話だ。

　自分がどのくらいの距離を、どのくらいの速さで走っているのか、ということに関して、そこそこ正確なデータが得られるのは、うれしいことだ。ロング走の最後をマラソンペースで走るときや、マラソンにそっくりなコースを見つけたものの、距離がわからずにテンポランニングをするときなどは、特にありがたい。しかし我々が注意を喚起したいのは、いつもデータに決定を委ねていないか、ということだ。例えば、あるペースより少しでも遅くなったらトレーニング効果がなくなると思い込み、回復の日でも無理をして設定ペースを守るということをすれば、逆効果である。データ利用のこうした側面については、第3章で細かく検討する。

　もし設定ペースにこだわる正当な理由があっ

たとしても、ほとんどのランナーが使っているGPSウォッチは100%正確とはかぎらない、ということを覚えておいてほしい。雲が空を覆う、風が強い、といった条件が、測定に影響することもあるのだ。1kmあたり1秒や2秒の違いがあっても、たいていは十分誤差の範囲内だから、イライラしないようにしたい。

　もう1つ大事なのは、データをオンラインでシェアしても、自分を見失わないということだ。シェアすることがやる気につながったり、他人から支持してもらうことで元気になったりするなら、ロング走やトラックでこんなにすごい練習をした、と投稿すればいい。しかし、目標は何であったか。マラソンのレースである。オンラインの練習自慢大会に勝つことではない。あるGPSウォッチの広告に「昨日の自分を超えろ」とランナーをたきつけるコピーがある。大げさにとれば、このような考えは、トレーニングでもランナーを競わせることになる。我々筆者としては、練習よりもマラソンのレースという場で、自分自身のベストを尽くしてもらいたい。

ばならないからである。15〜25kmの調整レースに出ると、それ自体がまさに1つのトレーニングブロックとなり、最低でも11日を要する。その構成は、テーパリングが4〜6日間、調整レース、次のハードな練習までの回復期間が最低6日間である。

　2つ目のカテゴリーは8〜12kmである。15km以上のレースに比べて疲労が少なく、テーパリングも回復も短い期間で済む。8〜12kmの調整レースへのアプローチには2通りある。1つは、調整レースをトレーニングの場、疲労を抜かずに臨んで力を出しきる場ととらえることである。こうすれば、大きなトレーニング刺激となると同時に精神面での鍛錬にもなり、本番のマラソンレースに対する気構えができる。しかし、疲労を残したまま調整レースに出ると、そこでのタイムや順位が今の自分の体力レベルだととらえてしまうおそれがある。ふだんは10kmを32分00秒で走るランナーが、調整レースで33分10秒だった場合、この結果を不調の表れととり、さらに激しいトレーニングをしたり、やる気をなくしてしまったりする可能性があるのだ。状況に即して自分の結果を評価することが重要である。

表1.4●ハードな練習と調整レースの兼ね合い

練習のタイプ	調整レース前に最低限必要な回復の日数
$\dot{V}O_2max$ インターバル	5日
テンポランニング	4日
ロング走	4日

　8〜12kmの調整レースに対するもう1つのアプローチは、レース前にミニ・テーパリングを行い、レース後の2、3日を回復にあてる、という方法である。現時点での体力レベルを把握したい場合、あるいは目標のマラソンレースに向けて自信を高めたい場合には、このようなアプローチが適している。**表1.4**は、ハードな練習を調整レースの何日前までに終わらせれば、疲労を残さずにレースに臨めるか、ということを示したものである。調整レース前に行ったハードな練習の効果は、その週のレースの結果には表れない。しかし、この表に従えばレース前に十分に回復するはずであり、練習の疲労によってレースパフォーマンスが落ちることはない。

　ハードな練習のうち、いちばん回復しやすいのはテンポランニングである。テンポランニングは他の練習ほど身体に負担がかからないが、レースとのあいだには4日空けるのが賢明だ。ロング走を行った場合、グリコーゲンの補充にかかる時間は通常はわずか48時間であるが、レースで力を出そうと思ったら、練習後少なくとも4日間は回復にあてなければならない。インターバルトレーニングは身体に対するストレスが最も大きく、回復にかかる時間も最も長い。

　今まで述べてきたことから、マラソンレースをしっかりと走りぬくには、どのような生理学的特性が必要であり、その特性は、どのようなトレーニングで向上するのか理解できたと思う。しかし、マラソンの成否を決めるのは、自分の身体に対して何をするかということだけではない。自分の身体に何を取り入れるかということも、結果を左右する。そしてその影響は、他のどの種目よりも大きい。適正な栄養摂取と水分補給は、マラソンのトレーニングとレースに必要不可欠である。次の第2章では、このことについて検討する。

©Drew Angerer/Getty Images

第**①**部
マラソン
トレーニング
とは何か

第**❶**章
マラソンに
必要な条件と
トレーニング

第**❷**章
栄養摂取と
水分補給

第**❸**章
トレーニングと
回復の
バランス

第**❹**章
補助的
トレーニング

第**❺**章
年齢(と分別)
を重ねた
ランナーの
トレーニング

第**❻**章
ベスト
パフォーマンス
のための
テーパリング

第**❼**章
レース当日の
戦略

第**②**部
マラソン
トレーニング
プログラム

第**❽**章
プログラムの
実施

第**❾**章
週89kmまで
のマラソン
トレーニング

第**❿**章
週89〜
113kmの
マラソン
トレーニング

第**⓫**章
週113〜
137kmの
マラソン
トレーニング

第**⓬**章
週137km
以上の
マラソン
トレーニング

第**⓭**章
マラソンの
連戦について

栄養摂取と水分補給

本章では、トレーニングとレースにおいて大きな意味を持ちながらも、誤解されることの多い2つのファクター、栄養摂取と水分補給について考察する。なぜこの2つが重大な意味を持つのだろうか。それは、マラソンが終盤を迎えると、グリコーゲンの枯渇と脱水の2つが示し合わせたように、いつもランナーを失速させるからである。しかし、トレーニングとレースにおいて栄養摂取が果たす役割を理解すれば、パフォーマンスを最大限に高める戦略を立てることができる。

　本章で取り上げるのは、水分補給がパフォーマンスに与える影響と過度の脱水の予防方法、持久性運動の主なエネルギー源である糖質・脂肪の役割とグリコーゲン枯渇の予防方法、持久系アスリートにおけるタンパク質の役割、血中鉄濃度を正常に維持する必要性、レース当日の栄養摂取である。マラソンのレースに備えるには、本章の内容を必ず理解していなければならない。

水分補給の役割

　トレーニング中もレース中も、水分補給を十分にしてしておく。これはマラソンの成功には欠かせない。過度の脱水はパフォーマンスに悪影響を及ぼすだけでなく、疲労回復を遅らせ次の練習にも差し支える。血液などの体液には、老廃物の除去を促し、栄養素を組織に運び込んで修復する役割がある。したがって、失われた体液を走ったあとに補給すれば、回復は早まる。

　ここで脱水症の生理学的なメカニズムを見てみよう。発汗すると以下のことが次々と連鎖的に生じる。

・**血液量が減少する。**すると、

・**心臓に戻る血液量が減少する。**したがって、

・**1回の拍動ごとに心臓からくみだされる血液量が減少する。**その結果、

・発汗し続けると、活動筋に運ばれる血中の酸素濃度が低下し、有酸素性エネルギーの産生が減少して、**ペースを落とさざるを得なくなる。**

　こうした現象は、気温の高い日に増幅する。なぜなら、高温に対する身体の主な応答の1つに、皮膚への血流量を増やし、身体から熱を奪って冷却を促進する、という作用があるからである。この作用が働くと、心臓に戻り活動筋に送り込まれる血流量は、さらに減少することになる。その結果、一定ペースでの心拍数は高くなり、涼しい日と同じペースを維持することができなくなるのである。別の見方をすれば、脱水は、深部体温を維持する能力（監修者注：恒常性）も低下させる。これは、皮膚に配分できる血流量が減少して発汗速度が低下するためである。暑い日に速いペースを保とうと頑張ってしまうと着実に脱水が進んでさらに危険な状態に陥り、熱中症に至るおそれもある。

　マラソンのレース中に給水をとる主なメリットは、脱水が適度に抑えられパフォーマンスが

マラソンとカフェイン

　ほとんどのランナーは、日常的にコーヒー、お茶、エナジードリンク、コーラ、チョコレートからカフェインを摂取しており、カフェインは日々の生活の一部である。そして、少なくとも一部のランナーにとっては、パフォーマンスアップの効果もある。

　カフェインにパフォーマンスアップ効果のあることは、さまざまな研究により明らかになっている（Burke 2008; Gonçalves et al. 2017; Thomas, Erdman, Burke 2016）が、そのいっぽうで、何も効果が見られなかった研究も、いくつかある（Burke 2008）。このような違いの原因は研究デザインにもあるが、おそらく最近の研究（Guest et al. 2018）で判明したことにも関係している。つまり、カフェインのパフォーマンスアップ効果は、カフェイン代謝に影響を及ぼす個々の遺伝子型によって決まる、という説である。この説によれば、素早くカフェイン代謝ができる遺伝子型を持つ人には、パフォーマンスアップ効果が表れることが多く、中程度の遺伝子型（代謝がさほど速くない）の人には、パフォーマンスアップという

恩恵があるようには見えない。そして、カフェイン代謝の遅い遺伝子型の人は、カフェイン摂取後のパフォーマンスが低下する傾向にある。

　このほか、カフェイン摂取を習慣としている人にはパフォーマンスアップ効果が見られなかった研究も、2、3例ある（Bell, MacLellan 2002; Burke 2008）。この結果を受け、競技会前の2、3週間、パフォーマンス向上を狙ってカフェイン断ちをするアスリートも現れた。しかし、さらに新しい研究では、日常的にカフェインを摂取している人でも、競技前の摂取量が通常より多ければ、カフェインによるパフォーマンスアップ効果があることが判明した（Gonçalves et al. 2017）。実際のところ、毎朝コーヒーを1杯飲むという習慣をやめると、カフェイン断ちによる離脱症状（訳者注：依存性のある物質の常用をやめたときに生じる症状）のため、パフォーマンスにマイナスの影響がでる可能性も、なくはない。

　今までに行われた、疲労困憊に至るまでの走行試験から推定すると、カフェイン代謝が速い遺伝子型を持つランナーに対するカフェイン摂

阻害されないということである。常に水分が十分に補給された状態にあるということは、トレーニング中でも重要である。パフォーマンスに影響し始める脱水の程度には個人差があり、そのほかにもさまざまファクターがある。アメリカスポーツ医学会は、脱水が体重の２％を超えないように推奨している（Thomas, Erdman, Burke 2016）。ほとんどの場合は、身体の渇きのメカニズムが、水分を十分に摂るように促す。しかし、高温下で負荷の高いトレーニングをするときは、水分補給プランを走る前に立てておくとよいだろう。水分補給状態を正常に保つ、体重減少率が２％を超えそうなときにはランニング中に水分補給をする、走ったあとに適度な水分補給をする、ということを、意識的に行うのである。

　高温下でトレーニングをしているマラソンランナーは、２、３日間、気づかないうちに軽度の脱水になっていることがある。そうすると、トレーニングでのパフォーマンスが落ち、主観的運動強度が高くなる（つまり同じペースでもつらく感じる）ことがある。例えば、火曜日にテンポランニング、水曜日にミディアムロング走を予定している場合、そして気温が高かったり、それに湿度が加わったりする場合は、テンポランニングのあとに意識して水分補給をし、水分補給が適正にできた状態で水曜日のミディアムロング走を始められるようにするとよい。

取の効果は、１〜２％の範囲になると考えられる（おそらく10kmレースで20〜45秒程度、マラソンで90秒〜４分程度）。カフェインの持つ効果のうち、マラソンランナーのパフォーマンスアップにつながる可能性が高いのは、注意と集中を高める働きを持つ中枢制御システムに対する刺激効果である。中枢制御システムへの刺激により主観的運動強度が低下し、特定のペースが通常よりも楽に感じるようになることを示す、興味深いエビデンスもある。

　しかし正論を言えば、ランナーがカフェインをパフォーマンス向上の目的で使ってよいのは、ハードなトレーニングを賢く行い、申し分のない食生活を送って、パフォーマンスに影響するほかの生活面にもベストを尽くした、そのうえでのことである。あらゆることを適正に行い、適切な遺伝型を持っている前提でカフェインを少量摂取すれば、若干のパフォーマンス向上もあるかもしれない。国際オリンピック委員会（IOC）が発表した、スポーツ栄養に関する合意声明では、研究論文の調査（Maughan et al. 2018）を行った結果、カフェインにパフォーマンスアップの効果があるのは、運動の約１時間前に体重１kgあたり３〜６mgを摂取した場合であると示されている。ただし、これより低い濃度で効果の見られた研究があったことも、同時に言及されている。ジェルやスポーツドリンクといったさまざまな製品には、それぞれに特定の濃度のカフェインが含まれているので、コーヒーにどれだけカフェインが入っているか推測するよりも、確実である。

　カフェインの副作用として考えられるのは、頭痛、めまい、不安症、神経過敏、胃腸障害、動悸などである。カフェインに対する感受性や耐性は人によって大きな差があるので、合うかどうか、自分で試してみること。ふだんカフェインを摂っていない人は、カフェインの作用に対する感受性が高い可能性もある。また、カフェイン摂取がパフォーマンスにプラスの影響を与える遺伝子型を持っていないかもしれない。レース当日にカフェインを摂るつもりなら、トレーニングで長い距離を走る日に何回か試してみて、身体がどう反応するか確認すること。

同様に、1日に2回練習をする人も、2回目の練習を始める前に水分補給できているかどうか、比較的暑い日などは特に気をつけるべきである。意外かもしれないが、冬場でも水分補給には注意したほうがよい。汗で失われた水分を補給する必要性があるかどうか、夏ほどはっきりしないからだ。

　発汗速度は人によって大きく異なり、気象条件、ランニングの強度、気象条件に対する順化のレベル、遺伝に左右される。比較的暑い日に走ると1時間あたり1.4〜1.8kgの水を失うことも珍しくない。この速度のままだと2時間では2.8〜3.6kg程度の水を失うことになる。体重64kgのランナーで言うと、体重の4〜6%以上の水を失い、パフォーマンスは3〜5%程度低下することになる。この現象は走り続けるにつれて増幅する。最初の数kmではまったく失速しないこともあり得るが、おそらくその後はペースを維持することがつらくなり、後半になれば次第にペースは落ちていくだろう。十分なトレーニング刺激を身体に与えて強くなることができるのか、それともいつもよりつらいわりには得るものが少なかったと感じるのか。体重2%を超える脱水を回避できるかどうかが、その分かれ道になることもある。

レースでいい走りができるかどうかの鍵は、水分補給の計画が握っている

給水の量

　比較的高温下でトレーニングするランナーにとっては、パフォーマンスを低下させる過度の脱水を避けることが、最優先である。マラソンに向けたトレーニングをするなかで、十分な水分補給状態を常に保つには、どれだけの量が必要なのか。それを左右するファクターは、気温と湿度、身体の大きさ、トレーニング量、気象コンディションに対する順化の程度、発汗量、とさまざまである。発汗速度は人によって大きく異なるため、自分の発汗量が普通なのか、それとも多いのか、ということを知っておくと、どれだけの給水量が必要になるのか、見通しがつくようになる。

ベースラインとなる水分必要量には、トレーニングなどの身体活動で失われる量を加算しなければならない。走る前と走ったあとに体重を量って失われた水分量を割り出し、通常の体重に戻すのを目標に、水分を摂ること。十分に水分補給をするためには、たいてい減少した体重の1.5倍の量の水分が必要である。余分に必要になるのは、補給した水分の一部がすぐに尿として排出されてしまうためである。したがって、例えばトレーニング中に体重が1.4kg減ったとしたら、およそ2kg（2.1ℓ）の水分を次回のトレーニングの前に摂取しなければ、十分な水分補給にはならない（食品やドリンク類にナトリウムが含まれていると、摂取した水分を身体がより多く保持できる）。

毎日十分な水分補給状態を保つには、工夫が必要だ。普通に仕事をしていれば、なおさらである。職場にドリンクボトルを用意しておくのは必須だろう。そして、1日を通して定期的に水分を摂るような習慣をつければ、問題なく水分を補給することができる。走りだす間際になってから水分を摂る、ということは避けたい。プロセスを踏まずに焦って水分を摂ろうとすれば、一気にがぶ飲みしてぶくぶくに膨れたお腹のまま走るか、あるいは飲む量が足りずに脱水状態で走るか、ということになってしまう。繰り返しになるが、全身汗だく状態でないかぎり、身体の渇きのメカニズムが十分頼りになる。しかし、走る前から渇きを覚えていたら、水分補給が不足しているおそれがある。

レース中に摂る水分の量に関しては、本章後半の「レース当日の栄養・水分補給」の項で検討する。

何を飲むべきか

1日のうちに走らない時間はたくさんあるが、そのあいだの水分補給としては、主に水を摂るといい。四六時中、スポーツドリンクやエナジードリンクを口にする必要のある人は、ほとんどいない。いっぽう、走っているあいだの水分補給に適しているのは、水とナトリウムを含んだ糖質補充ドリンクである。糖質を6〜8％含んだドリンクには、水に匹敵するほど吸収が速く、すぐにエネルギーになるというメリットがある。練習時間が1時間を超える場合は、ドリンクに含まれるこの糖質がパフォーマンスの支えとなる。最適な濃度の具体的な値は、胃が受けつけるかどうかということだけでなく、トレーニング時・レース時の気温にもよっても変わる。涼しい日は8％が適当であろう。しかし、暑い日には糖質よりも水分のほうが重要になるので、糖質6％のドリンクにするとよい。最近のスポーツドリンクの多くには、水分が腸管により速く吸収されるように、複数の糖類が含まれている（グルコース・フラクトースの混合が多い）。また、グルコースと水の吸収を促進し、水分補給状態を十分なものにするには、200mlあたり少なくとも93mg程度のナトリウムを含んだスポーツドリンクを摂るべきである。

2016年リオデジャネイロ・オリンピック金メダリストのエリウド・キプチョゲをはじめとする世界屈指のマラソンランナーも（コマーシャル契約はしていないようだが）、現在はスウェーデン産の糖濃度の高いドリンクを使用している。このドリンクには2種類あり、1つは500mlあたり40g、もう1つは80g（濃度16％）の糖質が含まれている。従来、ここまで高濃度のドリンクは、ランナーにとっては問題だとされてきた。なぜなら高濃度の糖質によって

胃内容排出が遅れ、膨満感といった胃腸のトラブルが引き起こされるからである（訳者注：胃内容排出とは胃の内容物を小腸に排出すること）。スウェーデン企業が開発したこのドリンクは、胃に到達したときに、より分散しやすいハイドロゲルに変換される。これにより、胃腸の問題を回避しようというのである。今のところ、この効果を示す科学的なエビデンスの数は限られているが、いくつもの研究が進行中である。これは一時的なはやりかもしれないが、効果を示すエビデンスが増えれば、試したいランナーも出てくるだろう。しかし、レース当日の前に練習で試してみること。ドリンクにかぎらず、新しいものを取り入れるときはいつも、事前に確認することが必要である。

　距離が長いトレーニング、あるいは強度の高いトレーニングを高温下で行おうとすれば、身体への負担は大きくなる。したがって、トレーニングは柔軟に計画することが必要だ。高温の影響は、トレーニングのプランニングしだいで最小限に抑えることができる。まず、練習は毎回十分に水分が補給できた状態で始めること。それには前の日の練習後、真っ先に水分補給を行うことである。そして、できるなら1日のうちで身体が一番楽な時間帯を選んで練習をする。気温、湿度が高い日は、ペースを落とさざるを得ない状態になってから落とすのではなく、初めからペースを落として走ること。

糖質とマラソンランナー

　持久性運動の主なエネルギー源は糖質と脂肪である。このほか、タンパク質からも微量のエネルギーを得ている。マラソンでは、エネルギーのほとんどは糖質でまかなわれ、残りの大部分は脂肪が占める。42.195kmをいいペースで走るには、炭水化物に富んだ食品を日ごろから食べつけておくとよい。日々の練習のほとんど、そしてレース前の2～3日間は特に、炭水化物が食事の柱となるからだ。

　がりがりのランナーであっても、体内には大量のエネルギーが脂肪という形で貯蔵されている。体重64kgで体脂肪率が6%のランナーだと、3.8kg程度の脂肪を体内に蓄えている計算になる。脂肪には1kgにつき約7,700kcalのエネルギーがあるので、このランナーの場合は、29,000kcalを超えるエネルギーを脂肪として体内に持っていることになる。

　マラソンを速く走るうえで肝心なのは、脂肪ではなく糖質の貯蔵だが、体内に貯蔵できる量は脂肪よりもはるかに少ない。カーボローディングがうまくいったとしても、貯蔵できるグリコーゲンは2,000～2,500kcal程度にすぎない（グリコーゲンとは、体内で貯蔵される形の糖質のことである）。

　走っているあいだ、身体は糖質と脂肪の混合物を燃焼している。速く走るほど糖質を使う割合が高くなり、遅くなるほど脂肪を使う割合が高くなる。歩いているあいだは、エネルギーの半分以上を脂肪の分解物でまかなっているが、ペースが速くなるにつれて脂肪の利用は減り、糖質の利用が増える。楽なペースで走る回復走の場合は、エネルギーの60%を糖質、40%を脂肪から得ていると考えられる。マラソンレースでも、ジョギングペースで走るランナーだと、糖質を利用する割合はいくらか低くなるだろう。

　糖質は脂肪よりも利用効率の高い燃料である。糖質よりも脂肪のほうが、一定のエネルギーを供給するのに、多くの酸素を必要とする。脂肪代謝では糖代謝ほど効率良く有酸素性エネル

ギーを産生できないため、脂肪だけを燃料にしても、さほど速くは走れないのである。

身体はいくつかの対策を講じて糖質を使い切らないようにしている。その対策の1つが、糖質の貯蔵量が少なくなるにつれて、脂肪の利用割合を増やすことである。グリコーゲンの貯蔵量が危険なまでに少なくなると、「壁にぶつかる」、つまり「ボンク」（訳者注：いわゆるハンガーノック）状態になる。グリコーゲン枯渇で1つ問題なのは、手遅れになる前に警告サインが何も現れないことだ。マラソンレース中に、急激なペースダウンが必要になる場合、その原因はおそらくグリコーゲンの枯渇であって、脱水ではない。脱水の場合は影響が徐々に表れることが多いからである。

グリコーゲンの枯渇は、グリコーゲンローディングによって避けることができる。グリコーゲンローディング（いわゆるカーボローディング）は、グリコーゲンの貯蔵を増加させるために、食生活とトレーニングをコントロールすることである。

マラソンの場合、レースに向けてグリコーゲンの貯蔵量を増やすには、トレーニングを徐々に減らし（テーパリング）、レース前の2〜3日間に高糖質食を摂る。これは、第9〜13章のトレーニングプログラムでも推奨している。

糖質を摂るための炭水化物食品としては、米、パスタ、パン、サツマイモ、パンケーキ、ベーグル、ジャガイモ、トウモロコシ、レーズンが最適である。グリコーゲンローディングを行う際は、1kg程度の体重増と若干の膨張感を見込んでおく。なぜなら身体はグリコーゲン1g

第**1**部
マラソン
トレーニング
とは何か

第**1**章
マラソンに
必要な条件と
トレーニング

→ 第**2**章
栄養摂取と
水分補給

第**3**章
トレーニングと
回復の
バランス

第**4**章
補助的
トレーニング

第**5**章
年齢（と分別）
を重ねた
ランナーの
トレーニング

第**6**章
ベスト
パフォーマンス
のための
テーパリング

第**7**章
レース当日の
戦略

第**2**部
マラソン
トレーニング
プログラム

第**8**章
プログラムの
実施

第**9**章
週89kmまで
のマラソン
トレーニング

第**10**章
週89〜
113kmの
マラソン
トレーニング

第**11**章
週113〜
137kmの
マラソン
トレーニング

第**12**章
週137km
以上の
マラソン
トレーニング

第**13**章
マラソンの
連戦について

マラソンとアルコール

アルコールは多くのランナーにとって、食生活の一部だ。アルコールがランニングパフォーマンスに与える影響はよいものなのだろうか、それとも悪いものなのだろうか？

アルコール（エチルアルコール）の影響があるのは、主に脳である。1杯や2杯であれば、一時的に緊張をほぐし、ストレスを軽減させる。しかしそのいっぽうで、短期的に脱水が進行し、水分補給が遅れる。どのあたりで折り合いをつけるべきだろう？　マラソンレースの前夜に緊張がほぐれるのはよいことである。しかし、前にも書いたとおり、レース当日、スタートラインについたときには、脱水とはほど遠い状態にあることが賢明である。そう考えると、レース前夜はビールならグラスに1杯かせいぜい2杯、ワインなら1杯にとどめておくほうがよい。そして、アルコールの脱水作用によって失われる分を補てんするため、水分を余分に摂ること。ビールの場合は30mlにつき水を30ml、ワインの場合は30mlにつき水を90ml飲む。これはロング走の前夜も同じである。

トレーニングやレースのあとは、まず水分を十分に補給すること。走ったあとの1杯を楽しむのはそのあとだ。ランニングで脱水したままアルコールを摂取すると、回復は遅れる。

ランニング界にアルコールにまつわる話は多い。ニューヨークシティマラソンの優勝者であるロッド・ディクソンの、「猛烈に練習して、ビールを飲む。俺にはそれだけあればいい」という言葉は有名だ。ランナーの身体が受けつける酒量には、大きな個人差がある。いったい、どれだけ飲んだら飲みすぎなのだろう？　それを知るには、飲んだあと、いつもランニングに支障が出ていないか、胸に手を当てて考えてみることだ。睡眠の質が落ちたり、翌朝起きたときにふらふらしたり、脱水になったりしていないだろうか。では、トレーニングやレースの直前は？　そこまでは言わないでおこう。

につき2.6gの水も一緒にため込むからだ。体重が増えれば、グリコーゲンローディングがうまくいった証拠であり、蓄えられた水はレース中の脱水回避に役立つこともある。

　ふだんから、いわゆるランナー向けの食事をとり、エネルギーの約60%を炭水化物から摂取していれば、おそらく約1,500〜2,000kcalのグリコーゲンを筋肉内に蓄えているだろう。しかし、グリコーゲンローディングを行えば2,000〜2,500kcalを貯蔵することも可能だ。1km走るのに必要なエネルギーは、体重と代謝率によって異なるものの、約55〜90kcalであり、そのうち75%超は、糖質からまかなわれる。グリコーゲンローディングがうまくできれば、マラソンを走りきるのにちょうど必要な量を貯蔵できていることになる。

　グリコーゲンローディングは、長い距離を走るための十分な燃料を蓄えられるため、ロング走の練習にも有効である。ロング走をする前に高糖質食を摂れば、質の高いロング走ができる。そうすればレースに向けて自信も高まるだろう。しかし、ロング走のうちの何回かは、グリコーゲンタンクの残量をあえて少なくしたほうが、グリコーゲンの貯蔵量を増やす刺激になるとも考えられる。この、「トレーニング・ロー＝レース・ハイ」と呼ばれる方法については、次のコラムで説明する。

日常のトレーニングには、どれだけの量の糖質が必要なのか？

　日常のトレーニングに必要な糖質の量は、体重とトレーニング量によって異なる。1日に平均して1時間から1時間半程度のトレーニングを行う場合は、体重1kgあたり1日約5〜7gの糖質が必要になる。これが1時間半から2時間程度であれば、約7〜8.5g、2時間を超す場合は、少なくとも8gが必要になる。

　例えば、体重70kgのランナーが週に129kmを走っているとする。平均練習時間を毎日80分とすると、このランナーの場合、必要な糖質の量は350〜490g（70×5〜70×7）である。糖質1gは4.1kcalであるから、この場合糖質から得られる熱量は約1,400〜2,000kalとなる。

高脂肪・低炭水化物ダイエット

　持久系アスリートのための高脂肪・低炭水化物（HFLC）ダイエットに関しては、ここ数年、多くのことが書籍や論文などで発表されてきた。典型的なHFLCダイエットでは、熱量の50〜75%を脂肪、最大20%をタンパク質が占め、1日に摂る炭水化物は50g未満に抑える。これよりもさらに極端な食事は、ケトジェニックダイエットあるいはケトンダイエットとも呼ばれるが、その名の由来は、ケトーシスを促進することにある。ケトーシスとは、脂肪の代謝率が高くなり、脂肪酸分解によりつくられるケトン体が異常に増加した状態のことである。近年、ウルトラランナーの多くが、HFLCダイエットに切り替えているほか、こうした食事が脂肪代謝、減量、血中脂肪濃度、競技パフォーマンスに与える影響を調査した研究も増え続けている。

　このうち、いくつかの研究によって、HFLCダイエットは短期間であっても脂肪の酸化が亢進することが明らかにされている（Havemann et al. 2006）。これよりも長期の研究では、比較的高強度の運動において脂肪の酸化割合が高まったことが判明した。要するに、被験者が長期のHFLCダイエットを実行しているあいだは、比較的高強度の運動で燃焼する脂肪の量が増えた、ということである（Volek et al. 2016）。つまり理屈の上では、このような適応が

起きればそれが支えとなって同じペースでも燃焼するグリコーゲンの量が減り、ひいては壁にぶつかるリスクも減る、ということである。

HFLCダイエットへの転換がコレステロール値やトリグリセリド値（訳者注：中性脂肪値）に及ぼす影響については、エビデンスが混在しているが、おそらくは主に摂取する脂肪のタイプによって異なると思われる。HFLCダイエットで被験者の体重が1〜2kg減少する傾向を示した研究もあるが（McSwiney et al. 2018; Urbain et al. 2017; Zinn et al. 2017）、おそらくこれは、グリコーゲンの減少やケトーシスにともなって体内の水分量が減ったことによるものだろう。その傍ら、長期にわたり減少した体重を維持した被験者もいる。Ⅱ型糖尿病の人や血中グルコース濃度（訳者注：血糖値）の高い人にとって、HFLCダイエットは、インスリンの分泌が抑えられるため、血糖値を減らして安定させる手段になるかもしれない。いっぽう、運動エコノミー（ランニングエコノミーと同義）はHFLCダイエットにより低下する、

第①部
マラソン
トレーニング
とは何か

第❶章
マラソンに
必要な条件と
トレーニング

第❷章
栄養摂取と
水分補給

第❸章
トレーニングと
回復の
バランス

第❹章
補助的
トレーニング

第❺章
年齢（と分別）
を重ねた
ランナーの
トレーニング

第❻章
ベスト
パフォーマンス
のための
テーパリング

第❼章
レース当日の
戦略

第②部
マラソン
トレーニング
プログラム

第❽章
プログラムの
実施

第❾章
週89kmまで
のマラソン
トレーニング

第❿章
週89〜
113kmの
マラソン
トレーニング

第⓫章
週113〜
137kmの
マラソン
トレーニング

第⓬章
週137km
以上の
マラソン
トレーニング

第⓭章
マラソンの
連戦について

トレーニング・ロー＝レース・ハイ

第1章では、持久性トレーニングへの適応の1つとして、グリコーゲンの貯蔵量が多くなることを挙げた。こうした適応が起きるのは、グリコーゲンの少ない状態で走ることによって、グリコーゲン合成酵素の活性を高める刺激を、身体が受けるからである。しかし、トレーニングの一部をグリコーゲン不足の状態で行うと、別の効果も出るかもしれないということが、最近の研究では示されている。その効果とは、ミトコンドリアが増える、有酸素酵素の活性や脂肪の酸化能力が高まる、といったことである（Burke 2010; Stellingwerff 2013）。

長距離のエリートランナーは、この「トレーニング・ロー」というアプローチを何十年も前から（科学的な根拠を理解せずに）とってきた。朝、炭水化物をほんの少しだけ摂るか、またはまったく摂らずにロング走をする、そして1日に2回練習を行い、2回目の練習でグリコーゲンを半ば枯渇させる。こうした形で彼らは「トレーニング・ロー」を実践してきたのである。

トレーニング・ローのアプローチとしていちばん手軽なのは、朝食前（あるいはごく軽く朝食をとったあと）に長い距離を走る、あるいは食事のあと最低6時間空けて走ることである。しかし、トレーニング適応が生じるような刺激

となるには、どの程度グリコーゲンを欠乏させる必要があるのか、そしてどのくらいの頻度で欠乏させるのか、ということについては、まだ明らかになっていない。トレーニングを変えるときには、いつでも言えることだが、トレーニング・ローのアプローチを試すときも、やはり慎重に行い、他の練習に必要なエネルギーを十分にとっておくこと。グリコーゲンが枯渇するとトレーニングからの回復が遅れ、免疫系が抑制されるリスクがある。

週に1回か2回、グリコーゲンの貯蔵量を（完全に枯渇させずに）減らせば、トレーニング・ローによるプラスの適応を得ながら、やる気も落ちないという、ちょうどよいバランスになるかもしれない。最初は適度な長さのロング走を、事前に炭水化物ローディングをしたり途中で糖質補給したりせずに行う。そして、その後1週間ごとに、ランニングの長さや強度を段階的に増やして行く。最後の数kmでいつもより少しだけ疲れたら、おそらくやり方の度合いとしては、だいたい合っていたということだろう。後半でくたくたに疲れ、回復に2、3日かかったら、やりすぎた証拠である。この場合は、もっと短く、楽なランニングからスタートすべきである。

ということを示したエビデンスもある。これは、一定のスピードを維持するのに必要な酸素の量が増えることを意味している（Impey et al. 2018）。現時点では、HFLCダイエットが高糖質食よりもマラソンパフォーマンスを向上させるというエビデンスは存在しない。

これまでに行われたさまざまな研究や、ランナーの体験談によれば、HFLCダイエットを始めた最初の2、3週間では疲労と持久的なパフォーマンスの低下を感じるが、時間が経つと

グルテン・フリーにするべきか?

マラソンランナーはグルテンに対し、たいていいつの時代も、「モア・イズ・ベター（多ければ多いほどよい）」という姿勢をとってきた。少なくとも、グルテン豊富な食品（パスタ、パン、ベーグル、マフィンなど）に対しては、そうであった。しかし最近は、その正反対の状況にある。持久系トップアスリートに対して行われた、ある調査によると、調査対象の40％がグルテンを避けていることが判明した（Lis et al. 2015）。これは、グルテン過敏症の診断が下ると考えられる人の割合を、はるかに上回る数字である。周りはグルテンを敬遠するランナーばかり、という人もいるのではないだろうか。ただ大半の人にとっては、中庸を行く、というのがベストアプローチであり、それはランニング全般についても言えることである。

グルテンはタンパク質の1種であり、小麦、大麦、ライ麦に含まれている。北米およびヨーロッパでは、人口の1％がセリアック病に罹患している。セリアック病とは、自己免疫疾患の1つで、グルテンの摂取が小腸の損傷、炎症につながる病気である。セリアック病を治療しないでいると低栄養につながり、さまざまな症状（下痢、腹部膨満、疲労、骨粗鬆症）を引き起こし、マラソンの障害になるのはもちろんのこと、普通の健康をも脅かすおそれがある。セリアック病の最善の治療法とは、グルテンを厳しく制限した食事にすることである。こうしたグルテン・フリーの食事でも、マラソン競技を高いレベルで行うことは可能であり、何人ものランナーの成功が、それを証明している。2時間

30分の記録を持つアメリカのステファニー・ブルースも、そのなかの1人である。

グルテン過敏症、あるいはグルテン不耐症となると、問題は少々複雑になる。ある程度のグルテン過敏症または不耐症の人は、人口の5％程度いると推定されている。症状の一部はセリアック病に似ており、疲労、頭痛、胃腸のトラブルなどである。しかし、グルテン過敏症やグルテン不耐症を特定する確たる検査方法はない。しかも、多くの人が訴える症状の原因が、グルテンそのものにない可能性も高い。例えば、腹部の膨満感は、グルテンフードである全粒粉パンなどに豊富に含まれる、食物繊維の摂りすぎが原因かもしれない。また、距離の長いテンポランニングなどの激しい練習を行うと、胃に向かうはずの血流が他に配分されるため、一時的にグルテンフードの消化に問題が起きることもあり得る。同じ食品でも、ランニング後かなり時間が経ってから食べれば、こうした症状は出ないかもしれない。

グルテン過敏症ではない自分がグルテン・フリーにしても、とりあえず毒になるわけではない。そう思う人も、なかにはいるかもしれない。しかし、グルテン・フリーは薬にもなりそうにないのだ。栄養士は、1つの食品群すべてを確かな根拠もなく避けることを、勧めない。グルテン過敏症やグルテン不耐症が疑われたら、食事、症状、ランニングパフォーマンスについて詳しく記録をつけ、何か決まった傾向があるかどうか、様子をみる。その結果、自分がこの障害を持つマイノリティーの1人かもしれないと思ったら、スポーツ栄養士に相談すること。

疲労感は少なくなり、持久的なパフォーマンスも次第に本来のレベルに戻ることがわかった（Urbain et al. 2017; Zinn et al. 2017）。また、これは容易に想像がつくことだが、いくつかの研究では高強度運動のパフォーマンスはHFLCダイエットによって低下することが明らかになった。したがって、インターバルトレーニング（例えば5kmのレースペースによる1,200m走の繰り返し）を行う能力も損なわれると考えられる（Urbain et al. 2017; Havemann et al. 2006）。LT強度のトレーニング（テンポランニングなど）については、HFLCダイエットをしながら効果的に行えるかどうかは、明らかになっていない。しかし長期的に適応していけば、可能かもしれない。

　現段階では、マラソンランナー、それもパフォーマンスを限界まで高めたいと思っているランナーにHFLCダイエットへの転換を勧められるほど、十分なエビデンスはそろっていない。これまでのところは、本章で紹介してきた考え、つまり糖質がマラソンのトレーニングとレースにおける最も重要な燃料である、という見解を支持するエビデンスが大半である。近い将来、この興味深いトピックに関してはエビデンスがさらに増えると思われるが、今の時点では、糖質を十分に摂ってトレーニングに臨むという従来のアプローチを変えるのは、時期尚早である。

グリコーゲン補給のキーポイント

　典型的なランナー向けの高糖質食を摂った場合、おそらく32〜35kmのロング走、あるいはきついインターバルトレーニングを乗り切るだけのグリコーゲンは蓄えられる。したがってロング走、またはロングインターバルのあとでは、グリコーゲンは枯渇している。グリコーゲンを再び完全に補充するには24〜48時間かかる。よって、ロング走や高強度の練習を2日続けて行うと、グリコーゲンが完全に補充されずに2日目の練習を始めることになり、グリコーゲンが枯渇してよい練習にならないというおそれがある。高強度の練習を行う頻度は、身体が回復する速度で決まるが、グリコーゲンの補充を速やかに行えば、この速度を高めることができる。

　グリコーゲン補充をスピードアップするポイントは以下のとおりである。

・待ってはならない。運動後の最初の2時間は、グリコーゲンの貯蔵がほかの時間よりも速くなるが、なかでも最初の30分が最も速い。炭水化物を含んだドリンクを練習場所に持って行き、ロング走などグリコーゲンが枯渇する練習のあとに飲む。消化のよい炭水化物食品も一緒に用意しておく。グリコーゲンの再合成を促すためには、練習後30分以内に体重1kgあたり1g弱の炭水化物を摂ること。そしてその後2時間以内にさらに体重1kgあたり2gを摂り、そのうえで練習後3時間以内に食事をとる。

・炭水化物の摂取を増やす。グリコーゲンが枯渇した練習のあと、24時間以内に摂取する炭水化物の量を増やす。少なくとも体重1kgあたり8gは摂る。

・練習後の2、3時間で、中〜高GI（グリセミック指数）食品を摂る。グリセミック指数は、食品の血中グルコース値に及ぼす影響を表す。高GI食品が血中グルコース値の急激な上昇を引き起こすいっぽう、低GI食品は血中グルコース値への影響が少ない。練習後、最初の2、3時間は、スポーツドリンク、リカバリーバー、フルーツバー、芋、餅、パン、ベーグル、レーズン、クラッカーといた、中〜高GI食品を摂ると、グリコーゲンがより速く補充される。

第①部
マラソン
トレーニング
とは何か

第❶章
マラソンに
必要な条件と
トレーニング

第❷章
栄養摂取と
水分補給

第❸章
トレーニングと
回復の
バランス

第❹章
補助的
トレーニング

第❺章
年齢（と分別）
を重ねた
ランナーの
トレーニング

第❻章
ベスト
パフォーマンス
のための
テーパリング

第❼章
レース当日の
戦略

第②部
マラソン
トレーニング
プログラム

第❽章
プログラムの
実施

第❾章
週89kmまで
のマラソン
トレーニング

第❿章
週89〜
113kmの
マラソン
トレーニング

第⓫章
週113〜
137kmの
マラソン
トレーニング

第⓬章
週137km
以上の
マラソン
トレーニング

第⓭章
マラソンの
連戦について

・炭水化物と一緒にタンパク質も摂る。少量（15〜20g程度）のタンパク質を炭水化物と一緒に摂ると、グリコーゲンの貯蔵量が増えるほか、タンパク質の合成が刺激されて筋肉が修復されることが、判明している。

　持久系アスリートの栄養に関してさらに知りたい人には、Nancy Clark著『Nancy Clark's Sports Nutrition Guidebook』と、Suzanne Girard Eberle著『Endurance Sports Nutrition』を勧める。2冊とも広範囲にわたり詳しく書かれた良書である。

タンパク質の役割

　これまでの常識では、重量挙げなどの瞬発系アスリートは、筋肉をつけるために通常より多くのタンパク質を摂取する必要があるが、持久系アスリートに必要なタンパク質量はデスクワーカーと変わらない、とされてきた。しかし、持久系アスリートにもタンパク質の必要性が高いことは、過去数年間に行われた研究により明らかになっている。マラソンランナーにとってタンパク質が必要となるのは、ダメージを受けた筋肉の修復、赤血球による筋肉までの酸素の運搬、筋肉内のミトコンドリアによる有酸素性エネルギーの産生、十分な免疫力の維持、酵素とホルモンによる恒常性機能の維持といった局面である。

表2.1●マラソンランナーのタンパク質所要量／日

体重(kg)	タンパク質所要量(g／日)
45	54– 77
55	66– 94
65	78–111
75	90–128
85	102–145
95	114–162

　デスクワーカーのタンパク質の1日所要量は、体重1kgあたり0.8〜1.0gであるが、持久系アスリートの所要量はこれよりも多い。その主な理由としては、筋組織と赤血球に通常より激しい損傷を受ける、より多くのミトコンドリアを必要とする、といったことが挙げられる。持久系アスリートのタンパク質所要量を割り出す計算式はいくつかある。アメリカスポーツ医学会のガイドラインでは、以前は1日に体重1kgあたり1.2〜1.4gとされていたが、各アスリートのトレーニング内容やタンパク質摂取のタイミングが考慮された結果、最近になってこの数値の範囲は広げられた（Thomas, Erdman, Burke 2016）。前に紹介した、スポーツ栄養士Suzanne Girard Eberleによる『Endurance Sports Nutrition』では、1日に体重1kgあたり1.2〜1.7gというガイドラインが示されている。**表2.1**に、このガイドラインに沿って求めたタンパク質の1日所要量を示した（訳者注：原著はポンドで表示されているが、本訳書では、kgに換算し、10kgごとに示す）。

　アメリカ人のほとんどは、この所要量を超えている。しかし、マラソンランナーもそうであるとはかぎらない。特に、ある食品群を制限している人は、所要量を満たしていない疑いもあ

る。例えばベジタリアンは、この数値を満たすのは難しくはないが、多少の知識と計画が必要である。

　タンパク質は、摂りすぎてもパフォーマンスに悪影響を及ぼすことがある。タンパク質を摂りすぎると炭水化物が十分に摂取できなくなるおそれもある。よって、このような食事ではエネルギーが不足することが考えられる。身体は過剰に摂取したタンパク質を、アミノ基を除去し、その結果生じた炭素骨格を酸化することで、エネルギー源として使う。このプロセスでは老廃物の除去が必要となるが、それが腎臓の負担となる可能性があるのだ。

鉄の重要性

　鉄はランニングパフォーマンスに必要不可欠な栄養素である。しかしそれにもかかわらず、自分の鉄の濃度をチェックしていないランナーが多い。

　鉄は赤血球内でヘモグロビンを生成するために必要である。酸素はヘモグロビンと結合して筋肉へ運搬される。ヘモグロビン濃度が低いと、筋肉に運搬される酸素の量も減少する。つまり、筋肉が有酸素性エネルギーを十分に産生できなくなる。その結果として、$\dot{V}O_2max$とLTも低下し、速いペースを維持できなくなるのである。そのうえ鉄は、血液以外の生体内のさまざまな物質、例えばエネルギー産生に影響する筋細胞内の酵素などの構成要素でもあるので、鉄の濃度が低下すると、これらの物質の生成が変化して、エネルギー産生の減少につながりかねない。

　何年も前から、赤血球数が多いことのメリットは、トップ選手や指導者のあいだで知られていた。そのため、血液ドーピングや合成エリスロポエチン（EPO）の使用という違法行為が、赤血球を増やすために行われるようになった。EPOは生体内で産生されるホルモンであり、赤血球の産生量を左右する。EPO濃度が自然に、あるいは合成EPOの注射によって上昇すると、赤血球の産生量とヘモグロビン濃度も上昇する。その結果、選手は有酸素性エネルギーをさらに多く産生することができ、より速いペースの維持が可能になるのである。

　通常の場合、マラソンランナーは、赤血球数と鉄の貯蔵量が少なくならないように気をつけなければならない。欧米のマラソンランナーに見られる栄養不足のなかでは、鉄不足が最も多いと思われ、特に女性ランナーでは顕著である。鉄欠乏性貧血は、貯蔵された鉄が底をついて、ヘモグロビン濃度が低下した状態である。それに対して鉄欠乏症の段階では、鉄の貯蔵量は少ないものの枯渇には至っておらず、ヘモグロビン濃度もまだ正常である。両者を比較すれば鉄欠乏性貧血のほうがより有害ではあるが、ランニングのパフォーマンスにマイナスであるという点では変わらない。

マラソンランナーはなぜ鉄不足になりやすいのか？

　ランナーのヘマトクリットとヘモグロビン濃度はデスクワーカーよりも若干低い傾向にあると考えられるが、その理由は血液量の増加にある。鉄貯蔵量も比較的少ないと考えられるが、その理由は多岐にわたり、鉄の摂取不足、接地による溶血、筋収縮に由来する赤血球への損傷、発汗・排尿・消化管を介した鉄の喪失が挙げられる。鉄の喪失は、マラソンランナーのほうが、より短い距離を走るランナーに比べて多い傾向にある。その主な理由はトレーニング量の多さ

第①部
マラソン
トレーニング
とは何か

第❶章
マラソンに
必要な条件と
トレーニング

第❷章
→ 栄養摂取と
水分補給

第❸章
トレーニングと
回復の
バランス

第❹章
補助的
トレーニング

第❺章
年齢（と分別）
を重ねた
ランナーの
トレーニング

第❻章
ベスト
パフォーマンス
のための
テーパリング

第❼章
レース当日の
戦略

第②部
マラソン
トレーニング
プログラム

第❽章
プログラムの
実施

第❾章
週89kmまで
のマラソン
トレーニング

第❿章
週89〜
113kmの
マラソン
トレーニング

第⓫章
週113〜
137kmの
マラソン
トレーニング

第⓬章
週137km
以上の
マラソン
トレーニング

第⓭章
マラソンの
連戦について

にある。それぞれの理由を詳しく見てみよう。

・**血液量の増加**：持久系アスリートは一般人に比べて血液量が多い。このトレーニング適応により、心臓の1回拍出量が増加し、それが$\dot{V}O_2max$を向上させる。これ自体はよいことである。しかしランナーの赤血球に含まれる鉄は、増加した血液によって希釈される。赤血球量が血液量と同じ割合で増加しないかぎり、ヘモグロビン濃度は低下し、鉄欠乏症と誤認されかねない。

・**鉄の摂取不足**：持久系アスリートの多くは鉄の摂取が足りていない。鉄の摂取不足は、ベジタリアンや、赤身の肉を食べる頻度が週1回に満たないランナーに見られる問題である。高炭水化物、低脂肪、低コレステロールといった、ランナーにありがちな食事では、赤身の肉をほ

「ノーミート」なランナーについて

「ノーミート」といっても、骨と皮だけのガリガリのランナーのことではない。ベジタリアンあるいはヴィーガン（訳者注：完全菜食主義）の食生活をする人のことである。彼らがこうした食生活を選ぶ理由はさまざまである。それは主に健康を気遣ったり、倫理の問題であったり、環境を考えたりしてのことだが、ランニングのパフォーマンスが主な理由だという人は、ほとんどいない。肉を食べずに（ヴィーガンの場合は動物性食品を一切食べずに）マラソンでベストの走りをすることは可能なのか？

一言で答えれば、イエスである。しかし、ベジタリアンやヴィーガンでない人よりも食事に気を遣う必要があるだろう。

余計に気を遣うといっても、必ずしも悪い意味ではない。もちろん、いつもお菓子やポテトチップスばかりを食べて、ベジタリアンを自称することも可能といえば、可能である。しかし、ほとんどの人はそうはしない。プラントベースダイエット（訳者注：菜食中心の食事）にするということは、食品の栄養価を詳しく知り、質の高い、栄養密度の高いものを食べようとすることだ。コレステロール値やBMIといった健康度を示す指標では、一般的に言って、普通の人よりもベジタリアンやヴィーガンのほうがよい数値を示すが、もしかしたら、その理由の1つは、このような食事に対する姿勢かもしれない。

しかし、マラソンについてはどうだろう？今までに行われた研究は数少ないが、そこでは、ベジタリアンのアスリートと、何でも食べるアスリートとが比較されており、どちらのグループも、大腿部の筋肉の大きさや肺の機能は、ほぼ同じような数値になることがわかった（Craig, Mangels 2009; Nieman 1999）。また、綿密に計画されたベジタリアンやヴィーガンの食事がタンパク質の欠乏につながることを示すエビデンスはない。

本文中でも触れたが、ベジタリアンやヴィーガンのマラソンランナーにとっていちばん大きな課題になると思われるのは、鉄の問題である。菜食では、鉄の含まれた食品を食べても10%程度しか吸収されない。これに対し、肉からはその倍が吸収される。だとすると、ベジタリアンやヴィーガンは、鉄を豊富に含んだほうれん草やケールのような植物を、日ごろから大量に食べることになる。菜食のバイオアベイラビリティが低いという問題は、ビタミンB12、亜鉛、オメガ3脂肪酸など、持久的なパフォーマンスに役立つ主要栄養素の摂取の際にも起きる（訳者注：バイオアベイラビリティとは生物学的利用能とも言い、この場合は摂取した栄養素がどれだけ血中に到達するかという割合を指す）。また、ヴィーガンは骨の健康に役立つカルシウムの不足にもつながりかねない。

したがって、自分にとってベジタリアンやヴィーガンの食事は大切だという人は、栄養士に相談し、現在の食事が自分の栄養要求量を満たしているのか、確認したほうがいいだろう。

とんど食べないことになる。赤身の肉にはヘム鉄が含まれており、ヘム鉄は植物由来の鉄分よりも吸収されやすい。肉を食べないランナーでも食事から鉄を十分に摂取することは可能だが、それは慎重に食品を選んだ場合に限られる。Enette Larson-Meyerの『Plant-Based Sports Nutrition』(2019)は、肉食を制限しているアスリートの適正な栄養について詳しく解説した、良書である。レシピを探すならMatt FrazierとStepfanie Romineの『The No Meat Athlete Cookbook』がいいだろう。ベジタリアンやヴィーガンのマラソンについては、コラム「『ノーミート』なランナーについて」を参照してほしい。

・**接地による溶血と筋収縮に由来する損傷**：接地による溶血とは、足が地面に着いたときに赤血球が破壊されることを言う。接地による溶血は、アスファルトの上で長い距離を走るマラソンランナーや体重の重いランナーに起こりがちな問題である。さらに最近では、さまざまな競技のアスリートを対象にした研究が行われ、負荷の高いトレーニングでの筋収縮も赤血球に損傷を与える可能性があることが示されている。

・**汗・尿による喪失**：汗や尿によって喪失する鉄の量は比較的少ない。しかし走行距離の多いランナーが高温多湿下でトレーニングをすると、鉄の喪失量は増えるだろう。暑い地域に住んでいるランナーや、秋のレースに備えて夏のあいだずっとトレーニングを続けるランナーにとっては、発汗が鉄喪失の大きな要因となり得る。

・**消化管からの喪失**：一部のマラソンランナーにとっては、消化管（主に胃や大腸）からの鉄の喪失も問題である。特に長時間のトレーニングや、高強度のトレーニングをしているあいだに、軽度の消化管出血があるランナーもいる。出血は微量で、通常は気づくことはないが、何年も走り続けていると、累積的な影響が出る可能性もある。

　以上の条件が重なる場合は、鉄の摂取量と貯蔵量をモニターすることが重要になる。最もリスクが高いのは、鉄の摂取量が不足しがちな閉経前の女性ランナーである。

鉄不足だと、どうやって知るのか?

　鉄が不足していると、まず無気力になる。心拍数が上昇することもあるし、走る意欲は失せていく。また、寒く感じることが多くなり、1日中全身に疲労感がある。しかしこうした兆候は徐々に現れることが多いため、トレーニングに大きな影響が出ないうちは、鉄不足を疑うこともないのかもしれない。鉄の不足が確認できるのは、血液検査だけである。血液検査でわかるのは、ヘモグロビン値（赤血球内の鉄量）と血清フェリチン値（貯蔵鉄量）である。

　ヘモグロビン値の正常値範囲は国や実施した研究室によっても異なるが、だいたいにおいて、男性が血液1dℓあたり14〜18g、女性が12〜16gである。持久系アスリートは血液量が多いため、正常値範囲の下限は0.5g/dℓ引き下げるべきである。

　血清フェリチンの基準値も、国や実施した研究室によって幅があるが、たいていは、男性が12〜300ng/ml、女性が12〜200ng/mlである。血清フェリチン値とランニングパフォーマンスとの相関関係には諸説ある。一説では、フェリチン値はパフォーマンスに直接関係しないと言われているが、フェリチン値が低下すると、最終的にはヘモグロビン値とパフォーマンスも落ちる。このことから、フェリチン値の低下は、初期に現れる危険な兆候とみなしてよい。

　いっぽう、フェリチン値は有酸素性エネルギー産生酵素の生成に使われる貯蔵鉄量を反映し

第①部
マラソン
トレーニング
とは何か

第❶章
マラソンに
必要な条件と
トレーニング

第❷章
栄養摂取と
水分補給

第❸章
トレーニングと
回復の
バランス

第❹章
補助的
トレーニング

第❺章
年齢（と分別）
を重ねた
ランナーの
トレーニング

第❻章
ベスト
パフォーマンス
のための
テーパリング

第❼章
レース当日の
戦略

第②部
マラソン
トレーニング
プログラム

第❽章
プログラムの
実施

第❾章
週89kmまで
のマラソン
トレーニング

第❿章
週89〜
113kmの
マラソン
トレーニング

第⓫章
週113〜
137kmの
マラソン
トレーニング

第⓬章
週137km
以上の
マラソン
トレーニング

第⓭章
マラソンの
連戦について

ているため、パフォーマンスに直接影響する、という説もある。パフォーマンスにひびかないフェリチン値の最低ラインは、人によって異なるようである。20ng/mlを下回るとトレーニングやレースパフォーマンスが頻繁に阻害されることは、いくつかの生理学的研究によって判

シャレーン・フラナガン Shalane Flanagan

©Elsa/Getty Images

自己最高記録：2時間21分14秒（2014年ベルリンマラソン）

主な戦績：2012年米国オリンピック代表選考会優勝、2012年ロンドン・オリンピックマラソン10位、2016年リオデジャネイロ・オリンピック6位、2017年ニューヨークシティマラソン優勝

シャレーン・フラナガンの2017年は、疲労骨折に始まり、ニューヨークシティマラソンの優勝、それも米国女子選手として40年ぶりの勝利で終わった。彼女の忍耐力、一途さ、自分を信じる気持ちがまさに形となって表れたのが、この復活劇だ。

フラナガンはいつでも、勝負できる状態にまで自分を仕上げて競技に臨む。それは高校室内選手権や大学クロスカントリー選手権で勝ったときも、2008年のオリンピック10,000mでメダルをとったときも、同じだ。だから、2010年のニューヨークシティで、マラソンデビューでありながら、世界屈指のランナーを向こうに回し2位になったことも、何ら不思議ではない。自分に高い基準を課す彼女だから、メジャーレース優勝という目標を立てたのも、いわば当然だった。

目標に対する彼女のアプローチには、興味深い一面もある。それは、年に2回マラソンを走るという、従来型のトレーニングプログラムに、すぐには転向しなかったことである。フラナガンはクロスカントリー競技もトラック競技も続行した（クロスカントリーでは2011年に世界選手権で銅メダルを獲得、トラックでは2015年まで国際大会に出場）。彼女のマラソンへの取り組み方からは、学ぶべきことが2つある。

1つ目は、自分が情熱を傾けていた、短い距離のレースに力を注いだ点だ（フラナガンは3,000mと5,000mで米国室内記録を持っている）。マラソンに転向したからといって、短い距離から身を退かなければならないルールは、どこにもない。マラソンとは違うランニングの別の一面を楽しむことは許されるはずである。マラソンにしても、義務感ではなく熱意を持って取り組んだときのほうが、ベストの走りができるものだ。

2つ目は、マラソン転向後に短いレースの記録がよくなったランナーはたくさんいるということ、そしてフラナガンもそのうちの1人、ということだ。彼女は10kmと15kmの米国記録をそれぞれ2016年と2014年に塗り替えた。完全な、万能なランナーに近づこうとすることは、マラソンの邪魔になるどころか、むしろ支えになる。

マサチューセッツ出身のフラナガンは、

明しているが、20〜40ng/mlは、ランナーの生理学的特性によっては、正常から低めの範囲と考えられる（Eichner, 2012; Peeling et al. 2008; Schumacher, Schmid, Grathwohl, 2002）。ボーダーライン上、あるいはそれを下回っている場合は、スポーツドクターに相談

第①部
マラソン
トレーニング
とは何か

第❶章
マラソンに
必要な条件と
トレーニング

第❷章
→ 栄養摂取と
水分補給

第❸章
トレーニングと
回復の
バランス

第❹章
補助的
トレーニング

第❺章
年齢（と分別）
を重ねた
ランナーの
トレーニング

第❻章
ベスト
パフォーマンス
のための
テーパリング

第❼章
レース当日の
戦略

第②部
マラソン
トレーニング
プログラム

第❽章
プログラムの
実施

第❾章
週89kmまで
のマラソン
トレーニング

第❿章
週89〜
113kmの
マラソン
トレーニング

第⓫章
週113〜
137kmの
マラソン
トレーニング

第⓬章
週137km
以上の
マラソン
トレーニング

第⓭章
マラソンの
連戦について

2012年のオリンピックのマラソンで10位になったあと、ボストンマラソンで優勝することを視野に入れるようになった。彼女が初めてボストンマラソンを走ったのは2013年、このときは4位であった。その翌年、彼女は速いペースで行こうと、スタートから積極的に飛ばした。30km地点まではトップを守っていたが、6位に終わった。せめてもの救いは、記録が2時間22分02秒だったことだ。これは今でも、ボストンマラソン史上、米国女子選手が記録した最も速いタイムである。

2014年秋、フラナガンは、ディーナ・カスターの持つ米国記録2時間19分36秒を破ろうと、ベルリンマラソンに出場した。残り10kmの地点までは、目標を達成し、なおかつ優勝できるペースで走ったものの、その後は3位にまで落ちてしまった。このときも自己ベストの2時間21分14秒という記録が唯一の慰めだった。それでも国際大会を制するという意欲は衰えず、彼女は2015年のボストンに戻ってきたが、勝負に絡むことなく、9位でレースを終えた。翌年の2016年はオリンピックイヤー。ということは、2月に代表選考会、そして8月はリオデジャネイロ・オリンピックだ。ボストンでもニューヨークでも彼女の再挑戦は叶わなかった。しかしオリンピックでは6位に入り、出場3選手が全員トップ10入りするという、強いアメリカの牽引役となった。

2017年。年初に腰に違和感を覚え、それが疲労骨折だと診断されたときの気持ちは、いかばかりだったろう。フラナガンは数週間ランニングから離れ、その春のボストンマラソンも出場を見合わせた。36回目の誕生日が迫っており、熱烈なファンのなかにも、メ

ジャーレース制覇を狙える時期は過ぎたのではないかと考える者が出てきた。

しかし、フラナガン自身はその反対を信じ続けた。まだやれるという彼女の信念は、復帰戦であるその年のニューヨークシティにメアリー・ケイタニーが出ると決まっても、揺らぐことはなかった。ケイタニーは前年までニューヨークシティマラソンを3年連続で制し、2017年の春には、史上2番目に速い女子マラソンランナーとなっていた選手である。32kmまで、フラナガンはケイタニーの揺さぶりに反応しつつも、自分の手の内は見せずに、臆することなく、辛抱強く走った。

そして、ケイタニーがきつそうだと感じとったとき、フラナガンはチャンスをつかみに行った。ペースを上げる。そしてまた上げる。終盤は1km3分8秒を若干上回るペース、つまり10kmのレースペースに迫るペースである。ゴールを目の前に片手を突き上げ、言葉にならない言葉を叫ぶ。積年の夢を叶えたランナーが手にする喜び、満ち足りた気持ちを、彼女は勝ち取ったのである。ニューヨークシティマラソンのタイトルは、彼女のものになった。

フラナガンはニューヨークシティマラソンで勝利する前、もし勝ったなら、と、引退を口にしていた。しかし彼女は、まだトレーニングをしたい、レースをしたいと思っている自分に気がついた。翌年の2018年。ボストンでは極寒のレースを戦い抜き7位でフィニッシュ、タイトル防衛戦となったニューヨークシティでは力のかぎりケイタニーと併走し3位入賞と、レースをゆるがせにする気持ちがみじんもないことを、彼女はその走りで証明してみせた。前に進むには、自分の想いを追いかけること。それをフラナガンは、これまでと同様、示してくれたのである。

すれば、専門的なガイダンスが受けられるだろう。

鉄はどのくらい必要か?

アメリカの1日推奨摂取量（RDI）は、閉経前の女性が1日あたりおよそ18mg、男性と閉経後の女性が8mgである。2016年に発表された、アメリカスポーツ医学会の公式見解（ACSM's 2016 Position Stand on Nutrition and Athletic Performance）によれば、女性アスリートに必要な鉄の摂取量は、非アスリートに比べて最大70%多く、長距離ランナーとベジタリアンのアスリートは定期的に検査を受け、RDIよりも多く鉄を摂取し続けるべき、とのことである（Thomas, Erdman, Burke 2016）。しかし、走行距離の多いランナーの必要摂取量には、定められた数値が無い。したがって、確実に言えるのは、マラソンランナーには少なくともRDIは必要だということだけである。しかし他のミネラル類と同様、鉄も過剰に摂取すると、健康を害するおそれがある。事実、標準的なアメリカ人男性は、鉄の欠乏よりも、むしろ鉄の過剰摂取に陥りやすい。

鉄欠乏はどうすれば予防できるか?

鉄欠乏に関しては、ケガなどの問題と同じく、予防をすることがベストの対策である。鉄が豊富に含まれる食品は、レバー、赤身の肉、鶏もも肉、魚、牡蠣、卵の黄身、緑黄色野菜、レグメス野菜（訳者注：さやえんどう、スナップえんどう、いんげんなど）、ドライフルーツ、レンズ豆、シリアルやパン（全粒粉のものか、栄養分が強化されたもの）などである。

以下は、鉄の吸収を促し、鉄欠乏を予防するためのガイドラインである。

・赤身の肉または鶏のもも肉を85g、週に最低3回は食べる。
・茶、コーヒーは鉄の吸収率を下げるので食事と一緒に飲まない。
・鉄の吸収を促進するビタミンCが豊富に含まれる食品を、食事と一緒に摂る。
・ヘム鉄（動物性食品由来の）と非ヘム鉄の両方を摂取できる食事をとり、非ヘム鉄の吸収率を上げる。
・鉄が強化されたシリアルを食べる。
・鉄製の調理器具を使う（トマトソースなど、酸を含む食品の調理に使う）。

このガイドラインを見ると食生活をほんの少し変えるだけに思えるかもしれないが、鉄摂取量には大きな違いが出る。例えば朝食のコーヒーをオレンジジュースに変えるだけで、一緒に食べるシリアルやトーストから摂取できる鉄の量は3倍にも増えるのである。女性の長距離ランナーならば、サプリメントという選択肢もあり、医師に相談したうえでなら摂取するのも1つの手である。ただし、それは上記のような食生活の改善をしたあと、それでも必要となった場合に限る。

サプリメントとその他のエルゴジェニック・エイドについて

栄養補助食品（サプリメント）には星の数ほどの種類があり、さらに毎年新製品が発売されている。しかし残念ながら、間違った宣伝、誇張された宣伝が多く、アメリカをはじめとしてほとんどの国では、サプリメント業界に対する法整備は十分に整っていない。サプリメントは

お金の無駄になるだけでなく、有害な副作用というリスクもはらんでいる。それではまず簡単に主なサプリメントのカテゴリーを見ていこう（訳者注：エルゴジェニック・エイドとは、競技力向上を促進する物質・手法の総称である）。

プロテインのサプリメント

　本章の前半で触れたとおり、マラソンランナーはデスクワーカーよりも、タンパク質を必要とする。といっても、その必要量が格段に多くなるわけではないので、バランスのよい食事をすれば簡単に所要量は摂れる。ほとんどのランナーの場合、所要量を満たすためにタンパク質のサプリメントを摂る必要はない。。

ビタミン・ミネラルのサプリメント

　健康を保ち、トレーニングに対してプラスに適応するには、ビタミンとミネラルの標準所要量を満たしていることが重要である。これは健康的な食生活をしているランナーなら、サプリメントの助けを借りなくても、十分に可能である。しかし、主要なビタミン・ミネラルが足りていないと思うランナーは、医師か資格を持ったスポーツ栄養士に相談すべきである。例えばベジタリアンは、（前に述べたとおり）鉄、亜鉛、ビタミンB12を自然の食物から十分に摂取するのは難しいものだ。おそらくオメガ3脂肪酸も不足しているだろう。このような場合ならば、サプリメントを摂ることで、ランニングや全般的な健康状態によい効果があるかもしれない。とはいっても、「モア」は「ベター」ではない。ミネラルや脂溶性ビタミンのサプリメントを過剰摂取すると、中毒症状をきたす可能性もある。

　ビタミンDについては、冬場に日光と食物だけで推奨量の1,000IUを摂るのは、難しいだろう。特に、一般的なタイムスケジュールで仕事をしていて、暗い時間帯に走る生活が2、3カ月以上続くような人にとっては、問題だ（訳者注：IUとは、International Unit：国際単位である。現在日本ではIUの代わりにμgが使われている。1,000IUは25μgに相当する）。ビタミンDが不足すると、免疫系を抑制してしまうおそれもある。そうすると、風邪をひきやすくなる、常にトレーニングの疲れが抜けない、という事態につながりかねない。その場合は、医師や栄養士がビタミンDのサプリメントを勧めることもあるだろう。

　このほかに気をつけるべき点は、サプリメントに含まれる個々のビタミンやミネラルの相互作用である。サプリメントに手を出す前に、医師や栄養士に相談するよう強く勧めるのには、こうした理由もある。栄養素が互いに影響し合わないよう、わざわざサプリメントを摂るタイミングをはかるのは、余計な手間だ。そうするくらいなら、過不足のない食事をして栄養不足を回避したほうがよい。

その他のサプリメント（エルゴジェニック・エイド）

　このカテゴリーに分類されるのは、さまざまな面でパフォーマンスを改善するとうたう、市場に氾濫するサプリメント（エルゴジェニック・エイド）である。こうした製品のほとんどは、筋力やパワーの向上にフォーカスしているが、いっぽうで、持久系アスリートをターゲットにした製品も続々と発売されている。しかし、筆者が長年の経験からわかったことは、「ミラク

第①部
マラソン
トレーニング
とは何か

第❶章
マラソンに
必要な条件と
トレーニング

第❷章
栄養摂取と
水分補給

第❸章
トレーニングと
回復の
バランス

第❹章
補助的
トレーニング

第❺章
年齢（と分別）
を重ねた
ランナーの
トレーニング

第❻章
ベスト
パフォーマンス
のための
テーパリング

第❼章
レース当日の
戦略

第②部
マラソン
トレーニング
プログラム

第❽章
プログラムの
実施

第❾章
週89kmまで
のマラソン
トレーニング

第❿章
週89〜
113kmの
マラソン
トレーニング

第⓫章
週113〜
137kmの
マラソン
トレーニング

第⓬章
週137km
以上の
マラソン
トレーニング

第⓭章
マラソンの
連戦について

ルな」サプリメントに投資するのは、大切なお金をドブに捨てるようなもの、ということだ。いい走りをするには、健康的な食事と生活習慣を続け、そのうえで賢いトレーニングをすること、そして、パフォーマンスアップを標榜する即効薬には手を出さないことだ。

2018年にIOCが発表した、「スポーツ栄養に関する合意声明（IOC Consensus Statement: Dietary Supplements and the High-Performance Athlete）」では、おびただしい種類のサプリメントについてエビデンスの調査が行われたが、これによると、効果が疑われる候補から除外される可能性があるのは、カフェインと硝酸塩の2つである（Maughan et al. 2018）。カフェインについては、すでに述べた。硝酸塩については聞いたことがないかもしれないが、ビートジュースのパフォーマンスアップ効果については、耳にしたことがあるだろう。ビートジュースは硝酸塩を豊富に含む。この硝酸塩は、まず口中で唾液によって亜硝酸塩に還元され、その後さらに体内で一酸化窒素に分解される。一酸化窒素は筋収縮や血流といった、ランニングに関わるさまざまな作用を向上させると言われている。いくつかの調査では、ビートジュースを飲んだあとは、一定強度の運動における酸素消費量が若干低下した（つまり、そのペースを維持することが若干楽になった）ことが判明した（Bailey et al. 2009; Jones 2014）。味もさほどよいとは言えず、消化のトラブルになりかねないビートジュースだが、硝酸塩単独のサプリメントよりも効果が高い可能性があると結論づけた研究もある（Flueck et al. 2016）。

しかし、具体的にビートジュースの何が効果を生むのか、一般的にはどのくらいの量が適量なのか、そして効果は誰にでも表れるのか、といったことはまだ明らかになっていない。いくつかの研究では、被験者が健康なほど、その効果の低いことがわかった（Wilkerson et al. 2012）。栄養全般に言えることだが、ビートジュースに関しても、慎重になること、特効薬だと思わないことが必要である。

レース当日の栄養補給と水分補給

さて、ここまで書いてきたことをレース当日まで忠実に守ったとする。適切な食事をとり、水分補給を十分にして練習を重ねて来た。ではこれで終わりだろうか、と言えば、そうではない。レース当日にエネルギーと水分をどのように摂るのか、という問題が残っている。この戦略いかんで、マラソンのパフォーマンスは大きく変わってくるのだ。

レース数日前のグリコーゲンローディングも水分補給も十分にできたとしよう。そうしたら、レース前の食事は200〜500kcalにし、そのほぼすべてを炭水化物にするとよい。こうしてグリコーゲン貯蔵の仕上げをする。これだけの熱量をレース3〜4時間前に摂取するのがベストである。これはスタート時間が遅いレース、例えば10時にウェーブスタートするニューヨークシティマラソンやボストンマラソンでは問題はない。しかし、シカゴマラソンは午前7時半スタート、ホノルルマラソンに至ってはなんと午前5時スタートである。こうしたスタート時間の早いマラソンでは、就寝後しばらくしたら、いったん起きて何かを口にしたのち、今度は長めに仮眠をとる（当日うまくいきますように！）。このとき、水分も500mlほど摂り、夜間に失われた分を補う。こうして、十分に水分補給した状態を保つ。

レース前の数日間、慎重にグリコーゲンローディングを行ったとしても、グリコーゲン枯渇

に対する不安は残っている。これを解消するには、レース中にエネルギー源をさらに摂取することが必要である。

　レース中に必要な給水量は、身体の大きさ、気温、湿度、発汗速度によって異なる。目標は、レース中に体重の2％を超える水分を失わないように、発汗で失われる水分を補給することだ。この件についてはあとで検討するが、非常に難しい問題である。比較的暑い日は、特にそうだ。給水の最大必要量は、胃から排出できる量、あるいは発汗による過度の脱水を予防するのに必要な量のうち、どちらか少ないほうの量である。失った量よりも多く給水してしまうと、低ナトリウム血症になるおそれがある。低ナトリウム血症については本章の後半で取り上げる。

　これまでの研究によると、ランニング中に胃から排出できる水分の平均的な量は、15分あたり177～207ml（1時間あたり708～828ml）程度にすぎない。これよりも多く飲むと、余分な水分が胃の中でチャポチャポと音を立てるだけで、ほかにいいことは何もない。胃が処理できる量は、おそらく誰であってもこの程度だろうが、実際に自分の胃がどのくらいの量に耐えられるのか、試してみるとよい。

　練習中ならば、立ち止まって水を好きなときに好きなだけ飲むのは、わりと簡単だ。ロング走の前に、給水ボトルをコース上にうまく配置しておくなど、少しばかり工夫をするだけのことである。しかし、レース中に177～207mlの水分を、1箇所の給水所で立ち止まらずに飲むのは至難の技である。事実、ティム・ノークス博士らが行った研究（2007年）では、レース中、ほとんどのランナーは、1時間あたり473ml以上の給水をとらなかった。

　シリアスランナーが自己ベストを狙って走る場合、レース中に、89mlの給水を8～10箇所で摂れば、水分補給としては標準的なレベルだろう。では、この現実的な給水量（合計712～890ml）で摂取できる水分と糖質のバランスを見ていこう。もしマラソンを3時間で走り、1時間あたり1.4kg体重が減少するとしたら、3時間では4.2kgが減少することになるが、給水として体内に約0.7～0.9kg取り入れるので、体重はマイナス3.3～3.5kgになる。体重を68kgだとすると、4.9～5.1％体重が減少することになり、レース後半に若干ペースダウンする可能性がある。

　合計が712～890mlになる給水が8％水溶液だったとすると、約57～71gの糖質が摂れることになる。糖質の熱量は1gあたり4.1kcalであるので、約233～292gの熱量をレース中に得ることになる。

　レースやロング走のあいだに糖質を摂るための補足的な方法としては、エナジージェルがある。製品にもよるが、ジェル1パックあたり80～120kcal相当の糖質が含まれている。たいていのジェルは、摂った直後に水分を2、3口すすって流し込み、そのあとに、ジェルが吸収されやすくなるよう、約118～177mlの水を飲む。ジェルのなかにはアイソトニック（訳者注：浸透圧が体液と同じ）のものもあるので（ラベルで確認すること）、その場合は吸収させるために水分を摂る必要はない。アイソトニック以外のジェルを摂るタイミングは、給水所の直前がベストである。

　何事も同じだが、レース当日になって初めて試すということは、ないようにしたい。ジェルを飲んだあとに水分をうまく摂り、その後も快適に走るには、日ごろの練習が必要だからだ。レース中にスポーツドリンクやジェルを摂るには、プランを立てるべきである。どのようなプ

エナジージェルは給水所の直前で摂ろう

ランになるかは、条件次第だ。レース当日に予想される気温や湿度、レース中に摂る糖質の量、そして自分にとってランニング中にいちばん摂りやすい糖質の形態でプランは変わる。サブ3ランナーの標準的なプランとしては、糖質8%のスポーツドリンク合計712〜890mlを8〜10箇所の給水所で摂り、糖質が100kcal摂れるジェルを、スタート1時間後と2時間後に、それぞれ1つずつ摂る。このプランだとおおよそ430〜495kcalの糖質が摂れることになる。マラソンでは、標準的な体重（63kg）の男性の場合、1kmあたり約63kcal燃焼し、その内の80%は糖質によってまかなわれる。したがって、レース中に摂取する糖質だけで、おおよそ9〜10km分に相当する燃料を供給できることになり、グリコーゲンが決定的に不足することなくフィニッシュラインに到達する可能性が、大幅に高まる。サブ3より遅いランナーならば、スタートから約3時間後にもう1つジェルを摂って、糖質を足せばよい（もっと時間がかかるようであれば、スタートの4時間後にもう1つ摂る）。

　最近の研究では、ドリンクで口をゆすぐだけで、パフォーマンスが上がることが明らかになった（Burke, Maughan 2015）。どうやら、口腔内の受容体が糖質を感知し、脳内報酬系の中枢にシグナルを送るというメカニズムのようだ。レースもラスト3kmまでくると、糖質が腸に吸収されるには遅すぎる。よって、このテクニックを最後の一押しとして使う、という手も考えられる（訳者注：脳内報酬系とは、心地よさや気持ちよさなどを感じる刺激によって脳に快感という報酬が与えられたとき、その報酬を感知する脳内システムのこと）。

低ナトリウム血症の予防

　マラソンレースを比較的暑い日に3時間以上かけて走る場合、真水の給水だけを大量にとると低ナトリウム血症に陥る危険性がある。低ナトリウム血症とは、血中のナトリウム濃度が異常に低下した状態、つまり体液の大部分が水となり、体内のナトリウム量が減少した状態を指

す。女性は男性よりも低ナトリウム血症になるリスクが若干高いというエビデンスもある。低ナトリウム血症の症状は、脱力感、悪心、失見当識（訳者注：時間、場所、人物や周囲の状況を正しく認識できない状態）、腹部膨満、めまい、けいれん、昏睡である。低ナトリウム血症が起きるのは、だいたいがウルトラマラソンやアイアンマンの終盤にかぎられる。しかしマラソンであっても比較的暑い日であれば、その可能性はある。特に4時間を超えるランナーが真水だけを摂っていれば、低ナトリウム血症は起こり得るのだ。高温下のレースにおける低ナトリウム血症は、簡単な方法で回避することができる。1ℓあたり250mg以上のナトリウムを含んだドリンクを飲み、発汗で失った以上の水分を摂らないようにすればよい。

給水のとり方

　以上に紹介したレース中の給水プランは、毎回きちんと飲めることを前提としたプランであり、ほとんどこぼしてしまうことは想定していない。給水がうまくとれるようになるまでは、ほぼレースペースで走りながら飲む練習が必要だ。給水所では若干ペースを落とすのが賢明とはいえ、競技志向のランナーなら周囲に遅れをとりたくはないだろう。給水テクニックは、走りながら飲む練習で大幅にレベルアップする。

　エリートランナーならば、個々に用意したスペシャルドリンクのボトルを給水所に置くことが、たいてい可能だ。そうできれば理想的ではあるが、もちろんすべてのランナーには無理である。ノンエリートのランナーは、沿道にいる家族や友人から何kmかごとにドリンクボトルを渡してもらえるようなレースを選べば、問題は解決だ。とはいえ、やはり大半のランナーは、紙コップで給水する方法をマスターしなければならない。

　紙コップで給水をとる練習は、トラックの周回で行うとうまくいく。いつも練習しているトラックに行って紙コップをいくつか置き、2、3周ごとに給水をすればいい。トラックのメリットはその手軽さにある。デメリットを挙げるとすれば、インターバルトレーニングで呼吸が荒くなったときに給水をすると、水が鼻に入るあの痛さを味わわなければならない、ということだろう。この練習はテンポランニングで行うとよい。トラックでテンポランニングを20〜30分しながら2、3周ごとに給水をとるようにすれば、走りながら飲むテクニックはすぐに上達するだろう。

　手軽な給水の練習の方法はほかにもある。道路を周回しながら行う方法である。自宅の奥にある車を、家の前の道路近くまで移動させて停め、その上にレースで飲むドリンクの入った紙コップをいくつか置いておく。そこを起点として周回コースを走り、車の前を通過するたびに紙コップをとれば、給水の練習になる。

レース当日の給水テクニック

　給水ボランティアが沿道からコップを差し出している場合は、そのうちの1人とアイコンタクトをとり、コップを指差す。そうすればボランティアの人を驚かせることなく、給水がとれる（ただしコップがテーブルに置かれている場合は、いくら見つめ合ってもコップはふつう、助けてくれない）。水を持った人とスポーツドリンクを持った人の両方がいる場合は、どちらが欲しいか給水所が近づいたときに叫べば、欲しいほうがもらえる。

第①部
マラソントレーニングとは何か

第❶章
マラソンに必要な条件とトレーニング

第❷章
栄養摂取と水分補給

第❸章
トレーニングと回復のバランス

第❹章
補助的トレーニング

第❺章
年齢（と分別）を重ねたランナーのトレーニング

第❻章
ベストパフォーマンスのためのテーパリング

第❼章
レース当日の戦略

第②部
マラソントレーニングプログラム

第❽章
プログラムの実施

第❾章
週89kmまでのマラソントレーニング

第❿章
週89〜113kmのマラソントレーニング

第⓫章
週113〜137kmのマラソントレーニング

第⓬章
週137km以上のマラソントレーニング

第⓭章
マラソンの連戦について

　ペースは、通常のスピードで走ってテーブルに置かれたコップを倒すということがないよう、微妙に落とし、腕を後ろに引きながらコップをつかむつもりで給水をとる。そして、ドリンクがこぼれないようにコップの上部をつぶして閉じ、ひと口飲む。こうすればコップを口に運んだときに水が鼻に入らずに済む。コツは、普通のリズムで呼吸をすること。ひと口飲むごとに2、3回呼吸をするリズムである。ドリンクを飲み終わったら、レースペースに戻す。

　エリートランナーでなければ、気温、湿度ともに高い日は、給水所で立ち止まるのがベストだ。給水所は2マイルごとあるいは5kmごとに設定されていることが多いが、大きな大会になると、1マイルごとに給水所を設けているところもある。そこで、スタートから2マイルごとに立ち止まって給水をとると仮定しよう。スタートからフィニッシュまで、止まるのは合計12箇所だ。10秒ずつ立ち止まれば、2分のタイムロスになる。しかし、走りながら給水をとったとしても、結局ペースは若干落とすわけだから、立ち止まっても大きくロスしたことにはならない。しかも立ち止まれば、十分な量の水分を確実に摂ることができ、脱水を追い払うこともできる。気温の高い日は、給水所で1〜2分ロスしたとしても、フィニッシュではそれが10〜20分の余裕となって返ってくることもある。

　何を、いつ、補給するか。それはマラソントレーニングにどう適応するかを左右する重要な問題だ。ここまで見てきたように、適正な栄養摂取と水分補給を怠れば、せっかくつらい練習をしても、その効果を十分に得ることはできない。休養日の過ごし方など、回復のさまざまな面に注意を払わなかった場合も同じである。長い距離の練習や高強度の練習をしない時間は毎週たくさんある。その時間をどう過ごせば、レースを成功に近づけることができるのだろうか。それを第3章で述べることにする。

©Hemanshi Kamani/Hindustan Times via Getty Images

①部
マラソン
トレーニング
とは何か

第❶章
マラソンに
必要な条件と
トレーニング

第❷章
栄養摂取と
水分補給

第❸章
トレーニングと
回復の
バランス

第❹章
補助的
トレーニング

第❺章
年齢(と分別)
を重ねた
ランナーの
トレーニング

第❻章
ベスト
パフォーマンス
のための
テーパリング

第❼章
レース当日の
戦略

②部
マラソン
トレーニング
プログラム

第❽章
プログラムの
実施

第❾章
週89kmまで
のマラソン
トレーニング

第❿章
週89〜
113kmの
マラソン
トレーニング

第⓫章
週113〜
137kmの
マラソン
トレーニング

第⓬章
週137km
以上の
マラソン
トレーニング

第⓭章
マラソンの
連戦について

トレーニングと回復の バランス

第1章で説明したように、身体はきつい練習を行うたびに刺激を受け、LTや脂肪燃焼能力、$\dot{V}O_2max$などの向上につながっていく。しかし、1つ1つの練習だけでは刺激が弱く、こうした向上を望むには刺激が弱い。体力にはさまざまな要素がある。そのうち、ある特定の要素を高めるトータルの刺激となるのは、一定間に行った何回かの練習を合計したものである。例えば、テンポランニングをレース前の2、3カ月間で1回しか行わないとしたら、LTが向上するには刺激が弱い。しかし、これを8週間で6回行えば、LTを向上させる強い反復刺激を身体に与えることになる。

しかし、トレーニング刺激を身体に与えるだけでは、パフォーマンスの向上もまだ道半ばである。それから先に進むには、身体をトレーニングから回復させ、一段上のレベルに適応させなければならない。回復がうまくできるようになることで、トレーニングは最高に効果的なものになる。きちんと回復し、ハードな練習の頻度を増やしたり、練習の質を着実に高めたりできれば、さらに強い刺激を身体に与え、その能力を向上させることができる。

回復は重要だ。1回1回のトレーニングからの回復も重要であるし、レースに向けた長期のトレーニングプログラムからの回復もまた、重要である。回復がきちんとできないと、オーバートレーニングになりかねない。オーバートレーニングになれば、トレーニングに対してプラスに適応する身体の能力は損なわれてしまう。本章では、レースの成功に向けて最大限に回復するにはどうするべきか、検討する。

回復と超回復

　今日ハードな練習をして明日強くなることは、ない。これはランニングの厳然たる事実である。実際、翌日はくたびれているだけだ。ハードな練習は、短期疲労、筋組織の損傷、脱水、グリコーゲンの枯渇を引き起こす。質の高い練習から完全に回復するために必要な日数は、練習の強度などによって異なる（他のファクターについても本章で解説する）が、2〜10日間である。

　しかし、ある時点では、練習後の疲労も消えて、一段上のレベルに適応する。トレーニング効果を最大限に高めるには、トレーニングと回復の適正バランスを見極めなければならない。トレーニングとは身体に刺激を与えて適応させるものだが、回復とは身体を適応させ向上させる時間のことである。うまくトレーニングプログラムを組めば、一段高いレベルに適応できるような刺激を身体に与えることができる。この一段高いレベルへの適応を、超回復と呼ぶ。

　ではどうすれば、効果的な回復になるのか。次の2つの問いに答えることが、説明になるだろう。

1. 練習後、何日経てば、その練習のトレーニング効果が得られるのか？
2. ハードな練習を行ったあと、次回のハードな練習あるいはレースまで、どのくらいの時間をおかなければならないのか？

　本書の後半で紹介するトレーニングスケジュールは、この問いに対する答えを反映したものである。レースに向かって週を追うごとに体力が向上していくよう、適正な量の刺激と回復が設定されている。では、上の問いに対する答えを見ていこう。スケジュールがどうしてそのように組まれているのか、理由が理解できるはずである。

遺伝子スイッチのオンとオフ

　トレーニングの強度、持続時間、頻度（1週間の練習回数）はすべて、トレーニング負荷と身体の適応速度に影響する。ホルモン濃度、脂肪利用効率、毛細血管密度など、持久性トレーニングに対する適応は、1回の練習で得られるものではなく、トレーニングの反復によって生じる。これはあたかも、トレーニングに真剣に取り組んでいるかどうか、生理学的に適応して新しい段階に進む前に、身体が確認を求めているようなものである。

　適応のプロセスは遺伝子から始まる。トレーニングは、刺激（グリコーゲンの枯渇など）を身体に与え、その刺激が特定遺伝子のスイッチを入れたり消したりする。トレーニングは遺伝子の発現を変えることで、特定のタンパク質の分解・合成速度を変化させるのだ。例えば、持久性トレーニングを行うと、ミトコンドリアタンパク質を合成する遺伝子スイッチが入る。持久性トレーニングを多く行うほど、筋肉内のミトコンドリアは増加し、有酸素性エネルギーの産生も増える。筋肉と心血管系は、数日、数週間、あるいは数カ月という期間をかけて、反復トレーニングの累積的な効果に適応する。

回復速度を左右するファクター

　1回の練習から回復し、適応するために必要な時間は、ランナーによってかなり異なる。回

復や体力向上の速度に差がある理由は、遺伝、年齢（加齢とともに回復は遅くなる）、トレーニング歴、性別（女性はテストステロン濃度が低いため回復が遅くなる傾向にある）、諸々の生活習慣にある。適応の傾向は遺伝で決まる。つまり、一部の人は他の人よりも早く適応できるように、元々プログラムされているのだ。食生活、睡眠の時間と質、ふだんの健康状態、ストレス要因（仕事、懐事情、人間関係など）といった、生活習慣に関するファクターはすべて回復速度、適応速度に影響する。一定期間に何回の練習に耐えられるかということは、ランナーによって大きく異なるため、トレーニング仲間のプログラムをそのまま真似るべきではない。自分がどれだけのトレーニングをこなせるかは、経験から知るしかないのだ。

　一定期間内に、どれくらいトレーニングをすれば、身体がプラスに適応するのか。それは、時間を経るにつれてわかってくる。マラソントレーニングを成功させるには、こうしてあらゆるファクターに考えを巡らせながら自分を発見していくことが必要である。トレーニングと回復のバランスを割り出すのは少々やっかいだ。さまざまな条件を切り離して考えることが難しいからである。例えば、仕事のストレスが前回のレース前よりはるかに増えた場合、回復の速度は落ちることもある。しかし、それがもし中年になって10年ぶりに挑戦するマラソンだとしたら昔ほど回復が早くなくても不思議ではない（第5章で詳しく検討する）。マラソントレーニングは何週間にもわたる。その時々に応じた、トレーニング刺激と回復の適正なバランスを、見つけ出さなくてはならない。

回復と超回復に必要な時間

　個々の練習の効果がわかるまでには、どのくらいの時間がかかるのだろうか。残念ながら、科学的研究によって明確なエビデンスを示すことはできない。個人的な経験や、多くの選手・指導者に聞いた結果では、8〜10日程度あれば、ハードな練習の大半から回復し、効果が得られるようだ。どんな練習でも1回きりでは、ほんのわずか（1%程度）しか効果が得られない。それでいて、重度の短期疲労を引き起こすリスクはある。こうしたことを考えると、慎重のうえにも慎重を重ね、十分に時間をかけて回復を図ったうえでレースを迎えるのが、賢明である。マラソンのレース本番で力を発揮するには、トレーニングから完全に回復していることが欠かせない。マラソンのテーパリングには、まるまる3週間が必要である。テーパリングについては第6章で説明する。

　表3.1に、効果を得るまでにかかる平均的な時間を、3つの主要な練習タイプ別に示した。表の左から3列目が、練習からの回復に必要な時間である。テンポランニングを見てみると、練習後は、次のテンポランニングあるいは調整レースまでに、最低4日間空けなければならないことがわかる。しかし、テンポランニングのあとにロング走やインターバルトレーニングを

表3.1●ハードな練習のあと同じタイプの練習や調整レースまでに最低限空けるべき日数

練習のタイプ	練習例	調整レースに出場するまで、または同じタイプの練習をするまでの日数
テンポランニング	15kmからハーフのレースペースで6.4km	4日
ロング走	27〜32km	4日
$\dot{V}O_2max$インターバル	5kmレースペースで1,000m×6	5日

行う場合は、4日間も空ける必要はない。なぜなら、各タイプの練習で用いるエネルギー供給システムが違うからである。よって、次に行う練習のタイプが違う場合は、練習から完全に回復している必要はないのである。

　1週間の練習の効果は、同じ週のレースに表れない。しかし、練習を週の初めに行っていればレースまでには十分に回復し、レースパフォーマンスに悪影響が出ることはない。実際問題として、調整レースを走るのは、たいてい直近の練習の疲労がとれてきたときであり、超回復が起きたときではない。表3.1のスケジュールにはこういった事情を加味してある。通常、身体を最大限休めたうえで調整レースに臨むような時間の余裕はない。マラソントレーニングのなかで、休養と回復の時間を十分にとるのは、目標としたレースで最高の結果を狙うときだけである。ほかにあるとしても、調整レース1回くらいなものだろう。

　主な練習タイプのなかでも、テンポランニングは最も回復しやすいタイプの練習である。テンポランニングでは他の練習ほど体力を消耗しない。大きな筋損傷を引き起こすほどペースが速いわけでもなく、筋肉内のグリコーゲンが完全に枯渇するほど長く走るわけでもない。

　ロング走は、練習後のグリコーゲン補充に24〜48時間かかるのが一般的だが、回復の時間には最も個人差が出るようだ。比較的早く回復する人もいれば、何日間も疲れきったままの人もいる。回復速度の差が生まれる原因は、トレーニング歴、遺伝、前述したような生活習慣のほか、練習コースの特徴（下り坂は筋肉のダメージが比較的大きく、回復時間も長くかかる）、天候（同じロング走でも気温29℃で行うと、10℃で行ったときよりも回復に時間がかかる）などである。

　インターバルトレーニングは筋肉と心血管系にかかる負荷が最も高く、通常は、回復に最も時間がかかる練習である。回復を早める方法については、本章の後半で説明する。

　練習と回復のパターンは、練習のタイプに関係なく、効果的なトレーニングの基本となるものである。このパターンはハード＆イージーの原則と呼ばれ、これを基にして、レースに向けた週単位、あるいは月単位のトレーニングが構成される。このハード＆イージーの原則を検討していこう。

ハード＆イージーの原則

　従来の考えでは、ハード＆イージーの原則と言えば、ハードな練習を1日行い、その後に1日以上の回復日を設けるというパターンのことである。しかし、マラソンのトレーニングでは、このパターンから逸脱してバックトゥバックという、ハードな練習を2日連続で行うパターンにしたほうがいい場合もある。p.66では、バックトゥバックのパターンにすべき2つの例について検討する。

　ハードな練習を1日以上行ったあとは、回復日を1日以上設ける、というのがハード＆イージーの原則の正しい解釈である。回復日には、イージーランニングや軽いクロストレーニングをするか、完全に休養することが考えられる。ハード＆イージーの原則を守る理由は3つある。グリコーゲンを補充して枯渇を防ぐこと、病気を予防すること、そして、遅発性筋肉痛（DOMS）の影響を最小限に抑えることである。その理由を1つずつ見ていこう。

グリコーゲンを補充して枯渇を防ぐ：第2章で解説したように、身体が貯蔵できるグリコーゲ

ンの量には限りがあり、完全に補充するには24〜48時間かかる。したがって、ハードな練習を2日連続で行うと、グリコーゲンが十分に補充されないまま2日目の練習を迎え、グリコーゲンが枯渇し始めて、練習の質が落ちてしまうリスクがある。2日目の練習にはグリコーゲンの枯渇という問題がつきまとうが、これは少し工夫をすれば、必ずしも解決できない問題ではない。しかし、3日連続してハードな練習をすれば、グリコーゲンが枯渇して回復に長い時間がかかることは確実だ。ハード＆イージーの原則に従えば、グリコーゲンを補充する時間を身体に与えて、次のハードな練習に備えることができる。

病気を予防する：適度なトレーニングは免疫系を強化する。定期的に運動をしている人は、運動をしていない人よりも風邪にかかることが少ないということが、さまざまな研究で明らかになっている。しかし、強度の高い練習や長時間の練習のあとでは、免疫系が一時的に抑制される、いわゆるオープンウィンドウをつくってしまい、そのあいだは病気に感染するリスクが高まる。免疫機能は個人差が非常に大きい。しかし、健康でトレーニングを積んだランナーには特定の傾向があり、特に激しい練習をしたあとにかぎって免疫系の抑制が見られることが、多くの研究で示されている。特に激しい練習とは、例えば、マラソンペース走や$\dot{V}O_2max$強度で行うきつい練習、調整レース、ロング走などである。

　トレーニングにはあらゆる面で個人差があるが、ランニング強度と持続時間がどう組み合わさると免疫機能の低下につながるのかということも、人によって大きく異なる。そして、これには全般的な健康状態が関連するだけでなく、ハードな練習を何回も連続で行っていたかどうか、ということも関わってくる（ハードな練習の連続については、本章後半の「オーバートレーニングとは」の項で検討する）。トレーニングの強度あるいは量を、大幅に、そして急激に増やすと、感染に対する抵抗性が低下する。トレーニングの負荷を徐々に増やしていくことについては、第1章でも述べた。そして、後半で紹介するトレーニングスケジュールもそのように設定されているが、いずれもこうした事実が、その裏打ちとなっているのである。

　高強度のランニングを行ったあとに見られる免疫系の抑制は、3〜72時間続くことがわっている。興味深いことに、免疫系の抑制は部分的に糖質の枯渇と関係があるというエビデンスがある。つまり、糖質を練習中に摂取し、練習後速やかに補充することで、短時間で免疫機能を本来の状態に戻すことができるということである。このことからはっきりと言えるのは、免疫機能が練習やレースから回復しないうちは、ハードな練習は控えたほうがよいということだ。たいていの場合は、ハードな練習を行う前に回復の日を最低1日入れれば、免疫系が完全に回復するには十分である。

　健康的でバランスのとれた食事をしていれば、免疫系が正常に機能するために必要なビタミンやミネラルはすべて摂れていると考えられる。しかし、タンパク質、鉄、亜鉛、またはビタミンA・B_6・B_{12}・Eが十分に摂れていないランナーは、免疫系が弱まっている可能性もある。ビタミンやミネラルを必要なだけ摂るには、果物や野菜をたくさん食べるのがいちばんだ。ビタミンやミネラルを高用量含むサプリメントは免疫系に悪影響を及ぼす危険性もあるので、避けること。

　遅発性筋肉痛（DOMS）の影響を最小限に抑える：ランナーの多くが誤解しているようだ

第①部 マラソントレーニングとは何か

第❶章 マラソンに必要な条件とトレーニング

第❷章 栄養摂取と水分補給

第❸章 トレーニングと回復のバランス

第❹章 補助的トレーニング

第❺章 年齢（と分別）を重ねたランナーのトレーニング

第❻章 ベストパフォーマンスのためのテーパリング

第❼章 レース当日の戦略

第②部 マラソントレーニングプログラム

第❽章 プログラムの実施

第❾章 週89kmまでのマラソントレーニング

第❿章 週89〜113kmのマラソントレーニング

第⓫章 週113〜137kmのマラソントレーニング

第⓬章 週137km以上のマラソントレーニング

第⓭章 マラソンの連戦について

が、激しい練習のあとに筋肉痛が数日間続くのは、筋肉内の乳酸濃度が高くなるからではない。そもそも、レース中や練習中に生成される乳酸は、1時間もしないうちに体内から消失する。DOMSの原因は筋肉の微小な損傷である。これは主に、筋肉が伸張性収縮をすることによって生じる。例えば下り坂を走ったときなどである。下り坂を走るときには、大腿四頭筋が伸張性収縮をして重力に逆らい、膝が崩れないようブレーキをかけている。この結果、筋損傷が起きて炎症につながり、痛みが生じるのである。この、筋損傷ー炎症ー痛みのプロセスがピークに達するまでには1、2日かかり、その影響は最大5日間続く。DOMSになっているあいだ、筋肉には修復の時間が必要だ。損傷を受けた筋肉は弱くなってもいる。したがって、痛みが消えないうちは、どんな練習をしても苦痛であるだけでなく、体力が向上するほど練習の強度を高めることもできないのである。

　DOMSの対策を生理学的観点から考えると、バックトゥバックのあとに2日の回復日を入れるアプローチがよい。なぜならば、DOMSが生じるには1、2日かかり、痛みが消えるにはさらに2、3日かかるからである。バックトゥバックをすれば、痛みが増して筋肉が弱くなる前に、2回目の練習も終わらせてしまうことができる。そして次のハードな練習の前には2日間、回復する時間がある。

いつバックトゥバックをするのか

　これまで、ハード＆イージーの原則に従ってトレーニングをすべき理由について見てきた。そして、「ハード」な練習の翌日を必ずしも「イージー」にしなくてもいいことがわかった。2日連続でハードな練習を行い、その後、2日あるいはそれ以上の回復日を入れるパターンにすれば、さらに質の高い練習をこなして、回復することも可能かもしれない。ここからはバックトゥバックにすべき例を2つ、具体的に見ていこう。

　まずはレースのある週の例である。レースを予定している週は、トレーニングも必要だが、レースに備えて休養もとらなければならない。著名な運動生理学者であり指導者でもあるジャック・ダニエルズ博士は、レースを控えた週にはハード＆イージーよりも、バックトゥバックを勧めている。

　例えば、ハード＆イージーを厳密に守るランナーが、土曜日にレースを控えているとする。前の週の日曜日にロング走を行ったなら、ハード＆イージーの原則に従い、火曜日と木曜日にハードな練習、その他の日にイージーな練習、ということになる。しかし木曜日にハードな練習をしても意味はない。なぜなら木曜日の疲れが残ったまま土曜日のレースを迎えることになるからだ。そこで、バックトゥバックを火曜日と水曜日に設定すれば、ハードな練習を組み込み、なおかつレース前の回復日を1日増やすことができる。このように修正してもまだ、レース前の回復期間として最適とは言いがたい。しかし、質の高い練習とある程度のレースパフォーマンスを両立させることのできる、賢明な妥協案と言うことはできるだろう。

　もう1つ、バックトゥバックを適用したほうがよい例がある。それは、1週間のスケジュールが月曜日から金曜日の仕事によって左右される場合である。平日は忙しかったり、あるいは疲れたりで、毎週欠かさず質の高い練習を入れるのは無理だ、という人もいるだろう。その場合は、週末の2日間を使ってハードな練習を詰め込むといい。土曜日と日曜日をハードな練習

の日にして、月曜日と火曜日を回復の日にすれば、強いトレーニング刺激が得られるうえに、再びハードな練習をする水曜日の前に、まるまる2日間を回復にあてることができる。

　本書で紹介するトレーニングスケジュールには、日曜日はロング走、月曜日は回復、火曜日はロングインターバル、水曜日はミディアムロング走というパターンがよく出てくる。この4日間の組み合わせはきつく、多くの人にとっては、スケジュールのなかでも最高難度の4日間になるだろう。火曜日と水曜日でバックトゥバックをすると、次の3日間のうち、2日はイージーな日にして、そのあとに同じパターンを繰り返すことになる。誰もがこのスケジュールにうまく合わせられるわけではないが、回復に注意を払えば、トレーニングに対してプラスの適応が得られる可能性、そしてパフォーマンスがレベルアップする可能性は、限りなく高くなる。

　このパターンに倣うと、土曜日にレースに出て翌日の日曜日にロング走を行うという、アメリカのランナーが昔から行ってきた練習パターンと同じになる。レースの距離が10km以下の場合でも、貯蔵した糖質は使う（そう思って糖質を摂りすぎてしまうことが多い）。しかしグリコーゲンが枯渇しそうになることは、まずない。通常の高糖質食を摂っていれば、グリコーゲンを適宜追加するだけで、日曜日のロング走はこなすことができる。また、ロング走にジェルを2つほど持って行き、走りながら糖質を補充してもいい。ロング走のペースはふだんよりもゆったりとしたペースにするべきである。

　いっぽう、土曜日のレースが15km以上であれば、疲れていたり、痛みがあったりすることもある。また、貯蔵したグリコーゲンをほとんど使い果たしている可能性もあり、日曜日のロング走を万全の調子で迎えられないかもしれない。そのようなときは、日曜日にロング走は行わず、レースから回復するまで延期したほうがよい。

　ここまでは、1週間単位の練習・回復のパターンにのみ目を向けてきたが、レースに向けたトレーニングプログラム全体での練習・回復のパターンも、同じように重要である。何週も連続してハードなトレーニングを続けていると、活力低下あるいはオーバートレーニングにつながりかねない。トレーニングに対して最大限適応するには、数週間にわたるハードトレーニングのあとに、1週間の回復を入れるのがよい。本書のトレーニングスケジュールには、どれも回復の週が設定されている。

　練習・回復のパターンはこのほかにもさまざまなものが考えられる。自分に合った、適正なパターンは、現在のトレーニングの負荷、トレーニング適応能力、生活上のあらゆるストレス要因によって決まる。最も一般的なのは、3週間をハードな週、その後の1週間を回復の週にする、というパターンである。なかには、マラソントレーニングの初期のフェーズである持久力養成期に、長い距離を走る週を4週、回復の週を1週というパターンをこなせるランナーもいる。いっぽう、ハードな週を2週、回復の週を1週というパターンがいい場合もある。しかし、自分に最適なパターンは、やはり自分で試行錯誤を重ねながら見つけるべきである。そして、その最適パターンに合わせて、トレーニングプログラムを調整することが必要だ。

　このような回復の週に行うトレーニングの量は、ハードな週の70%程度にする。要するに、ハードな週に合計で100km走るとしたら、回復の週に走る距離の合計は70kmにするということである。回復の週にハードな練習をする場合は、量とともに必ず強度も落とすこと。例えばロング走であれば、距離とペースを抑える。そして、VO_2maxの練習は行わない。

回復日（イージーな日）

　ここまでは、トレーニングスケジュールに回復日を設ける必要性について説明してきた。ハード＆イージーの原則にのっとれば、1日か2日、ハードな日があったら、そのあとに必ず1日以上、イージーな日を設けることになる。イージートレーニングの日は、厳密には回復の日であり、次のハードな練習までに身体を回復させることを目的とする。

　では回復日には何をするのだろうか。何事も同じだが、その答えは個人のもつ生理学的特性とトレーニング歴によって異なる。回復日の練習はハードな日の練習に比べ、量（距離）も強度も落とすべきである。場合によっては、回復日を完全休養の日とするか、クロストレーニングの日とするべきだ。

　マラソンランナーに最もありがちな間違いは、回復日の練習をハードにしすぎてしまうことである。回復日に設定した日の練習が激しすぎると、その次のハードな練習に若干疲労が残り、計画どおりの練習ができなくなる。そうなると、たいていのランナーは焦りから次の回復日にさらに激しく練習してしまう。こうして、回復日に練習しすぎてハードな日の練習の質が落ちる、という悪循環に陥り、その結果、練習でもレースでも高いパフォーマンスが出せなくなってしまう。調子の悪い日にテンポランニングを走りきるには自己コントロールが必要だが、調子のよい回復日に楽な練習をするときにも、やはり自分を律することが求められる。

　このほか、回復日に走り込もうとするのも、マラソンランナーによく見られる間違いである。トレーニングプログラムの初期段階にあり、レースまで8週間以上ある場合は、回復日に数km余分に走ったとしても問題はない。この時期のトレーニング全体の強度は比較的低いからである。しかし、レースまで8週間を切る段階では、明確な目的を持ったハードな練習を行う。このような段階において、回復日にゆっくりなランニングをしすぎた結果、ハードな練習の日に疲労を残しているようでは、実力の底上げは難しくなる。

　回復日には、余計なトレーニングのストレスを筋肉や神経系に与えてはならない。したがって、脚にかかる衝撃も極力抑えるべきである。回復日に路面の柔らかい場所で走れば、その週に脚、腰、背中が受ける衝撃の蓄積を減らすことになる。回復日とは、いちばん元気がなくなったとき、そして筋肉が最も疲労し、最もバネが無くなったときに設ける日、と考えれば、筋肉に楽をさせるのが道理だ。となると、ヒルトレーニングも避けなければならない。ヒルトレーニングは、上りがイージーな日の練習強度として高すぎるというだけでなく、下りにも筋肉の損傷を招きやすいというデメリットがある。こうした筋損傷を回復日にも起こすということは、避けなければならない。

　ハートレートモニターを使うのも、回復日の練習強度を抑えるにはよい方法である（心拍トレーニングに関しては第1章と第8章を参照）。心拍数が最高心拍数の76％未満になるか、心拍予備量の68％と安静時心拍数との合計を下回れば、身体が十分に回復し、ハードな日に質の高い練習を行うことができる。

　例えば、安静時心拍数が50 bpmで最高心拍数が185 bpmであるとする。この場合、最高心拍数の強度で練習したあとの回復日には、心拍数141 bpm（185×0.76）を下回る強度で練習したほうがよい。心拍予備量は、最高心拍数から安静時心拍数を引いた値であるから、こ

の例で言うと135 bpmである。若干面倒だがこれを基に正確に計算するならば、135（心拍予備量）×0.68＋50（安静時心拍数）＝142 bpmとなり、この数値を下回る強度で練習するのが望ましいということになる。

　回復日の適正なトレーニング強度をもっと簡単に割り出す方法としては、10マイルやハーフマラソンのレースペースから１kmあたり75秒落としたペースを採用するという方法がある。ハーフマラソンのタイムが１時間18分あるいは10マイルレースのタイムが60分であれば（1kmあたり３分45秒）、回復日の練習は1km５分前後のペースになるはずである。

　とはいえ、回復の日で大切なのは、特定のペースにとらわれずに走ることだ。GPSウォッチは、マラソントレーニングの大部分においては便利なツールではあるが、回復の日に適正な強度で走るには邪魔になることもある。多くのランナーにはそれぞれ、ランニングとしてカウントするには遅すぎると勝手に思っているペースがある。回復日のペースを身体に決めさせずに、四六時中GPSを見ては、遅すぎると決めつけたペースより速く走れているか、確認するのである。StravaやInstagramなど、ネット上での見映えを気にすることで、さらに問題はこじれる。

練習の前後に車を運転するとき

ト　レーニングには誰にでも共通するありがちなシチュエーションがある。誰かと待ち合わせて一緒に走る、トラックに行く、トレイルを楽しむ……そして、その前後にはいつも車の運転がある。運転時間が10分以上になる場合、以下のような習慣を取り入れて、身体が回復しやすくなるようにしよう。

・**ストレッチ、そしてまたストレッチ**：家にいるあいだに、いつも走る前に行うストレッチをしておく。目的地に着いたら、レッグスイングやニートゥチェスト（訳者注：ニートゥチェストとは、仰向けになった状態から膝を胸に引きつける運動）などの動的ストレッチをいくつか行い、運転で固まったところをほぐす。誰かと待ち合わせをしている場合は、約束の時間よりも2、3分早く行けば、エクササイズをする時間ができる。

・**そしてさらにストレッチ**：家に帰る前に静的ストレッチをいくつか行い、股関節、臀部、ハムストリングス、その他運転すると硬くなりがちな場所を伸ばしておく。このようなときには、ヨガのキャット＆カウのポーズが向いている。

場所と時間があれば、ストレッチ用にマットか、せめてタオルを持って行こう。そうすれば、2、3分ストレッチに割く気にもなるだろう。

・**水分補給と燃料補給**：ウォーターボトルにドリンクをいっぱいに入れて持って行こう。そして家に帰るまでになんとかすべて飲み干すこと。運転時間が30分を超える場合、あるいはロング走などグリコーゲンが枯渇するような練習をする場合は、固形物か液体の炭水化物食品を用意しておこう。

・**着る物を余分に用意しよう**：寒くなってきたら、シャツなどのウエアを何枚か用意し、家に帰る前に着替える。洗濯した帽子もあるといい。ランニング後は免疫系が一時的に抑制されることも考えられるが、そのあいだに汗で身体を冷やすことなく、乾いた暖かい恰好で帰ることができる。

・**そしてもう1回ストレッチ**：家に着いたら、最低2、3分は静的ストレッチをする。キャット＆カウのポーズをすると骨盤まわりをほぐすことができる。この部分はランニング後すぐに車に乗ると、固まったような感じになりやすい。

第**①**部
マラソン
トレーニング
とは何か

第**①**章
マラソンに
必要な条件と
トレーニング

第**②**章
栄養摂取と
水分補給

→第**③**章
トレーニングと
回復の
バランス

第**④**章
補助的
トレーニング

第**⑤**章
年齢（と分別）
を重ねた
ランナーの
トレーニング

第**⑥**章
ベスト
パフォーマンス
のための
テーパリング

第**⑦**章
レース当日の
戦略

第**②**部
マラソン
トレーニング
プログラム

第**⑧**章
プログラムの
実施

第**⑨**章
週89kmまで
のマラソン
トレーニング

第**⑩**章
週89～
113kmの
マラソン
トレーニング

第**⑪**章
週113～
137kmの
マラソン
トレーニング

第**⑫**章
週137km
以上の
マラソン
トレーニング

第**⑬**章
マラソンの
連戦について

　これは思い違いである。遅すぎると信じているそのペース（例えば1km5分）は、身体とは関係のない、生理学的に意味のない数字であることが多い。しかも、あるペースを頑なに遅いと思っているということは、回復走のペースには日々変動があり、その変動の幅は5kmレースペースやLTペースといったペースよりも大きいという事実に、目を向けていないということなのだ。あるペースを遅すぎると決めつけ、それよりも速く走ろうとすることは、その日の練習の目的に反する。つまり、体力を本当に向上させる練習（ロング走、テンポランニング、インターバルトレーニングなど）で力を出せるよう、ハードな練習から身体を回復させる、という目的と、反対のことをしているのである。

　回復の日にはこんなことをするよりも、GPSウォッチのことは忘れて、終始身体が心地よいと感じる強度で走ったほうがよい（決まった周回コースがあれば、時計を家に置いて走りに行ったほうがなおよい）。欧米のランナーがケニアでトレーニングをすると、世界屈指のマラソンランナーが回復日に走る、そのゆっくりとしたペースに驚かされる。エネルギーがゆっくりと漏れていくというイメージではなく、エネルギーが満ちていくような感覚を目指したい。通常に近いピッチで走れば、ふだんの感覚に近い走りになるだろう。走っていれば、そのうちにペースは速くなっていくものだが、無理にそうするのではない。もう少し走っていたい、早く次の練習がしたい、と思いながら走り終えるのが、回復走としては理想である。

　場合によっては、クロストレーニングが回復の日の練習としてベストなこともある。日曜日のロング走で消耗したと感じたら、月曜日の回復日の練習はクロストレーニングにするのが最も安全である。そうすれば血流が増えて回復が促進され、脚や腰、背中に余分に衝撃を与えることもない。クロストレーニングについては第4章で説明する。

間違ったハードトレーニングの連続

　ハードトレーニングを連日行う目的を、「疲れた脚で走ることに慣れる」とする古い考え方があるが、これは意味のあることなのだろうか。

　今まで考察してきたように、マラソンに万全の状態で臨むためには、質の高いロング走とテンポランニングを行うのがいちばんである。35kmを、疲れた脚で苦しみながら遅めに（例：レースペース+75秒/km）走るよりも、比較的疲れのとれたフレッシュな脚で速めに（例：レースペース+25秒/km）走るほうが、マラソンのパフォーマンス向上のための刺激となる。少なくとも3週間に1回は、フレッシュな状態でロング走に臨むことだ。そうすれば気持ちよく走ることができ、いい練習になるだけ

でなく、自信にもなる。

　インターバル走やテンポランニングは、脚が疲労している状態で行ってもまったく意味がない。インターバル走（例：5kmのレースペースで1,000m×6）の目的は、最大酸素摂取量の向上にあり、テンポランニング（例：LTペースで8km）の目的は、乳酸性作業閾値の向上にある。このような練習を疲労したまま行うと、最大の効果が得られる速度よりもペースが遅くなったり、練習を途中で切り上げなければならなくなったりする（例：インターバルの本数が少なくなる、テンポランニングの距離が短くなる）。どちらの場合も、比較的疲れのとれたフレッシュな状態で行った場合に比べ、トレーニング刺激が弱くなってしまうのである。

オーバートレーニングを防ぐ

オーバートレーニングのリスクは、モチベーションの高いランナーにはつきものである。パフォーマンスを高めようと頑張れば、トレーニングの量と強度は次第に増えていくものだが、ある時点で、それぞれ固有の閾値に達する。この閾値を超えると、パフォーマンスにプラスとなる適応は見られなくなり、逆にマイナスとなる適応が生じて、トレーニングやレースに悪影響を及ぼす。

トレーニングの閾値がどこにあるのかは、ランナーによってまちまちである。オリンピックに4度出場し、ニューヨークシティマラソンのチャンピオンでもあるシャレーン・フラナガンは、週間193kmを何週も繰り返すことができるが、そのいっぽうで、週間64kmをキープするのに四苦八苦するランナーもいる。同様に、ハードな練習を2日連続でできるランナーもいれば、1日行うごとに3日間の回復日が必要なランナーもいる。ランナーそれぞれのトレーニング閾値は、時の経過によっても変化する。フラナガンも、初めからこれだけの距離をこなせたわけではない。トレーニングのストレスに耐えられる能力が備わっていくにしたがい、徐々に距離を増やしていったのである。トレーニング日誌を詳しくつけておこう。そうすれば、自分のトレーニング閾値がどこにあるのか、またそれを自分のランニングキャリアの中でどのように伸ばしていくか、見極められるだろう。トレーニング内容を記録するソフトウエアがあれば、自分の進化の過程を詳しく知るのに特に重宝する。

オーバートレーニングとは

何がオーバートレーニングで、何がオーバートレーニングでないのか。これを明確に区別できていることが大切だ。ハードな練習をした翌日や2日後の疲労は、オーバートレーニングではない。これは回復と向上のプロセスにおける必要なステップである。トレーニング刺激が適量与えられたとき、パフォーマンスは最高の速さで向上する。トレーニング刺激が適量を超えても、パフォーマンスは向上するかもしれない。ただしその速度は落ちる。本当のオーバートレーニングが起きるのは、自分のトレーニング閾値を超えたときだけである。

オーバートレーニングよりもはるかに多く起きるのは、オーバーリーチングである。困ったことに、マラソンランナーの多くがほぼ慢性的にオーバーリーチングの状態にある。オーバーリーチングは、ハードな練習を何日も続けて行うときに起きる。筋疲労は主にグリコーゲンの枯渇が原因であるため、代謝が回復するのをただ待てばよい。中強度のトレーニングを2、3日続け、同時に高糖質食を摂れば、すぐに状況は改善するはずである。オーバーリーチングは通常のトレーニングだけでなく、脱水、睡眠不足、日常生活のストレスによっても引き起こされる。このような場合は、そのストレスを取り除けば、1週間も経たないうちに身体は回復するはずだ。

オーバーリーチングが繰り返し生じると、最終的にはオーバートレーニング症候群になる。オーバートレーニング症候群とは、簡単に言えば、トレーニング負荷と日常のさまざまなストレスが組み合わさって身体の能力を超え、身体が回復することもプラスに適応することもできなくなる状態が長期間続くことである。オーバートレーニングが生じるファクターの組み合わ

第①部
マラソン
トレーニング
とは何か

第❶章
マラソンに
必要な条件と
トレーニング

第❷章
栄養摂取と
水分補給

第❸章
トレーニングと
回復の
バランス

第❹章
補助的
トレーニング

第❺章
年齢(と分別)
を重ねた
ランナーの
トレーニング

第❻章
ベスト
パフォーマンス
のための
テーパリング

第❼章
レース当日の
戦略

第②部
マラソン
トレーニング
プログラム

第❽章
プログラムの
実施

第❾章
週89kmまで
のマラソン
トレーニング

第❿章
週89〜
113kmの
マラソン
トレーニング

第⓫章
週113〜
137kmの
マラソン
トレーニング

第⓬章
週137km
以上の
マラソン
トレーニング

第⓭章
マラソンの
連戦について

せやオーバートレーニングの閾値は、ランナーによって大きく異なる。

オーバートレーニングに対する身体の反応をつかさどっているのは、視床下部-脳下垂体-副腎皮質軸（HPA軸）であると思われる。この神経内分泌系は、ストレス反応のほか、免疫、体温調節、糖質代謝、脂質代謝、情動、性機能、さまざまなホルモンの分泌を制御している。一言で言えば、ストレスに対処するコントロールセンターである。トレーニング負荷と日常のストレスが組み合わさり、HPA軸がそれに対処できなくなると、疲労感、免疫機能低下、睡眠障害、意欲低下、易刺激性（訳者注：些細なことに対しても怒りやすくなる状態）、運動能力低下などの兆候がよく現れる。このほか、十分な休養をとらずに筋損傷を繰り返すと、それに対して慢性的な炎症反応が起きるが、これもオーバートレーニング症候群の一因であると考えられる。

オーバートレーニングは、トレーニング計画に不備があったり、身体が示す反応に注意を払わなかったりすることで起きる。オーバートレーニングは、単に激しすぎるトレーニングが原因で生じるのではなく、トレーニングの難度（トレーニング負荷）とトレーニングの単調さに関係していると思われる。トレーニングの「単調さ」とは、難度に変化のないトレーニングを毎日繰り返すことである。単調なトレーニングの代表例は、一定した中強度のトレーニングの繰り返しである。これに対し、変化に富むトレーニングとは、ハードな練習の日とイージーな練習の日を組み合わせ、時おり休養の日を入れる、というようなトレーニングである。

トレーニングの負荷と単調さが組み合わさった複合効果を、身体が受ける負担としてまとめてとらえることもできる。最も効果的なトレーニングスケジュールとは、数種のハードなトレーニングと、イージーな回復日または休養日を、故障することなく最大限に力を伸ばせるよう

日常生活での回復促進

エリートランナーの生活を追ってみると、彼らが練習の合間の回復をいかに重視しているかがわかる。彼らのほとんどは、ランニング以外には仕事をしていないため、回復に神経を遣うことができるのだ。たいていの読者はランニングとは無関係の仕事の合間に時間を割いて走っているが、仕事中、以下のことに常に気を配れば、十分に回復することができる。

・**水分補給**：ボトルに水を入れてデスクに置いておく。1日に2、3回、ボトルを飲み干すようにする。

・**エネルギー補給**：1日中いつでもつまめるように、健康的な食品を常備する。空きっ腹を抱えて自動販売機にかけつけるようなことはしない。

・**姿勢1**：PCのディスプレイは目の高さにして、あまり遠くに置かないようにする。1日中、あごを前に突き出してのぞき見るような姿勢をとらないようにするためである。

・**姿勢2**：PCを適正な位置にセッティングしても、1日中机の前に座っていればどうしても前かがみになりがちである。頭、肩、臀部は一直線上、腰はやや彎曲気味になるようにする。仕事でよい姿勢を保つことができれば、走るときも動きの問題で悩むことは少なくなるだろう。

・**軽い運動**：1時間に最低1回は席を離れて少し歩きまわり、腰、ハムストリングスにかかる負担を減らす。喫煙者に休憩が許されるオフィスならば、ストレッチをして脚をケアすることくらいは、とがめられないはずだ。

に、適切なバランスで組み合せたものだ。繰り返しになるが、トレーニング日誌を詳しくつけておくと、このような点でも役に立つ。手書きかソフトウエアのうち、どちらか常に更新できそうなスタイルを選ぶこと。負荷と単調さという2つのファクターの組み合わせが、トレーニングの閾値を超えてしまわないか意識するようになれば、それぞれのファクターを適正に調整して最適なトレーニングを行い、最大限のパフォーマンスを出せるようになる。

オーバートレーニングから抜け出すには

　本当のオーバートレーニングに陥ってしまった場合は、素早く対応する必要がある。まずすべきことは、スポーツ専門医を受診し、オーバートレーニングに似た症状の病気でないか確認することだ。過労の原因がランニングよりもっと悪いことにある可能性も否定できない。医師は、さまざまな検査とともに、ヘモグロビン値、フェリチン値を測定し、血中鉄濃度が正常であるか確認する（第2章を参照）。

　特に重度のオーバートレーニングでなければ、3〜5週間、大幅にトレーニングを減らせば活力レベルは必ず正常に戻る。オーバートレーニング症候群から抜け出すには、トレーニング量を減らすよりも、トレーニング強度を落とすことのほうが重要だと思われる。トレーニング強度を落とし、練習をペースの遅い有酸素性のランニングだけにすることが、オーバートレーニング脱却の最も重要なステップである。

　とはいえ、トレーニング量もやはり減らさなければならない。正確にどれだけの量を減らすかは、それぞれが置かれている状況やどれだけオーバートレーニングが常態化しているかによって異なる。大体の目安として、走行距離を50%減らせば身体は十分に回復できるはずだ。さらに、これまで1日に2回練習を行っていた場合は、1回の練習に減らすこと。身体には回復する時間が必要なため、2回目の練習をすれば回復は遅れる。最初の数週間に、最低週1日、何のトレーニングもしない日を設けることも有効である。

　パフォーマンスの低下は、エネルギーの摂取と消費が長期にわたりアンバランスになっているために起きる場合もある。IOCが発表した「スポーツにおける相対的エネルギー不足（RED-S）」と呼ばれる文書では、アスリートのエネルギー摂取がエネルギー消費を下回ることにより健康やパフォーマンスが損なわれる、と提言されている。長期間、エネルギーが不足した状態でハードなトレーニングを行うと、身体は自分を守るように応答する。この場合、体重には変化がないか、わずかに減少するだけであろう。これは、身体が摂取エネルギーの減少に対応しようと代謝速度を落とすためである。女性アスリートの場合、アンバランスなエネルギー収支は、女性アスリートの三主徴（Female Athlete Triad：FAT）、つまり、「利用可能エネルギー不足」、「視床下部性無月経（運動性無月経）」、「骨粗しょう症」へとつながることがある。FATは互いに関連している。長距離走などは、痩せていることがパフォーマンスに関係するとも考えられるが、こうした競技に熱心に取り組んでいるアスリートは危険である。FATは通常、走り込みの時期に食事制限をすることから始まり、それがエストロゲン生成の低下や月経不順につながる。そしてこれが骨密度の低下をもたらし、疲労骨折などのケガのリスクが高まるのである。FATが進むにつれて、ランニングのパフォーマンスは落ちる。しかしもっと重要なのは、長期的な健康へのリスクである。RED-SやFATから抜け出す

には、エネルギー摂取・栄養摂取を増やすこと、トレーニングを減らすこと、その他の生活習慣を変えること、そして、時おりスポーツ医、スポーツ栄養士、心理士のサポートを受けることが必要だ。

回復を早める方法

　身体の回復を早めるには、トレーニングの適正バランスを知り食生活を改善すること以外にも、さまざまな方法がある。マラソントレーニング後の回復を促進するために以前から行われている方法には、ハードな練習のあとのクーリングダウン、冷水浴、マッサージ療法がある。また、コンプレッションウエアの着用も効果があると考えられる。第2章で述べたように、運動後の適切な栄養補給が回復に効果的であることは、すでに実証されている。

クーリングダウン

　ハードなランニングのあとに行うクーリングダウンの目的は、身体が運動前の状態に戻るよう促すことである。これは高強度のトレーニングやレースから回復するために欠かせない最初のステップである。クーリングダウンをしっかりと行えば、血流が増えて回復が促進される。血流が増えると、乳酸と老廃物がよりスピーディーに筋肉や血液から除去される。そして、血中のアドレナリン濃度とノルアドレナリン濃度が低下することで、代謝も安静時レベルまで速やかに下がり、DOMS（遅発性筋肉痛）も軽減する。

　クーリングダウンではまず、イージーランニングを10〜15分間行う（疲れて走れない場合は同じ時間だけ歩くか、軽いクロストレーニングを行う）。クーリングダウンのランニングを最高心拍数の60〜75％程度の強度（要するに、心地よく楽な強度）で始め、最後の5分間をジョグかウオークにすると、乳酸、アドレナリンなどが最大限除去される。走ったあとの筋肉は温まり、血流が非常によくなっているため、ケガをすることなく伸展させることができる。したがって、軽いストレッチをするには最適の時間である。

冷水浴

　冷水浴をハードな練習の直後に行うと、DOMSや疲労感の軽減につながる。冷水浴の効果を得るには、筋肉の温度が下がるまで十分な時間浸かっている必要がある。最も効果的な水温は約11〜15℃である。バスタブに水をためて氷を足すか、春や秋の海に行けば、この程度の水温で冷水浴ができる（スコットは地元サウスポートランドの冷たい海には行きたがらないが）。入ったときには非常に冷たく感じるが、5〜15分間浸かるようにしたい。

マッサージ療法

　マッサージ療法を取り入れる競技志向のランナーは多い。回復を早め、リラックスし、ケガを予防するために、マッサージ療法は広く用いられている。アスリート全般、特に長距離ランナーに対する効果については、近年科学的なエビデンスが増えており、体験談にも事欠かない。マッサージのあとの筋肉には疲労感がある。よって、マッサージはトレーニングのあとに受けるのがふつうであり、ハードな練習やレースの前日のディープマッサージも、通常は避ける。

すでに実証されているマッサージ療法の効果としては、マッサージした部位への血流量の増加、筋弛緩の促進、筋肉と周囲の結合組織の可動性と柔軟性の向上、全身のリラクゼーション、瘢痕組織（訳者注：損傷を受けた組織が治癒する過程で見られる硬い組織）の分解、ケガにつながる可能性のある硬化した部位の特定が挙げられる。DOMSの軽減を示したエビデンスも近年は増えている。面白いことに、マッサージによって可動域とストライド長が広がることを示したのは、競走馬の研究である。

マッサージを受けることができれば、ハードなマラソントレーニングからの回復も早まるかもしれない。スポーツマッサージの効果を挙げるためには、気持ちよい痛さにする必要がある（つまり、やさしいマッサージでは駄目だということだ）。補足的なマッサージとして、大腿四頭筋、腓腹筋、足など、手の届く範囲で筋肉が張った場所をセルフマッサージするのも、効果がある。セルフマッサージに使えるツールには、フォームローラー、マッサージボール、ロールリカバリーなど、さまざまなものがある。

マッサージ療法にはさまざまなタイプがある。どの業界にも言えることだが、マッサージ療法士と一口に言っても、幅広い専門領域がある。マッサージ療法を受ける場合は、マッサージ師会といった全国的な組織に所属するマッサージ師か、ランニング仲間から紹介のあったマッサージ師にかかれば、安心して効果的な施術が受けられる。

コンプレッションウエア

着圧タイプのタイツをはけば回復は早まるだろうか？　おそらく早まるだろう。コンプレッションタイツやコンプレッションソックスは、練習用や回復用に広く使われている。コンプレッションウエアは外圧を筋群に与える物である。効果の高い物はたいてい段階着圧設計になっており、足または足首から、脚、腰と上がるにしたがって圧力が弱くなっている。メーカーはコンプレッションウエアの効果をさかんにうたっており、それによると、静脈還流量の改善、

フォームローラーを使ってセルフマッサージするのもいい

第①部
マラソン
トレーニング
とは何か

第❶章
マラソンに
必要な条件と
トレーニング

第❷章
栄養摂取と
水分補給

→第❸章
トレーニングと
回復の
バランス

第❹章
補助的
トレーニング

第❺章
年齢（と分別）
を重ねた
ランナーの
トレーニング

第❻章
ベスト
パフォーマンス
のための
テーパリング

第❼章
レース当日の
戦略

第②部
マラソン
トレーニング
プログラム

第❽章
プログラムの
実施

第❾章
週89kmまで
のマラソン
トレーニング

第❿章
週89～
113kmの
マラソン
トレーニング

第⓫章
週113～
137kmの
マラソン
トレーニング

第⓬章
週137km
以上の
マラソン
トレーニング

第⓭章
マラソンの
連戦について

乳酸除去の向上、筋肉の素早い回復、疲労軽減などが見られるという。

コンプレッションウエアの研究は急速に発展しているが、最近のエビデンスでは、コンプレッションタイツやコンプレッションニーハイソックスに、ランナーのDOMSや疲労感の軽減

「回復力」をモニターする

自分の身体を観察すると、貴重な情報を得ることができる。トレーニングに対して適応しているか、ケガや病気のリスクはないか、次のハードな練習に向けて身体が準備できているか、といったことがわかるのである。オーバーリーチングになっているかどうか判断するための、わかりやすい基準はいくつかあるので、オーバートレーニングを回避して健康を維持することは可能だ。そしてこの情報を活用して、自分の限界に合わせてトレーニング計画を修正し、回復を早めることもできる。現在は持久系アスリート用のさまざまなアプリがあり、安静時心拍数や睡眠深度など、トレーニングからの回復に関係する重要なファクターをモニターすることができる。このようなアプリの使用時間は毎日2、3分で済むので、トレーニングと回復に関わるファクターの両方を簡単に記録することができる。そしてたいていのアプリは、いくつかのファクターが数日間よくない方向に向かっていると、警告サインを出してくれる。

回復をモニターする方法はたくさんある。しかし、得てして最もシンプルなものさしが、最も便利で最も続けやすい。そしてそれらを総合して観察すれば、トレーニングへの適応程度がわかる。たいていの場合、ものさし上の数値がよくない方向に向かうと、パフォーマンスや回復も2、3日後に悪化する。トレーニング日誌には、詳しいトレーニング内容のほかに、以下の項目についても記録しよう。そして定期的に読み返し、オーバートレーニング、病気、ケガが予測されるパターンを見つけられるようにしよう。それぞれの項目を計測する場合、できるかぎり継続することが重要である。

・**体重**：体重は、毎日あるいは1週間に数回、同じ時間に計測する。体重は毎日若干変動する

のがふつうだが、2～3日間続けて体重が減少する場合は、脱水であることが多い。2～3週間続けて減少する場合は、食事から摂るエネルギーが不足しているか、病気であるか、またはオーバートレーニングであることを示している。

・**起床時心拍数**：朝目覚めたときの心拍数は回復の指標となる。心拍数は目覚めた直後に測ることが肝心だ。心拍数は、その日の予定を考えただけでも上昇し始め、起き上がると10bpm程度上昇する。さらに言えば、目覚ましアラームで起きた場合も心拍数は上昇することがあり、データとして正確でなくなってしまう。したがって自分の安静時心拍数を知るには、ハートレートモニターを着けるか、数日間、覚醒直後に脈をとり続けることだ。その最小値が、本当の安静時心拍数である。通常の数値との差が5bpmよりも大きい場合は、回復が不十分であることの表れか、体調不良の最初の兆しかもしれない。初期段階で兆候に気づくことは、特に病気予防の助けになる。

・**環境条件**：気温を記録する。暑い日は湿度も一緒につける。気温27℃・湿度80%程度の条件下で走ると、深部体温の上昇と脱水のため、気温16℃・低湿度のときと比べて、身体ははるかに大きなストレスを受ける。高温多湿の日にハードな練習をすると、産生された体熱が身体の熱放散能力を上回るために深部体温が上昇し、回復時間が長くなることがある。同様に、第2章で説明したとおり、脱水も回復を遅らせる。熱による影響はランナーによって大きく異なる。こうした環境条件をモニターしていればパターンがはっきりするので、暑い日が続くあいだは必要に応じてトレーニングを調整することができる。

・**睡眠時間**：睡眠の時間の長さは、一晩に限っ

効果があることが、示されている。コンプレッションソックスは、飛行機で遠征するランナーのサポートにもなる。機内で固まってむくんだ足首をほぐすことができるからだ。

本章では、十分に回復することによって、ロング走やハードな練習の効果がいかに高まるか

① 第1部 マラソントレーニングとは何か

第❶章 マラソンに必要な条件とトレーニング

第❷章 栄養摂取と水分補給

➡ 第❸章 トレーニングと回復のバランス

第❹章 補助的トレーニング

第❺章 年齢（と分別）を重ねたランナーのトレーニング

第❻章 ベストパフォーマンスのためのテーパリング

第❼章 レース当日の戦略

② 第2部 マラソントレーニングプログラム

第❽章 プログラムの実施

第❾章 週89kmまでのマラソントレーニング

第❿章 週89〜113kmのマラソントレーニング

第⓫章 週113〜137kmのマラソントレーニング

第⓬章 週137km以上のマラソントレーニング

第⓭章 マラソンの連戦について

た話なら特に重要ではない。ところが数日間にわたって睡眠時間が不足すると、トレーニングからの回復と適応に影響を及ぼす。睡眠時間と他の評価項目を合わせて考えてみれば、トレーニングから回復できない理由がわかり、病気やケガの予防のために改善すべき生活習慣がわかる。

・**睡眠の質**：睡眠の質は、異論はあるものの、睡眠の長さよりも重要である。毎晩の睡眠の質を自分で評価してみよう。どれだけ深く眠ることができたのか？　夜中に何回も目が覚めなかったか？　リフレッシュした気分で起き上がることができたか？　評価基準は一定になるようにしよう。眠りの質が落ちた場合は、オーバートレーニングが関係していることも多いが、ランニング以外のストレス要因も原因として考えられる。しかし、ランニングが悪影響を受けるという結果に変わりはない。

・**食事の質**：毎日、その日全体の食事の質を評価してみよう。炭水化物とタンパク質の所要量を満たしていたか？　空腹の反動で暴食しなかったか？　エネルギーの大部分を健康的な食品から摂取しているか？　多くの場合、エネルギー不足は、過去2、3日間の食事が不十分だったことに原因がある。

・**水分補給状態**：脱水はパフォーマンスに悪影響を及ぼし、トレーニングからの回復を遅らせる。水分補給状態を毎日評価しよう。尿の色は透明だったか？　渇きを感じることがほとんどないよう、こまめに水分補給をしたか？　口やのどに渇きを覚えることが多くなかったか？　毎日の体重も、水分補給状態のよい指標となる。

・**筋肉痛**：慢性的に軽い筋肉痛があるのはランナーにとって珍しいことではない。筋肉痛が特にひどくなるのは、ハードな練習を行っ

たり下り坂を走ったりしたことが原因と考えられる。筋肉痛を全般的に毎日評価しよう。筋肉痛は数km走ったあとに和らいだか？　筋肉痛は直近の練習の影響ではないか？　筋肉痛がひどくなり、4〜5日間以上続くようであれば、病気かオーバーリーチングである可能性がある。特定部位に限定した筋肉痛はケガにつながる可能性を示唆しているが、全身の筋肉痛はトレーニングから回復し、適応していることを示している。

・**活力レベル**：活力レベルの評価も、回復の指標として最適である。毎日活力を評価しよう。練習と日常生活の目標を達成できたか？　走っているときや課題に取り組んでいるときに、頭が冴えて集中できているか？　3日以上続けて活力が低下している場合、その理由を見極めることが重要である。主な原因として考えられるのは、炭水化物食の摂取不足、何日も連続して行ったハードな練習、病気、鉄不足、脱水、睡眠不足である。トレーニング日誌を読み返して日常生活上の原因を考えてみよう。活力低下の原因と思われることが、必ず特定できる。

・**標準的なペースで走っているときの心拍数**：ある特定のペースで走っているときの心拍数がいつもより7bpm程度以上、多くなる場合は、前の練習から回復していないと考えられる。例えば1km5分のペースで走っているときの心拍数が、通常は145bpmであるのが、あるときに155bpmとなった場合、次にハードな練習を行う前に、回復時間を余分にとることが必要である。ランニング中の心拍数は、日によって2、3bpmは変動があり、これも脱水レベルや気温、湿度といった条件の影響を受ける。したがって、このことを考慮に入れたうえで、通常より高い心拍数が何を意味しているかを見定めるべきである。

77

ということを検討した。しかし、レースを成功させるには、走ること以外の要素も関わってくる。トレーニングの効果は、十分に休養するか否かによって、そこそこか、最大限かに分かれる。それと同様に、柔軟性トレーニングや筋力トレーニングといった補助的なトレーニングへ

エリウド・キプチョゲ Eliud Kipchoge

自己最高記録（世界記録）：2時間1分39秒（2018年ベルリンマラソン）

主な戦績：2016年リオデジャネイロ・オリンピック金メダル、2015年・2017年・2018年ベルリンマラソン優勝、2015年・2016年・2018年・2019年ロンドンマラソン優勝、非公認世界最高記録（2019年：1時間59分40秒）

©Maja Hitij/Bongarts/Getty Images

2003年、当時18歳で5,000m世界一のタイトルを手にしたエリウド・キプチョゲには、誰もが驚いた。しかし2018年、彼がベルリンで世界記録を破ったとき、驚く者はいなかった。2時間1分39秒というタイムは、それまでの世界記録を78秒も更新する記録だ。すでに最強の呼び声の高かったこのケニア人ランナーは、この記録によって史上最高のマラソンランナーの座を不動のものとしたのである。

キプチョゲのマラソン全戦績を見てみよう。これまで、12戦11勝。唯一苦杯をなめたのは、2013年、当時の世界記録が出たベルリンマラソンである（訳者注：2019年末現在）。このときキプチョゲは2位に入り、自己ベストを更新した。その後は、苦も無く金メダルを手にしたかに見えた2016年のオリンピックをはさみ、ベルリン、ロンドン、シカゴのレースで、強豪を相手に勝利を収めた。キプチョゲといえば、2017年の春に行われたNike Breaking2で当時世界最高の2時間00分25秒（ペースメーカーや給水の条件などから非公認）を記録したことが有名だ（訳者注：2019年のイネオス1:59チャレンジでは、この記録を更新する1時間59分40秒で走り、非公認ながら史上初のマラソン2時間切りを果たした）。

キプチョゲが最高の身体的特性に恵まれていることは、疑う余地がない。そうでなければ、世界最高のマラソンランナーとして君臨することも、トラックでオリンピックや世界選手権のメダルを獲得することも、できはしない。彼の生まれ持った才能の1つには、世界トップクラスのトレーニングに耐える能力がある。キプチョゲはこれまでに大きなケガを経験したことがない。新しいトレーニングを、それまでのトレーニングサイクルで培った力を土台にして、常に積み重ねていくことができるのだ。

とはいえ、キプチョゲのライバルに生理学的テストを受けさせれば、なかには彼に匹敵するか、あるいは上回る数値を示す選手がいるのではないか、とも思える。しかし、マラソンに転

の取り組みによっても、マラソントレーニングの効果は違ってくる。

第①部
マラソン
トレーニング
とは何か

第①章
マラソンに
必要な条件と
トレーニング

第②章
栄養摂取と
水分補給

第③章
トレーニングと
回復の
バランス

第④章
補助的
トレーニング

第⑤章
年齢（と分別）
を重ねた
ランナーの
トレーニング

第⑥章
ベスト
パフォーマンス
のための
テーパリング

第⑦章
レース当日の
戦略

第②部
マラソン
トレーニング
プログラム

第⑧章
プログラムの
実施

第⑨章
週89kmまで
のマラソン
トレーニング

第⑩章
週89〜
113kmの
マラソン
トレーニング

第⑪章
週113〜
137kmの
マラソン
トレーニング

第⑫章
週137km
以上の
マラソン
トレーニング

第⑬章
マラソンの
連戦について

向してからのキプチョゲとその他大勢のマラソンランナーを分かつのは、マインドセット、つまり心のありようである。そしてこれは、マラソンランナーの誰もが、タイム向上のために見習えるものなのだ。

「心を支配することができなければ、心に支配されてしまう」と、キプチョゲは言う。「絶対にできる、と自分の心に言い聞かせるのだ。そして、実行する」。

キプチョゲはなにも夢物語について語っているわけではない。我々の知る限り、彼はマラソンで1時間30分など狙ってはいない。可能性を信じてもいいと、言っているのだ。それは、しかるべき状態に身体が仕上がり、持つべき自信を持っていれば、レース当日にすごいことが起きる可能性だ。「自分に『もっとできるか？』と聞いてみるといい。その答えはいつだって、イエスだ」とは、元世界記録保持者のポール・テルガトの言葉だが、これをキプチョゲが言ったとしても、おかしくはない。

これは、自分を痛めつけよう、という考えとは違う。この言葉が表している心のありようは、もっと高い次元のものだ。そうでないと、身体が出しているサインを無視することになる。レースやトレーニングで直面する正念場を乗り越える術を身につけることで、リラックスしつつも、心は常に前を向き、目標に向かって真っすぐ進むということである。現在進行中の、ある大規模な調査では、リラックスすることに集中すると、自分の意識を不愉快なことから逸らせられるだけでなく、ある決まったペースでのランニングエコノミーもわずかに上がる、ということが示されている。

キプチョゲはレース前にイメージトレーニングをする。勝つイメージ、素晴らしいタイムで走っている、確固たるイメージだが、それとともに、障害を乗り越えていくシナリオもイメージする。キプチョゲは自分の信条を表す自分独自の言葉を、いくつも用意している。それをレースでもトレーニングでも繰り返し自分に言い聞かせ、目標に集中する力とするのだ。2015年のベルリン。彼はレースのほとんどを、シューズのインソールがはみ出た状態で走った。それでも勝った理由は、メンタルタフネスなどという曖昧なものではなく、このようなテクニックにある。

キプチョゲの心に対するアプローチのもう1つの鍵は、マラソンに向けた準備というプロセス自体を楽しむことにある。プロセスを楽しむといっても、練習でエンドルフィンが大量に分泌される、といったことではない。また、水曜に早起きをして仕事の前にミディアムロング走を終わらせてしまう気持ちよさとも違う。キプチョゲの考えは、「捨てるのではなく、選ぶ」という、米国女子マラソン記録保持者であるディーナ・カスターの考えに近い。つまり、走りを高めるために今自分がしていることは、最高のマラソンをする、という大きな目標に対して、小さな努力を積み重ねることなのだ。キプチョゲにとっては、家族から離れたトレーニングキャンプでの生活も、その1つである。他のランナーにとっては何だろうか。食事や、就寝時間、筋力トレーニングの頻度などを、前向きに選択することかもしれない。そしてそれこそが、チャンピオンのマインドセット、レベルに関係ない、勝者の心のありようなのだ。

眠りの質が高まれば、走りの質も高くなる

トレーニングから回復し、プラスに適応するには、夜間に質のよい眠りを確保することが重要だ。一般的に、睡眠の質と量はランニングによって改善されるが、オーバートレーニングは睡眠パターンを乱す。運動がどのようなプロセスで眠りの質を高めるのか、確実なことは誰にもわからないが、交感神経系と副交感神経系の活動のバランスに変化が生じるためと思われる。交感神経系が刺激されると、心拍数、血圧、代謝率が上昇し精神活動が活発になるが、これらはすべて入眠には逆効果である。副交感神経はこれと反対の作用をする。ランニング中、交感神経の活動は亢進するが、持久性トレーニングを行っていると、運動していないときの交感神経の活動は副交感神経よりも低下するようになる。このように交感神経系と副交感神経系の活動のバランスが変化することによって、早く寝入る、深く眠ることが可能になると考えられる。

睡眠の効果には、ヒト成長ホルモンの分泌の増加、各種機能（脳の機能と記憶、免疫機能、反応時間、メンタルヘルス）の改善が挙げられる。睡眠は視床下部の機能を改善するため、回復と刺激に対する適応能力も改善される。睡眠の効果は複雑で互いに作用している。したがって、慢性的に睡眠が不足すると、トレーニングに対してプラスに適応する能力が阻害され、パフォーマンスも損なわれる。

睡眠習慣の変化は、オーバートレーニングの前兆である。トレーニングで受ける生理的、心理的ストレスが個人の閾値を超えると、交感神経系が刺激されて易刺激性につながり、睡眠の量と質が落ちる。睡眠時間が少なくても済むということは、ランナーにとって諸刃の剣である。なぜなら身体の回復、修復は睡眠中に起きるからである。マラソンに向けてトレーニングしている期間は、十分な睡眠を確保するべきである。

そうしないとパフォーマンスは落ち、免疫系の機能も抑制され、ケガをしやすくなる。

理由もなくなかなか寝付けないというときは、ハードなトレーニングの頻度が高すぎる可能性もある。しかし、睡眠の改善はわりと簡単にできる。トレーニングを控えめにし、遅い時間に走らなければよい。ランニングの強度が高いほど神経系への刺激も強くなるので、走る距離を減らすよりもトレーニングの強度を落としたほうが、眠りを改善する効果はありそうだ。

睡眠パターンを改善するには、自分に合ったルーティンを守ることだ。毎日ほぼ決まった時間に夕食をとり就寝すると、心と身体が毎晩同じ時間に自動的にシャットダウンするよう、体内時計がセットされるようになる。さらに、夜間は電子機器のディスプレイから発せられるブルーライトを避ける。ブルーライトは睡眠誘発作用のあるホルモンであるメラトニンに影響を与えるからである。そのほか、就寝数時間前はカフェイン飲料・アルコール飲料を飲まないようにする。そして、就寝する準備ができないうちは横にならない、ということも付け加えたい。これは、横になることが睡眠に向かう新たなシグナルだと、脳が受け取るようにするためである。

最近は、睡眠をトラッキングできるさまざまなデバイスが販売されている。このような製品を使えば、心拍数、呼吸数、睡眠の質、レム睡眠、室温、湿度、心拍数の変動といったデータの測定が可能だ。なかには入眠を促したり徐々に覚醒できるようにサポートしたりする製品もある。確かなエビデンスによって裏打ちされていないものも多いが、メカ好きで財布に余裕があれば、こういったデバイスを使うのも悪くない。自分が十分睡眠をとれているのか、その結果に対して何をすべきなのか、わかるだろう。

©Sandy Huffaker/Corbis via Getty Images

補助的トレーニング

最高のマラソンができるのか、それとも可もなく不可もない結果に終わるのか。本章で扱うのは、その大きな決め手となる5つの補助的トレーニングである。この5種類のトレーニング（柔軟性トレーニング、コアスタビリティトレーニング、レジスタンストレーニング、ランニングフォームドリル、有酸素性のクロストレーニング）は、クロストレーニングという言葉でひとくくりにされがちだが、本来は別個に扱うべきものである。

本章で最初に着目するのは柔軟性トレーニングである。マラソンのパフォーマンスにおける柔軟性の重要性と、その改善方法について検討する。2番目はコアスタビリティトレーニングである。コアスタビリティトレーニングはトレーニングの要素として欠かせないものであり、マラソンランナーにとっては、特に重要だ。3番目は、レジスタンストレーニングである。マラソンランナーにとって有益である理由と、トレーニングへの取り入れ方を説明する。4番目には、ランニングフォームを改善するドリルを紹介する。そして最後は、心血管系の能力を高め、ケガの予防に役立つ有酸素性のクロストレーニングについて検討する。

柔軟性トレーニング、コアスタビリティトレーニング、レジスタンストレーニング、ランニングフォームドリルに関しては、それぞれエクササイズを紹介し、マラソンランナーにとってどのような効果があるのか、簡単な説明を加えた。エクササイズのなかに特に苦手なものがあれば、その部分の筋力が弱いか、柔軟性がないか、あるいは残念ながらその両方である可能性が高い。しかし、いちばん苦手なエクササイズに力を入れれば、トレーニングでもレースでも、もっと速く、もっと楽しく走れるようになるはずだ。**図4.1**（p.82-83）は全身の筋肉の略図である。本章で紹介するストレッチやエクササイズを行う際に、参照してほしい。

図4.1●ストレッチとエクササイズを行うとき、この図で筋肉の位置を確かめよう

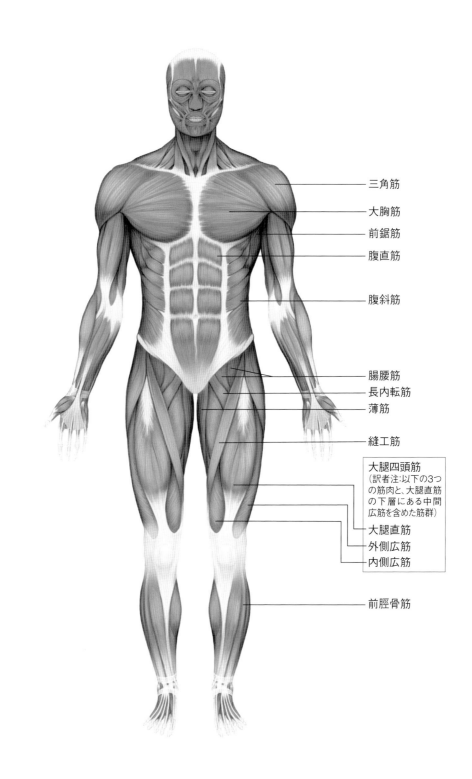

三角筋

大胸筋

前鋸筋

腹直筋

腹斜筋

腸腰筋
長内転筋
薄筋

縫工筋

大腿四頭筋
（訳者注：以下の3つ
の筋肉と、大腿直筋
の下層にある中間
広筋を含めた筋群）

大腿直筋
外側広筋
内側広筋

前脛骨筋

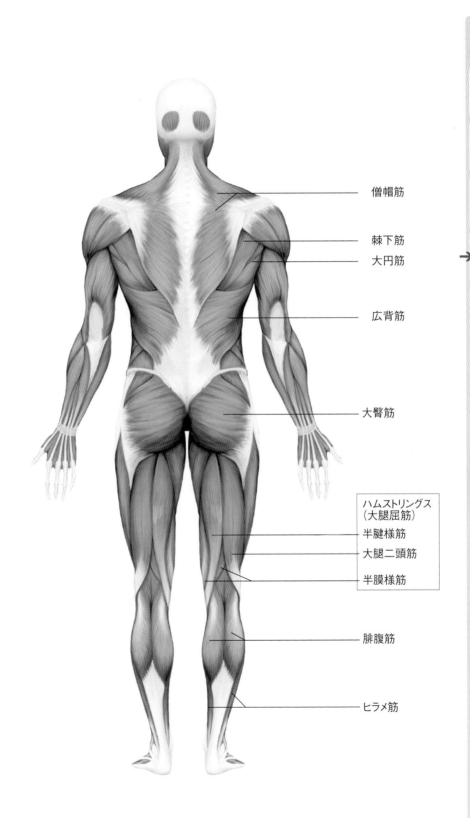

僧帽筋

棘下筋

大円筋

広背筋

大臀筋

ハムストリングス
（大腿屈筋）
半腱様筋
大腿二頭筋
半膜様筋

腓腹筋

ヒラメ筋

　補助的トレーニングのなかでも、コアスタビリティトレーニング、ランニングフォームドリル、柔軟性トレーニングは、疲れていたり、メインの練習がロング走やテンポランニングだったりすると、とばしてしまうものである。だが、こうした補助的トレーニングを行えば、練習にバラエティが加わり、気分転換にもなる。そして何より、身体のバランスや弱点が矯正され、ランニングフォームがよくなる。フォームがよくなれば、ケガのリスクを抑えながら、よりハードに、より長く練習することができるようになり、その結果、レースで効率的な走りを終始保てるようになる、というわけだ。補助的トレーニングは、マラソントレーニングに不可欠な要素である。トレーニング計画を立てる際には、こうしたセッションの時間をぜひ組み込んでもらいたい。

柔軟性トレーニング

　マラソントレーニングは身体に大きな負担がかかる。長距離を走ることの最大の代償とは、柔軟性が失われることだが、生来の可動域を広げれば、ケガのリスクを抑えつつランニングフォームを改善し、ストライド長を伸ばすことができる。

　筋肉が硬いと抵抗が生まれ、ストライド長を伸ばす能力が制限される。しかしストレッチを行うことによって、筋肉だけでなく筋線維を取り囲む結合組織の長さも伸ばすことができる。

　ストレッチの主なタイプには、静的ストレッチと動的ストレッチの2種類がある。静的ストレッチは、1つの筋群だけをターゲットとし、筋肉を伸ばした状態で維持する。維持する時間はたいてい20秒以上である。動的ストレッチでは、1つの関節（例えば股関節）を可動域内で繰り返し動かす。

　どちらのタイプも、それぞれマラソントレーニングとしての役割がある。動的ストレッチは、ふだんのランニングの前など、筋肉が温まらないうちに各筋群を伸ばすには、よい方法である。走る前に動的ストレッチをすると、静的ストレッチをしたときや、まったくストレッチをしな

©Jeff Zelevansky/Getty Images for Peace and Sport

ランニングの前後のストレッチが、ランニングフォームを改善し、ケガのリスクを抑える

回復の日や有酸素走の日にヨガのプログラムを行うのもよいだろう

第①部 マラソントレーニングとは何か

第①章 マラソンに必要な条件とトレーニング

第②章 栄養摂取と水分補給

第③章 トレーニングと回復のバランス

→ 第④章 補助的トレーニング

第⑤章 年齢（と分別）を重ねたランナーのトレーニング

第⑥章 ベストパフォーマンスのためのテーパリング

第⑦章 レース当日の戦略

第②部 マラソントレーニングプログラム

第⑧章 プログラムの実施

第⑨章 週89kmまでのマラソントレーニング

第⑩章 週89～113kmのマラソントレーニング

第⑪章 週113～137kmのマラソントレーニング

第⑫章 週137km以上のマラソントレーニング

第⑬章 マラソンの連戦について

かったときよりも、血液循環、関節可動性、筋パワーが増える。動的ストレッチは練習前やレースの前のウォーミングアップに取り入れてもよい。時間的に見ても効率がよく、一晩横になっていた身体の可動域を広げる運動としても適している。朝早く走りに行かなければならないランナーにとっては、特に重宝すると思う。

　静的ストレッチは、ランニング後や、補助的トレーニングのセッションが1つ終わったあと行うのに適している。ウォーミングアップの一部として、2、3種類、動的ストレッチと一緒に行ってもよい。静的ストレッチでは、筋線維と、筋線維の周囲と末端部分にある結合組織が伸ばされる。走ったあとは、最低10分はストレッチの時間をとり、大きな筋群を伸ばすようにしよう。できれば、ランニング後に毎回、**表4.2**（p.91）にあるような24分間のプログラムを行えると理想的だが、忙しい生活のなかでこれほど時間をかけられる人は、なかなかいないと思う。毎日のランニング後のメンテナンスとして行うなら、このプログラムのなかから、いちばん硬い部位に効くストレッチを選ぶといい。柔軟性を高めるつもりなら、24分間のフルプログラムを週に2、3回行うこと。

　時間と気持ちに余裕があれば、ヨガもやってみるといい。トレーニングに楽しさが加わるだけでなく、柔軟性、体幹の筋力、姿勢が改善され、筋力の不均衡の修正にもなるため、長い距離を走ったときの衝撃が減る。ヨガにはさまざまなスタイルがあるが（ハタヨガ、アシュタンガヨガ、ヴィンヤサヨガ、パワーヨガなど）、どれもランナーに適したものである。マラソントレーニングをしていれば、週1回のセッションに出るのがせいぜいだろう。しかし、それがいちばんの楽しみとなるかもしれない。本書のトレーニングスケジュールで言えば、回復の日か、有酸素走の日がちょうどいい。もちろん、マラソントレーニングをしながら、毎週1時間のスタジオプログラムを受講する暇などない、という人も多いだろうが、そのようなランナーのためのアプリや動画もいくつかあり、自宅用のプログラムを体験することができる。

ランニング前の動的ストレッチプログラム

表4.1に動的ストレッチのプログラムを示した。各エクササイズを2セット行う。最初のセットは緩やかな強度で行い、次のセットは中程度の強度で実施する。力を入れて伸ばさないこと。

➡ **動的ストレッチ**のプログラム&エクササイズ

表4.1●ウォーミングアップ用の動的ストレッチプログラム

エクササイズ	回数
1.アームクロス	10回
2.キャット&カウ	8回
3.レッグスイング	15回ずつ
4.サイドスイング	15回ずつ
5.ヒップサークル	10回ずつ
6.ニーハグ	10回ずつ(交互に)、最後に両脚で5回
7.サイドスキップ	15回ずつ

➡ エクササイズ ❶ アームクロス

回数：10回
効果：肩と上背部の柔軟性を高める。
方法：❶両腕を外側に向けた姿勢からスタートする。勢いをつけずに、両腕を真横にスイングさせて胸の前でクロスさせる。両腕は常にリラックスさせ、肩と同じ高さを維持する。❷クロスさせるたびに、上に来る腕を変える。

→ エクササイズ ❷ キャット&カウ

回数：8回

効果：首、肩、背、臀部の柔軟性を高める。

方法：❶四つん這いになる。膝は腰の真下、手首は両肩の真下につく。息を吸い、静かに背中を反らせて背骨を伸ばす（写真ⓐ）。❷いったん動きを止めて息を吐き、頭を下げる。腹部を引き上げて、背中を丸くする（写真ⓑ）。❸同じことを繰り返す。

→ エクササイズ ❸ レッグスイング

回数：15回ずつ

効果：股関節屈筋、臀部、ハムストリングスの柔軟性を高める。

方法：❶壁など動かない安定した物の横に立って片手を置き、バランスをとる。❷壁から遠いほうの脚を、可動域をフルに使って前後にスイングさせる（写真ⓐ、ⓑ）。❸反対側を向き、もう一方の脚で同じことを繰り返す。

第❶部
マラソントレーニングとは何か

第❶章
マラソンに必要な条件とトレーニング

第❷章
栄養摂取と水分補給

第❸章
トレーニングと回復のバランス

第❹章
補助的トレーニング

第❺章
年齢（と分別）を重ねたランナーのトレーニング

第❻章
ベストパフォーマンスのためのテーパリング

第❼章
レース当日の戦略

第❷部
マラソントレーニングプログラム

第❽章
プログラムの実施

第❾章
週89kmまでのマラソントレーニング

第❿章
週89～113kmのマラソントレーニング

第⓫章
週113～137kmのマラソントレーニング

第⓬章
週137km以上のマラソントレーニング

第⓭章
マラソンの連戦について

→ エクササイズ ❹ サイドスイング

回数：15回ずつ

効果：内転筋、外転筋、臀部の柔軟性を高める。

方法：❶壁など動かない安定した物に向かって60cmほど離れて立ち、両手を肩幅に開いてつく。❷一方の脚を、可動域をフルに使って横方向にスイングさせる（写真❸、❻）。❸もう一方の脚で同じことを繰り返す。

→ エクササイズ ❺ ヒップサークル

回数：10回ずつ

効果：体幹と股関節の柔軟性を高める。

方法：❶腰に手をあてる。両足は肩幅に開き、膝を若干曲げる。❷両足を動かさずに、腰と骨盤を、円を描くようにゆっくりと回転させる。❸逆方向で同じことを繰り返す。

→ エクササイズ ❻ ニーハグ

回数：10回ずつ（交互に）、最後は両脚同時に5回

効果：臀部、ハムストリングス、下背部の柔軟性を高める。

方法：❶仰向けに寝る。片方の膝を胸に向かって持ち上げ両手で抱え、さらに胸に向かって引き寄せる。その姿勢を3秒維持したら脚を元の位置に戻す。❷もう一方の脚で同じことを繰り返す。これを左右交互に10回ずつ行う。❸両膝を胸に引き寄せて3秒間維持し、その後両脚を元の位置に戻す。これを5回繰り返す。

→ エクササイズ ❼ サイドステップ

回数：15回ずつ

効果：肩、上背部、臀部、内転筋、外転筋、ふくらはぎの柔軟性を高める。

方法：❶両足を肩幅に開き腕は脇に垂らす。❷横方向にスキップする。空中で両足のシューズの内側をタッチさせる（写真❶）。同時に両腕を、縦方向の可動域をフルに使って（ジャンピングジャックのように）スイングさせる（写真❶）。❸同じことを反対方向で繰り返す。

（訳者注：ジャンピングジャックとは、ジャンプをしながら両脚を左右に開き、同時に両手を頭上に振り上げる運動）

第①部
マラソン
トレーニング
とは何か

第❶章
マラソンに
必要な条件と
トレーニング

第❷章
栄養摂取と
水分補給

第❸章
トレーニングと
回復の
バランス

第❹章
補助的
トレーニング

第❺章
年齢（と分別）
を重ねた
ランナーの
トレーニング

第❻章
ベスト
パフォーマンス
のための
テーパリング

第❼章
レース当日の
戦略

第②部
マラソン
トレーニング
プログラム

第❽章
プログラムの
実施

第❾章
週89kmまで
のマラソン
トレーニング

第❿章
週89〜
113kmの
マラソン
トレーニング

第⓫章
週113〜
137kmの
マラソン
トレーニング

第⓬章
週137km
以上の
マラソン
トレーニング

第⓭章
マラソンの
連戦について

ランニング後のための、または補助的トレーニングとしての静的ストレッチプログラム

　静的ストレッチは、ランニングのあとに続けて行っても、また、ランニングとは別に行ってもよい。どちらのやり方でも、マラソントレーニング期間中、身体の柔軟性を保つことができる。静的ストレッチは、筋肉に適度な緊張が生じるくらい、強く行わなければならないが、同時に筋肉がリラックスできるくらいのやさしさにする必要もある。強く伸ばしすぎると筋線維の損傷や断裂を防ぐための防御反射が引き起こされ、筋肉は硬くなる。筋肉とその周辺の結合組織をきちんと伸びた状態にするには、やさしく、一定の力でストレッチを行う必要がある。

　静的ストレッチは、伸びた状態を30秒間維持すること、そして各ストレッチを1回か2回行うことが従来推奨されてきた。しかし、時間的な効率とトレーニング効果との折り合いをつけるには、20〜30秒間維持して2回行うことを勧めたい。静的ストレッチをするときは、最初はじんわりと圧力をかけ、そのあと可能な範囲で徐々にストレッチを強くしていく。痛みを感じたら緩め、正しい方法で行えているか、確認する。伸ばしているあいだは、呼吸するのを忘れないこと。なかにはつい息を止めてしまうランナーもいるが、そうするとストレッチの効果は減ってしまう。

　股関節屈筋とハムストリングスの2つは、マラソンランナーにとっては重視すべき部位である。股関節屈筋（主に腸腰筋と大腿直筋から成る）は、大腿を股関節の高さまで引き上げる筋群である。身体のなかでも最も強い筋群の1つだが、ランナーの場合、短くなったり柔軟性がなくなったりしやすい。股関節屈筋の柔軟性が高まれば、大腿を振り戻しやすくなり、その結果ストライド長が伸びる。

　ストライド長は、ハムストリングスが硬くても制限される。大腿を前方に十分に振り出すことができなくなるからである。股関節屈筋とハムストリングスの両方が硬いと、マラソンランナーにありがちな、すり足走法になってしまう。ハムストリングスのストレッチを常に行っていれば、生来の最適なストライド長で走ることができるようになる（時間はかかるが確実な方法である）。表4.2に静的ストレッチのプログラムを示した。このプログラムを行えば、徐々に柔軟性は向上していくだろう。

注意事項

・各ストレッチを2回行ってから次のストレッチに移ること。
・ストレッチ中、呼吸は自然に行い、決して息を止めないこと。
・痛みを感じる部位はストレッチをしないこと。

➡ 静的ストレッチのプログラム&エクササイズ

① 第1部 マラソントレーニングとは何か

第❶章 マラソンに必要な条件とトレーニング

第❷章 栄養摂取と水分補給

第❸章 トレーニングと回復のバランス

➡ 第❹章 補助的トレーニング

第❺章 年齢（と分別）を重ねたランナーのトレーニング

第❻章 ベストパフォーマンスのためのテーパリング

第❼章 レース当日の戦略

② 第2部 マラソントレーニングプログラム

第❽章 プログラムの実施

第❾章 週89kmまでのマラソントレーニング

第❿章 週89〜113kmのマラソントレーニング

第⓫章 週113〜137kmのマラソントレーニング

第⓬章 週137km以上のマラソントレーニング

第⓭章 マラソンの連戦について

表4.2●24分間で行う静的ストレッチプログラム

	エクササイズ	回数	維持する時間
1	ベントレッグ・カーフストレッチ	2回ずつ	20〜30秒間
2	ストレートレッグ・カーフストレッチ	2回ずつ	20〜30秒間
3	ストレートレッグ・ハムストリングストレッチ	2回ずつ	20〜30秒間
4	ライイング・ハムストリングストレッチ	2回ずつ	20〜30秒間
5	クワドリセプス・ストレッチ	2回ずつ	20〜30秒間
6	ヒップフレクサー・ストレッチ	2回ずつ	20〜30秒間
7	グルティール・ストレッチ	2回ずつ	20〜30秒間
8	ヒップローテーション・ストレッチ	2回ずつ	20〜30秒間
9	ショルダー・ラットストレッチ	2回	20〜30秒間
10	チェストストレッチ	2回ずつ	20〜30秒間
11	バランスボール・ローワーバックストレッチ	2回	20〜30秒間
12	ダウンワード・ドッグ	2回	20〜30秒間

➡ エクササイズ ❶ ベントレッグ・カーフストレッチ

回数：20〜30秒間ずつ2回

効果：ヒラメ筋（ふくらはぎ下部の深部）の柔軟性を高める。

方法：❶両足を肩幅に開き、壁から腕の長さだけ離れて立つ。つま先は前に向ける。❷左足を後方に引き、体重が右足にかかるようにする。❸ふくらはぎ下部が伸びているのを感じるまで、右膝をゆっくり曲げる。❹もう一方も同様に行う。

→エクササイズ ❷ ストレートレッグ・カーフストレッチ

回数：20〜30秒間ずつ2回

効果：腓腹筋（ふくらはぎ上部）の柔軟性を高める。

方法：❶両足を肩幅に開き、壁から腕の長さだけ離れて立つ。つま先は前に向ける。❷片足を一歩踏み出して前傾し、両手のひらを壁につける。❸後ろの足の裏を床につけ、膝裏は真っすぐ伸ばす。❹後ろの脚のふくらはぎが伸びているのを感じるまで、腰を前方にゆっくりと動かす。❺もう一方も同様に行う。

→エクササイズ ❸ ストレートレッグ・ハムストリングストレッチ

回数：20〜30秒間ずつ2回

効果：ハムストリングスの柔軟性を高める。

方法：❶ベンチ、または膝から腰のあいだの高さの安定した台を用意し、脚の長さだけ離れて立つ。❷片方の脚を持ち上げベンチの上に踵を乗せる。❸腰はわずかに曲げ、背中はできるだけ真っすぐにする。この状態を保ったまま、ハムストリングスが伸びているのを感じるまで、前傾する。❹もう一方も同様に行う。

→ エクササイズ ❹ ライイング・ハムストリングストレッチ

回数：20〜30秒間ずつ2回

効果：ハムストリングスの柔軟性を高める。

方法：❶仰向けに寝る。片方の脚を持ち上げ、できる範囲で真っすぐになるように維持する。上げた脚の裏側に両手を添える。❷ハムストリングスが伸びているのを感じるまで、上げた脚を上体の方向に引きつける。❸もう一方も同様に行う。

→ エクササイズ ❺ クワドリセプス・ストレッチ

回数： 20〜30秒間ずつ2回

効果：大腿四頭筋（膝を伸展させる大きな筋群）の柔軟性を高める。

方法：❶壁際に立ち、壁に手をついてバランスをとる。右足を床から離して膝を曲げ、大腿四頭筋が伸びているのを感じるまで、踵を臀部に引きつける。❷このとき、前傾したり腰を曲げたりしないように気をつける。❸もう一方も同様に行う。

第①部
マラソン
トレーニング
とは何か

第❶章
マラソンに
必要な条件と
トレーニング

第❷章
栄養摂取と
水分補給

第❸章
トレーニングと
回復の
バランス

→ 第❹章
補助的
トレーニング

第❺章
年齢（と分別）
を重ねた
ランナーの
トレーニング

第❻章
ベスト
パフォーマンス
のための
テーパリング

第❼章
レース当日の
戦略

第②部
マラソン
トレーニング
プログラム

第❽章
プログラムの
実施

第❾章
週89kmまで
のマラソン
トレーニング

第❿章
週89〜
113kmの
マラソン
トレーニング

第⓫章
週113〜
137kmの
マラソン
トレーニング

第⓬章
週137km
以上の
マラソン
トレーニング

第⓭章
マラソンの
連戦について

→ エクササイズ ❻ ヒップフレクサー・ストレッチ

回数：20～30秒間ずつ2回

効果：股関節屈筋（股関節前方から体幹につながる筋群）の柔軟性を高める。

方法：❶床にひざまずく。膝の下にマットか薄い枕を敷く。片方の脚を前方に出して足裏を床につけ、脛がほぼ垂直になるように膝を立てる。❷上体は垂直にし、顔は上げる。その状態を保

ったまま、股関節が伸びているのを感じるまで、腰を前傾させる。❸下腹部を動かすと、伸びていると感じる場所を調節することができる。もう一方も同様に行う。❹このストレッチにはさらに効果的な上級編がある。クワドリセプス・ストレッチのように、後ろの足の踵を、片手を使って臀部まで引きつける。

→ エクササイズ ❼ グルティール・ストレッチ

回数：20～30秒間ずつ2回

効果：臀部と外旋筋（訳者注：大腿部をあぐらをかく方向に回す筋群。股関節後方の深部にある）の柔軟性を高める。

方法：❶仰向けに寝て膝と股関節の角度がそれ

ぞれ直角となるように脚を上げ、足裏を壁につける。❷左足首を右膝に乗せ、左の股関節の外側が伸びているのを感じるまで、左膝の内側を壁に向かって押す。❸もう一方も同様に行う。

第①部
マラソン
トレーニング
とは何か

第①章
マラソンに
必要な条件と
トレーニング

第②章
栄養摂取と
水分補給

第③章
トレーニングと
回復の
バランス

第④章
補助的
トレーニング

第⑤章
年齢(と分別)
を重ねた
ランナーの
トレーニング

第⑥章
ベスト
パフォーマンス
のための
テーパリング

第⑦章
レース当日の
戦略

第②部
マラソン
トレーニング
プログラム

第⑧章
プログラムの
実施

第⑨章
週89kmまで
のマラソン
トレーニング

第⑩章
週89～
113kmの
マラソン
トレーニング

第⑪章
週113～
137kmの
マラソン
トレーニング

第⑫章
週137km
以上の
マラソン
トレーニング

第⑬章
マラソンの
連戦について

→ エクササイズ ❽ ヒップローテーション・ストレッチ

回数：20～30秒間ずつ2回
効果：臀部と下背部の筋肉を伸ばし、腰の回旋動作を改善する。
方法：❶仰向けに寝て両腕を広げ、両脚を伸ばす。❷片脚を床から離し股関節と膝を直角に曲げる。❸臀部、胴体、下背部が伸びているのを感じるまで、曲げた脚を、もう一方の脚の側に倒す。❹曲げたほうの脚を、反対側の手で床に向かって押しつける。❺頭と肩は床から離れないようにする。❻もう一方も同様に行う。

→ エクササイズ ❾ ショルダー・ラットストレッチ

回数：20～30秒間を2回
効果：肩、上胸部、背中の柔軟性を高める。
方法：❶椅子かバランスボールに向かってひざまずくか、テーブルやカウンターの前に立ち、両腕を前方に伸ばして両手を乗せる。❷上体は水平に保ち、頭は真下に向ける。胸から肩、上背部の部分が伸びているのを感じるまで、胸を床の方向にゆっくりと押し下げる。

→ エクササイズ ⑩ チェストストレッチ

回数：20〜30秒間ずつ2回
効果：胸、肩の柔軟性を高める。
方法：❶椅子かバランスボール、または同じような高さの物を横に置いてひざまずく。片腕をバランスボールなどにかけ、肘を直角に曲げる。❷もう一方の手は床につけ、バランスが崩れないように身体を支える。❸胸から肩の部分が伸びているのを感じるまで、上体を床に向かってゆっくり押す。❹もう一方も同様に行う。※このエクササイズは腕を真っすぐに伸ばして行ってもよい。

→ エクササイズ ⑪ バランスボール・ローワーバックストレッチ

回数：20〜30秒間を2回
効果：下背部、腹部の筋肉の柔軟性を高める。
方法：❶バランスボールの上に座り、足裏は床につける。❷臀部でボールを前方にゆっくりと回転させたあと、背中を反らし、ボールの上に仰向けになる。下背部と腹部の筋肉がじわじわと伸びる感覚があるはずである。❸苦しくないようであれば、両腕を頭の上に伸ばす。

第①部
マラソン
トレーニング
とは何か

第①章
マラソンに
必要な条件と
トレーニング

第②章
栄養摂取と
水分補給

第③章
トレーニングと
回復の
バランス

→ 第④章
補助的
トレーニング

第⑤章
年齢（と分別）
を重ねた
ランナーの
トレーニング

第⑥章
ベスト
パフォーマンス
のための
テーパリング

第⑦章
レース当日の
戦略

第②部
マラソン
トレーニング
プログラム

第⑧章
プログラムの
実施

第⑨章
週89kmまで
のマラソン
トレーニング

第⑩章
週89～
113kmの
マラソン
トレーニング

第⑪章
週113～
137kmの
マラソン
トレーニング

第⑫章
週137km
以上の
マラソン
トレーニング

第⑬章
マラソンの
連戦について

→ エクササイズ ⑫ **ダウンワード・ドッグ**

回数：20～30秒間を2回

効果：背骨を伸ばし、肩、ハムストリングス、ふくらはぎの筋肉の柔軟性を高める。

方法：❶ひざまずいてうつ伏せになり両腕を前方に伸ばす。両手は床を強く押す（写真❶）。❷ハムストリングスが伸びているのを感じるまで膝の裏を伸ばしてゆっくりと腰を浮かせる。（写真❷）。人によっては膝を伸ばしきれないこともある。❸伸ばしているあいだは、写真のように背中を真っすぐにし、頭を下げた状態を維持する。❹このポジションのまま、つま先で身体を支えて踵を上げ下げして、ハムストリングスとふくらはぎの伸ばす場所を変える。

©Buda Mendes/Getty Images

ランニング後の静的ストレッチは身体の柔軟性を保つために大切なエクササイズだ

97

コアスタビリティトレーニング

　長距離走は、特に脚から腰にかけての筋持久力を発達させ、心血管系にも素晴らしい効果をもたらす運動である。しかし、特定の筋肉だけが強く硬くなり、その他の筋肉は弱いままになりがちだ。現代のライフスタイルもこの問題を助長している。1日のほとんどを座って過ごしていると、股関節屈筋や腹部が弱くなり、臀部はうまく使えなくなる。こうした現象はすべて悪い姿勢につながり、腰痛を引き起こすことも少なくない。悪い姿勢で座り続けると椎間板が圧迫され、頭が前に出て猫背になる。車の中にいるのも同じだ。つまり、車で長距離通勤してデスクワークをしている人は、二重によくないことをしていることになる。スマートフォンをのぞき込む姿勢も、猫背であったり、頭が前に出ていたりすることが多い。どれも、マラソンランナーのためにはならない。よいランニングフォームを42.195km保つためには、しっかりとしたコア（体幹）が頼りだからである。

　こうしたアンバランスな状態は、コアスタビリティトレーニングで軽減することができる。それがひいてはケガの予防になり、レース中、疲労によってランニングフォームが崩れることも少なくなる。コアスタビリティトレーニングは、一連のエクササイズにより、腹部、股関節、下背部、臀部の筋力を強化するプログラムである。エクササイズは自宅に居ながらにして行うことが可能だ。ジムもマシンも要らない。必要なのは続ける意志だけである。

　ランニング中、体幹はいわば固定された機械の本体の役目を果たし、脚はその本体に付いているレバーと同じ働きをして身体を前方へと動かす。体幹と骨盤の筋肉から成る機械本体が弱かったり、すぐに疲労したりするようでは、ランニング中に効率的な姿勢を保つことはできない。しかし骨盤と体幹の筋持久力が向上すれば、機械本体がより安定して脚の動きのサポートになる。レースが進むにつれて多くのランナーが失速する原因の1つは、疲労によってストライド長が縮まることにあるが、こうした改善により、ストライド長を保ったままマラソンを走りきることができるようになるのだ。

　さらに言うと、特別に鍛えることなく、現代の標準的な生活を送っているランナーは、得てして腹筋が弱い。そして、それにより骨盤が前傾してハムストリングスが余分に伸ばされる。これは非効率的なランニングフォームであり、腰に問題が生じるリスクもある。コアスタビリティトレーニングは腹筋を強化し、骨盤と体幹を支える他の安定筋にも働きかける。骨盤の位置を改善することで、より安定した基盤をつくることになるのである。

　コアスタビリティトレーニングは、世界中のエリート選手が行っている、れっきとしたトレーニングの一部である。コアトレーニングをしない選手は、もはや例外的な存在だ。なかには、毎日のように短いセッションをしている選手もいれば、週に2、3回、長めのセッションをする選手もいる。そしてその効果は、ケガが減る、レース終盤のランニングフォームが序盤とほとんど変わらなくなる、という結果に表れている。

　ふだん忙しくしているランナーは、週3回のセッションを目指そう。コアスタビリティトレーニングは、ハードなランニングの前以外ならいつ行ってもよいので、いちばん実施しやすいタイミングで計画を立てるといいだろう。

　コアスタビリティトレーニングのプログラムを2種類紹介する。1つめ（**表4.3**）は、コア

コンディショニングの経験が少ないランナーのための、基礎的なエクササイズである。2つめ（p.103、**表4.4**）は上級者向けのプログラムで、より高度なエクササイズである。最大限の効果を得るには、2つのプログラムのうちのどちらかを、週3回行うことが必要だ。すべてのエクササイズは行わないというときでも、自分の最も弱い分野を最低2つか3つは選んで行うべきである。

　コアスタビリティエクササイズのなかには、腹横筋の活性化というステップが欠かせないものもある。腹横筋は腹部の深部にあり、コルセットのように体幹を覆い、脊椎を安定させている筋肉である。腹横筋だけを活性化できるということは重要だ。たいていの人の場合、意識的に練習することが必要である。腹横筋を活性化するには、息を吐きながらへそを背骨に向かって静かに引っ込める。これを、腹部を完全にへこませるようなつもりで行う。

➡コアスタビリティ（基礎）のセッション＆エクササイズ

表4.3●コアスタビリティトレーニングセッション（基礎）

	エクササイズ	回数
1	アブドミナル・スクワーム	20回（交互に）
2	レッグ・プッシュアウェイ（基礎）	20回
3	ヒップブリッジ	5秒×6回
4	バードドッグ	10回ずつ
5	プローン・プランク	5〜15秒×4回
6	アルファベット	1回ずつ

一連のエクササイズを1回のサーキットとして2回行う

注意事項

・6種のエクササイズはサーキット形式で行う。つまり最初のエクササイズを1セット行ったあと、すぐに2番目のエクササイズ、3番目のエクササイズ、と続けて行う。6番目のエクササイズが終了したら1番目のエクササイズに戻り、2回目のサーキットを同様に行う。

・休憩は、各エクササイズ間はごく短く（15〜20秒）とり、各セット間は1〜2分とる。

第①部
マラソン
トレーニング
とは何か

第❶章
マラソンに
必要な条件と
トレーニング

第❷章
栄養摂取と
水分補給

第❸章
トレーニングと
回復の
バランス

第❹章
補助的
トレーニング

第❺章
年齢（と分別）
を重ねた
ランナーの
トレーニング

第❻章
ベスト
パフォーマンス
のための
テーパリング

第❼章
レース当日の
戦略

第②部
マラソン
トレーニング
プログラム

第❽章
プログラムの
実施

第❾章
週89kmまで
のマラソン
トレーニング

第❿章
週89〜
113kmの
マラソン
トレーニング

第⓫章
週113〜
137kmの
マラソン
トレーニング

第⓬章
週137km
以上の
マラソン
トレーニング

第⓭章
マラソンの
連戦について

→ 基礎●エクササイズ ❶ アブドミナル・スクワーム

回数：交互に20回

効果：パワーとスピードを生む腹直筋（俗に言うシックスパック）が強化される。左右の動きのブレをなくす腹斜筋が強化される。骨盤の位置を安定させる力が高まる。

方法：❶仰向けに寝て膝を立て、足裏を床につける。両腕は身体の両脇に置き、床につける（写真❶）。❷へそを引っ込めて腹横筋を活性化させる。❸頭、肩、上背部を持ち上げて床から少しだけ離す。❹両腕も床から離し水平を保ちながら、左方向にスライドさせる。左手で左足首に触るようなつもりで行う（写真❶）。❺最初の姿勢に戻る。❻右側も同様に行う。

→ 基礎●エクササイズ ❷ レッグ・プッシュアウェイ

回数：20回

効果：体幹筋群を活性化することで、股関節、体幹がうまくコントロールできるようになる。安定性が増し、効率的なランニングフォームを保てるようになる。

方法：❶仰向けに寝て膝を立て、足裏は床につける。両腕は胴体のそばに置く（写真❶）。へそを引っ込めて腹横筋を活性化し、その他の下腹部の筋肉も使えるようにする。❷下腹部は引き締めたままであるが、息は止めないよう注意し、普通に呼吸ができるようにする。❸片脚をゆっくり床から離し、太腿が床と垂直になるまで持ち上げる（写真❶）。❹最初の姿勢に戻り、もう一方も同様に行う。❺このエクササイズでは、脚を上げ下げしているあいだも下腹部の緊張を保つことを目標とするので、背中が反ったり腰が動いたりしないようにする。

第①部
マラソン
トレーニング
とは何か

第❶章
マラソンに
必要な条件と
トレーニング

第❷章
栄養摂取と
水分補給

第❸章
トレーニングと
回復の
バランス

第❹章
補助的
トレーニング

第❺章
年齢(と分別)
を重ねた
ランナーの
トレーニング

第❻章
ベスト
パフォーマンス
のための
テーパリング

第❼章
レース当日の
戦略

第②部
マラソン
トレーニング
プログラム

第❽章
プログラムの
実施

第❾章
週89kmまで
のマラソン
トレーニング

第❿章
週89〜
113kmの
マラソン
トレーニング

第⓫章
週113〜
137kmの
マラソン
トレーニング

第⓬章
週137km
以上の
マラソン
トレーニング

第⓭章
マラソンの
連戦について

→ 基礎●エクササイズ ❸ **ヒップブリッジ**

回数：5秒×6回

効果：股関節、下背部、臀部、ハムストリング スが強化され、股関節の可動域全体が使えるよ うなり、ストライド長が伸びる。

方法：❶仰向けに寝て膝を立て、足裏は床につ ける（写真ⓐ）。❷両腕は床につけてバラン スが崩れないようにする。❸腰を持ち上げ、写 真のように肩から膝までが一直線になるように する（写真ⓑ）。❹この姿勢を5秒間維持し、 身体を床に下ろす。短く休憩をとり、同じ動作 を繰り返す。

→ 基礎●エクササイズ ❹ *バードドッグ*

回数：10回ずつ

効果：下背部と臀部が強化される。バランスと 動作の協調性が改善され、疲労してもよいラン ニングフォームを保てるようになる。

方法：❶四つん這いになる。へそを引っ込めて 腹横筋を活性化させる（写真ⓐ）。❷写真の ように、一方の腕とその反対側の脚を床から離 して伸ばす（写真ⓑ）。❸この姿勢を2〜3秒 間維持し、床に戻す。もう一方も同様に行う。 ❹上げた腕と脚は、腰と同じ高さで水平になる ようにする。

101

→ 基礎●エクササイズ ❺ **プローン・プランク**

回数：5〜15秒×4回

効果：体幹筋群のほとんどすべてが使われる。胴体が横にぶれにくくなり、最適なランニングフォームを保てるようになる。

方法：❶うつ伏せになり、足のつま先と腕の肘から先で身体を支える。両肘は肩幅に開き、両肩の真下にくるようにする。両足はやや開く。へそを引っ込めて腹横筋を活性化させる。❷頭から背骨までは一直線になるようにする（前や横を向かない）。❸この姿勢を5〜15秒間維持し、膝を床について短く休憩をとり、同じ動作を繰り返す。

→ 基礎●エクササイズ ❻ **アルファベット**

回数：1回ずつ

効果：バランスと固有受容覚が改善される。足と臀部の安定筋が強化される。足首の可動性が改善される。（訳者注：固有受容覚とは、いわゆる五感以外の感覚で、関節の位置・角度や動きの方向・速度などを把握する、運動に関連の深い感覚のこと）

方法：❶裸足になり片脚立ちする。片方の脚を床から数cm離す。❷反対側の脚でバランスをとりながら、上げた足でアルファベットの文字を宙に描く（写真❶、❷）（バランスをとりにくければ、椅子に軽くつかまるか、壁に触ってもいい）。❸もう一方も同様に行う。

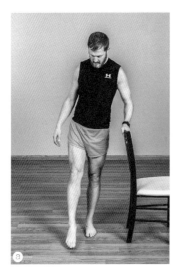
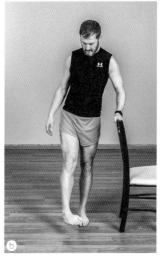

⇒コアスタビリティ（上級）のセッション＆エクササイズ

表4.4●コアスタビリティトレーニングセッション（上級）

	エクササイズ	回数
1	レッグ・プッシュアウェイ（上級）	20回
2	スタッフ	5秒×6回
3	スタンディング・ニーホールド	12回
4	バック・エクステンション	12回
5	サイド・プランク	10秒×5回ずつ
6	シングルレッグ・スクワット	12回ずつ

一連のエクササイズを1回のサーキットとして2回行う

注意事項

・6種のエクササイズはサーキット形式で行う。つまり最初のエクササイズを1セット行った後、すぐに2番目のエクササイズ、3番目のエクササイズ、と続けて行う。6番目のエクササイズが終了したら1番目のエクササイズに戻り、2回目のサーキットを同様に行う。

・休憩は、各エクササイズ間はごく短く（15〜20秒）とり、各セット間は1〜2分とる。

→ 上級●エクササイズ ❶ レッグ・プッシュアウェイ

回数：20回

効果：体幹筋群が活性化され、股関節、体幹がうまくコントロールできるようになる。安定性が増し、効率的なランニングフォームが保てるようになる。

方法：❶仰向けに寝て足を床から離し、膝と股関節の角度がそれぞれ直角となるような姿勢をとる。両手は脚の付け根に置く。へそを引っ込めて腹横筋を活性化させる。下腹部を引き締め、下背部を床に押しつける（写真❷）。❷下腹部は引き締めたままであるが普通に呼吸ができるようにする。❸踵が床すれすれの高さになるまで片脚をゆっくりと下ろして伸ばす（写真❶）。❹最初の姿勢に戻り、もう一方も同様に行う。

第❶部
マラソン
トレーニング
とは何か

第❶章
マラソンに
必要な条件と
トレーニング

第❷章
栄養摂取と
水分補給

第❸章
トレーニングと
回復の
バランス

第❹章
補助的
トレーニング

第❺章
年齢（と分別）
を重ねた
ランナーの
トレーニング

第❻章
ベスト
パフォーマンス
のための
テーパリング

第❼章
レース当日の
戦略

第❷部
マラソン
トレーニング
プログラム

第❽章
プログラムの
実施

第❾章
週89kmまで
のマラソン
トレーニング

第❿章
週89〜
113kmの
マラソン
トレーニング

第⓫章
週113〜
137kmの
マラソン
トレーニング

第⓬章
週137km
以上の
マラソン
トレーニング

第⓭章
マラソンの
連戦について

→ 上級●エクササイズ ❷ **スタッフ**

回数：5秒×6回

効果：体幹筋群のほとんどすべてが使われる。上体と体幹筋群の協調が改善され、肩と腰をスピード維持に最適な位置に保てるようになる。

方法：❶うつ伏せになり、両手を肩幅に開いて腕立て伏せの体勢をとる。へそを引っ込めて腹横筋を活性化させる。❷肘が胸郭の横にくるまで身体を沈める。❸この姿勢を5秒間維持し、身体を押し上げて最初の姿勢に戻る。❹短く休憩をとり、同じ動作を繰り返す。❺身体を一直線に保つよう注意し、腰だけが沈みこまないようにする。

→ 上級●エクササイズ ❸ **スタンディング・ニーホールド**

回数：12回

効果：膝と足首の安定筋が強化され、片脚で立ったときのバランスが向上する。ランニング時の無駄な動きがなくなる。ストライド長が伸びる。

方法：❶両脚を肩幅に開いて立ち、腕は両脇に垂らす。❷片脚を上げ、その膝を両手で抱えて胸に近づける。❸この姿勢を5秒間維持してから最初の姿勢に戻り、もう一方も同様に行う。

→ 上級●エクササイズ ❹ バック・エクステンション

回数：12回

効果：下背部が強化される。疲労したときもよいランニングフォームを保てるようになる。

方法：❶うつ伏せになり両腕を前に伸ばす。視線は必ず床に向けること（こうすることで首から背骨までが一直線になる）。❷胸と肩を床から離し、その姿勢を1〜2秒間維持する。その後最初の姿勢に戻り、同じ動作を繰り返す。

→ 上級●エクササイズ ❺ サイド・プランク

回数：10秒×5回ずつ

効果：臀部から肩までの両側の安定筋が強化される。ランニング時の左右の無駄な動きが少なくなる。

方法：❶横向きに寝る。肩の真下の位置で片肘を床につき、身体を支持する。上側の手は腰にあてる（写真❶）。❷両足をそろえ、踵から肩が（上から見て）一直線になるようにする。へそを引っ込めて腹横筋を活性化させる。❸腰を床から持ち上げ、その姿勢を10秒間維持する（写真❶）。❹腰を床に戻して短く休憩をとり、もう一方も同様に行う。

第❶部 マラソントレーニングとは何か

第❶章 マラソンに必要な条件とトレーニング

第❷章 栄養摂取と水分補給

第❸章 トレーニングと回復のバランス

→ 第❹章 補助的トレーニング

第❺章 年齢（と分別）を重ねたランナーのトレーニング

第❻章 ベストパフォーマンスのためのテーパリング

第❼章 レース当日の戦略

第❷部 マラソントレーニングプログラム

第❽章 プログラムの実施

第❾章 週89kmまでのマラソントレーニング

第❿章 週89〜113kmのマラソントレーニング

第⓫章 週113〜137kmのマラソントレーニング

第⓬章 週137km以上のマラソントレーニング

第⓭章 マラソンの連戦について

回数：12回ずつ

効果：臀部と大腿四頭筋が強化される。足と足首の安定筋が強化される。

方法：❶ステップ台の上に横向きに立つ。片方の足は台の端の近くに乗せ、もう片方の足は台の端ぎりぎりに掛かっている状態である（写真❶）。へそを引っ込めて腹横筋を活性化させる。❷この姿勢からゆっくりと、支持脚の膝がほぼ直角になるまでスクワットをする。この間、台の端に掛けたほうの足は床に向かって下がる（写真❺）。❸床に足がつくようなら、若干脚を曲げる。❹支持脚の膝がつま先よりも前に行かないよう、気をつける。❺ゆっくりと最初の姿勢に戻り、同じ動作を繰り返す。

レジスタンストレーニング

　ウエイトやラバーバンド、あるいは自重を用いたレジスタンストレーニングを行うと、筋力の不均衡が改善され、ケガの予防ができる。これまでに紹介したコアスタビリティトレーニングも、特定の目的を持った一種のレジスタンストレーニングである。これ以外のタイプのレジスタンストレーニングは、脚筋力を強化したり、推進力となる腕や肩をより効果的に使えるようにしたりするものである。レジスタンストレーニングは、正しく行えば、筋肉のほかに腱や靭帯といった結合組織が強化されて、ケガを防ぐことができる。さらに、ランニングエコノミーを改善することも可能であり、そうなれば一定ペースをより少ない酸素量で走れるようになる。しかし、間違ったやり方をしてしまうと、筋肉が硬直して萎縮し、ケガをするだけでなく、大きな筋肉がついてしまう。こんな余計な荷物を持ちながら40kmも走りたいランナーはいないはずだ。これから紹介するプログラムは、不必要に体重を増やさずに筋力がつくよう、作成されたものである。

　マラソンランナーにとって、最大の効果が得られるエクササイズとは、推進力を生む筋肉や安定筋を強化するエクササイズである。筋肉の使われ方がランニングに近いエクササイズほど、ランニングのパフォーマンスに大きな効果がある。

レジスタンストレーニングのスケジュールを組むときは、ハードなランニングの直前と直後は避けること。ランニングをするのが仕事の前か後なら、レジスタンストレーニングはランニングに影響しないランチタイムがいちばんよい。

長距離走のためのレジスタンストレーニング

ランナーのほとんどは、ある特定のペースで走るときに、自ずと最も経済的なストライド長で走っている。こう言うと、ランナーはストライド長を変えなくてもいい、という意味にもとれる。この指摘は短期的に見れば正しい。しかしそれは、身体をより効率的に走らせようとする努力が不可能であるとか、無用であるなどという意味ではない。筋力や柔軟性が向上すれば、何カ月、何年というスパンでストライド長は伸びる。1つ1つのストライドの伸びは小さいものでも、何万歩と積み重なれば、その効果はとてつもなく大きくなる可能性もある。

レジスタンストレーニングは、遅筋線維が発生する力を強めることによって、ランニングパフォーマンスを向上させる。筋肉を肥大させるウエイトトレーニングは、持久系競技（特にマラソン）のパフォーマンスには逆効果である。持久性トレーニングの目的は、筋肉内の毛細血管密度を高めミトコンドリアの数を増やすことである。筋肉が肥大すると、毛細血管とミトコンドリアの密度は低くなる。したがって、レジスタンストレーニングは筋肥大を生じさせない

坂道走：自然がくれたレジスタンストレーニング

ウエイトトレーニングが苦手という人は、ヒルトレーニングという、別な形でのレジスタンストレーニングを試してほしい。ヒルトレーニングでは、自分の体重がレジスタンスになる。坂道走をすると、ふつうのレジスタンストレーニングと同じくらいランニングエコノミーが改善される、というエビデンスもある。もちろん、従来のレジスタンストレーニングとまったく同じ結果が出るというわけではない。それでも、補助的トレーニングの一環として、上半身をレジスタンスとして使うトレーニングはしたほうがいい。

上り坂を走るとき、両脚は重力に逆らって体重を上方に移動させなければならない。しかも、レースにかなり近い状況でその動きをすることになる。ウエイトマシンでは、どんなにうまく設計されたものでも、坂道走ほど忠実にレースの状況を再現することはできない。ヒルトレーニングの効果を示す実証例としては、今日のケニアやエチオピアの選手が挙げられるが、1960年代、1970年代までさかのぼれば、名将アーサー・リディアードの指導を受けたニュージーランドの偉大な選手達もそれに加わる。世界のトップ選手は毎日のように坂道走を行っている。エリート選手とファンランナーを分かつのは、遺伝的なファクターであるのはもちろんだが、遺伝子と違い自分でコントロールできるヒルトレーニングも、重要な要素と見て間違いない。

ヒルトレーニングがウエイトトレーニングよりも優れている点はほかにもある。それは、心血管系も同時に鍛えられるということである。第1章でも述べたが、適度な勾配で10〜12秒間の短い坂道走を繰り返すと、筋力、筋パワーが強化され、その結果ランニングエコノミーが向上する。坂道走については第8章で詳しく説明するが、本書のトレーニングスケジュールにも組み込まれている。

第①部 マラソントレーニングとは何か

第❶章 マラソンに必要な条件とトレーニング

第❷章 栄養摂取と水分補給

第❸章 トレーニングと回復のバランス

→ 第❹章 補助的トレーニング

第❺章 年齢（と分別）を重ねたランナーのトレーニング

第❻章 ベストパフォーマンスのためのテーパリング

第❼章 レース当日の戦略

第②部 マラソントレーニングプログラム

第❽章 プログラムの実施

第❾章 週89kmまでのマラソントレーニング

第❿章 週89〜113kmのマラソントレーニング

第⓫章 週113〜137kmのマラソントレーニング

第⓬章 週137km以上のマラソントレーニング

第⓭章 マラソンの連戦について

ようなものにすることが重要である。このあとに紹介するトレーニングプログラムは、不必要な筋肉をつけることなく、ランニングに特化した筋力を強化できるように作られている。

レジスタンストレーニングは、通常は週に2回行うべきである（**表4.5**参照）。この程度の頻度であれば、筋力は着実に向上し、それでいて過度に疲労しないので他のトレーニングに影響することもない。レジスタンストレーニングのセッションを始める前に、ウォーミングアップとして、コアスタビリティトレーニングをしてもよい。1週間の中でレジスタンストレーニングをするベストのタイミングは、筋肉が過度に疲労していない日、そして、ハードなランニングの予定が同じ日または翌日に入っていない日である。有酸素走の日やミディアムロング走の日にレジスタンストレーニングのセッションを入れると、だいたいはうまくいくだろう。

➡ **レジスタンストレーニング**のセッション＆エクササイズ

表4.5●レジスタンストレーニングセッション

	エクササイズ	回数
1	プッシュアップ	10回
2	ステップアップ	15回ずつ
3	ダンベルラテラルロー	15回ずつ
4	カーフレイズ	10回
5	ベンチディップ	15回
6	ランジ	15回ずつ
7	トライセップスプレス	15回
8	スクワット	15回

この一連のエクササイズを2回行う

注意事項

・より安全に、効果的に行うためには、ウォーミングアップとして軽い有酸素性運動をするか、コアスタビリティトレーニングのプログラムを一通り行う。
・へそを引っ込めて腹横筋を活性化させると脊柱が安定し、エクササイズ中にケガをするリスクが減る。

→ エクササイズ ❶ プッシュアップ

回数：10回

効果：胸、肩、上腕三頭筋が強化される。力強いフォームで走るとき（上り坂やラストスパートなど）の腕振りが改善され、疲労しても上体の正しい姿勢を保てるようになる。

方法：❶腕立て伏せの姿勢になる。つま先は立て、両腕は肩幅より若干広く開いて床につける（写真ⓐ）。❷肘を曲げ胸が床の上すれすれに来るまで身体を沈ませる（写真ⓑ）。❸両腕の力で身体を元の姿勢まで押し上げる。❹頭は床に向かって垂れることのないように、また腰だけが沈むことのないように注意する。❺上腕三頭筋がきちんと働くように、両肘は身体に沿わせたままにする。

→ エクササイズ ❷ ステップアップ

回数：15回ずつ

効果：腓腹筋、大腿四頭筋、ハムストリングス、臀部が強化される。胸を開くことで真っすぐな姿勢になる。バランスが改善され一歩ごとの推進力が増し、ストライド長が伸びる。

方法：❶ベンチ（または椅子か階段）に向かい、大きく一歩離れた所に立つ。❷片足をベンチに乗せる。乗せた足裏全体をベンチにぴったりとつける。❸後ろの足は拇趾球でつま先立ちする。頭は真っすぐ前を向けたままにする。これが最初の姿勢である（写真ⓐ）。❹なるべく前の脚を使い、後ろの脚は使わないようにしてベンチの上に乗り、両足をそろえて立つ。これが終わりの姿勢である（写真ⓑ）。❺上体はできるだけ垂直に保ち、必要以上に前傾しないようにする。❻気をつけながらベンチから降り、もう一方も同様に行う。

第❶部
マラソントレーニングとは何か

第❶章
マラソンに必要な条件とトレーニング

第❷章
栄養摂取と水分補給

第❸章
トレーニングと回復のバランス

第❹章
補助的トレーニング

第❺章
年齢（と分別）を重ねたランナーのトレーニング

第❻章
ベストパフォーマンスのためのテーパリング

第❼章
レース当日の戦略

第❷部
マラソントレーニングプログラム

第❽章
プログラムの実施

第❾章
週89kmまでのマラソントレーニング

第❿章
週89～113kmのマラソントレーニング

第⓫章
週113～137kmのマラソントレーニング

第⓬章
週137km以上のマラソントレーニング

第⓭章
マラソンの連戦について

→ エクササイズ ❸ ダンベルラテラルロー

回数：15回ずつ

効果：上背部外側の大きな筋肉が強化される。
肩と胸の筋力バランスがとれ、ランニングフォ
ームが改善する。

方法：❶ベンチ脇に立ち、左膝をベンチに乗せ
る。左手もベンチの上に立てて身体を支え、バ
ランスをとる。❷上体を水平の状態になるまで
倒す。❸軽いダンベルを右手に持ち、腕を真っ
すぐに下ろす（写真❶）。❹肘が肋骨より上
の位置に来るまで、ダンベルを引き上げる（写
真❶）。❺ダンベルを元の位置に戻し、同じ
動作を繰り返す。

→ エクササイズ ❹ カーフレイズ

回数：10回

効果：ふくらはぎの筋肉とアキレス腱が強化さ
れる。つま先での蹴りだしが改善される。ケガ
のリスクが減る。

方法：❶ステップ台あるいは動
かない箱の端に、踵がはみ出た
状態で立つ（写真❶）。❷踵を
床に向かってゆっくりと、心地
よい範囲の限界まで下げる。❸
踵を上げながら、つま先立ちで
身体を引き上げる（写真❶）。

同じ動作を繰り返す。メモ：身体をゆっくりと
下ろすときは片脚、引き上げるときは両脚にす
ると、エクササイズの難度が高まり、ふくらは
ぎの筋肉が伸張性収縮をする。

→ エクササイズ **5 ベンチディップ**

回数：15回

効果：肩と腕が強化される。疲労しても真っすぐなランニングフォームを保てるようになる。

方法：❶両手をベンチまたは椅子の縁について身体を支える。足裏全体を床につけ、ベンチから腰をわずかに離す（写真❷）。❷肘を曲げながら腰を床に向かって真っすぐに下ろす（写真❸）。❸肘を伸ばして腰を最初の位置に押し戻し、同じ動作を繰り返す。メモ:足の位置をベンチから離すとエクササイズの難度を高めることができる。

→ エクササイズ **6 ランジ**

回数：15回ずつ

効果：大腿四頭筋、ハムストリングス、臀部が強化される。左右の脚のバランスが改善される。下り坂を走るときに脚に伝わる大きな力をコントロールして姿勢を保てるようになる。

方法：❶両脚を肩幅に開き、つま先は真っすぐ前に向ける。❷軽いダンベル（5kg以下）を両手に持って両脇に垂らし、上体の姿勢は真っすぐにして顔は前に向ける（写真❹）。❸1回の動作で前に一歩大きく踏み出す。後ろの膝は床の上にくる（写真❺）。❹前に出した足で力強く床を押して最初の姿勢に戻る。❺もう一方も同様に行う。

第**①**部
マラソン
トレーニング
とは何か

第**❶**章
マラソンに
必要な条件と
トレーニング

第**❷**章
栄養摂取と
水分補給

第**❸**章
トレーニングと
回復の
バランス

第**❹**章
補助的
トレーニング

第**❺**章
年齢（と分別）
を重ねた
ランナーの
トレーニング

第**❻**章
ベスト
パフォーマンス
のための
テーパリング

第**❼**章
レース当日の
戦略

第**②**部
マラソン
トレーニング
プログラム

第**❽**章
プログラムの
実施

第**❾**章
週89kmまで
のマラソン
トレーニング

第**❿**章
週89〜
113kmの
マラソン
トレーニング

第**⓫**章
週113〜
137kmの
マラソン
トレーニング

第**⓬**章
週137km
以上の
マラソン
トレーニング

第**⓭**章
マラソンの
連戦について

→ エクササイズ ❼ トライセップスプレス

回数：15回
効果：上腕裏の筋肉が強化される。疲労しても
リラックスした腕振りができるようになる。
方法：❶立つか椅子に腰掛ける。頭上で軽いダ

ンベル1つを両手で持つ（写真❶）。❷上腕を
垂直に保ったまま、写真のように肘を曲げてダ
ンベルを頭の後ろに下ろす（写真❷）。❸最
初の姿勢に戻り、同じ動作を繰り返す。

→ エクササイズ ❽ スクワット

回数：15回
効果：下背部、ふくらはぎ、大腿四頭筋、ハム
ストリングス、臀部が強化される。膝と股関節、
足首を正しいアライメントに保つことができる
ようになり、ケガのリスクが減ってランニング
の効率が向上する。よいランニングフォームに
とって大切な要素であるトリプルエクステンシ
ョン（訳者注：足首、膝、股関
節の3関節の同調した伸展）が
促進される。
方法：❶両脚を肩幅に開きつま
先は真っすぐ前に向ける。❷あ
ごの下で軽い（5kg以下）ダ
ンベル1つを両手で持つ（写真
❶）。❸腰を後方に落してスク
ワットを行う。椅子に腰掛ける
ような動作である。腰を引くと
きは後ろに転倒しないようにす

るため、どうしても若干前傾してしまうだろう。
❹バランスを崩さずに太腿の上面が水平になる
まで姿勢を低くする（写真❷）。その後、最
初の姿勢に戻る。動作のあいだは首を真っすぐ
に保ち、顔を上げて前を見ること。また、膝は
常に足の真上にくるように保ち、両膝のあいだ
の幅が変わらないように気をつける。

ランニングフォームドリル

ランニングの形はバイオメカニクスで決まる。この場合のバイオメカニクスとは、骨の長さ、筋肉・腱の柔軟性、各部位の筋力と持久力、筋収縮の協調とその結果生まれる四肢の動きのことである。もちろん身体の形は人それぞれ異なるため、「完璧なフォーム」は存在しない。

身体のバランスを整えてランニングフォームを改善し、レース中ずっとフォームを保つ。これは、本章の前半で紹介した柔軟性トレーニングや筋力トレーニングに取り組めば可能である。例えばストライド長はほとんどの場合、体形によって自然と決まってしまうが、筋力と柔軟性が増せば著しく改善する。さらに例を挙げると、腰から過度に前傾するフォームは、臀部と腹部の筋力を強化することで直すことができる。また、体幹の安定性も本章の最初に示したさまざまなコアスタビリティトレーニングで向上させることができる。

しかし、フォームを改善してランニング効率を向上させる方法はほかにもある。スプリンターが腿上げやキック動作、スキッピングなどいろいろな動きを織り交ぜてトレーニングしているのを、おそらく見たことがあるだろう。こうしたドリルのなかには、長距離ランナーにも有効なものもある。第1に、これらのドリルでは、動作の協調やランニングフォームが改善される。第2に、筋持久力が増強され、レース中ずっとストライド長を保てるようになる。ドリルは適度な勾配の上り坂で行えばさらに大きなレジスタンスになる。膝を高く上げる、しっかりとつま先で離地する、腕をよく振る、首筋を力ませず頭を身体の真上に保つ、肩・腕・手に力を入れない、上下動を最小限に抑える（一歩一歩飛び上がらない）、姿勢を真っすぐに保つ（前傾しすぎない）、ということに意識を集中させると、よいランニングフォームを保てるようになり、ランニングの効率が最大限に高まる。ランニングフォームは、その欠点がいかに小さくても、42.195kmという距離が積み重なれば大きな違いとなる。また、いかによくても、最後の数kmで崩れてしまう可能性もある。そう考えてみれば、技術の改善によって速くなれることが、はっきりとわかるだろう。

ドリルを行うときにポイントとなるのは、動きの各局面を重視すること、そして疲れてきたときに、フォームの維持に集中することである。それぞれの局面に注意を払っていれば、やがてそれが身体に染みつき、レース終盤で力を発揮するだろう。

ドリルは無数にあるが、本書ではマラソンに特に有効なものを4種類示す。この4種類のドリルを行えば、ストライド長の維持、足底部の接地時間の短縮が可能になる。遅めのペースで行うマラソントレーニングの時間が多いと、この2つは悪化してしまうこともあるのだ。

ドリルは必ず、身体が温まっていて疲れがとれているときに行うこと。疲労状態では、動作の協調性や技術を高めるようなドリルを行っても意味がない。定期的に（少なくとも週1回、できれば2回）ランニングフォームドリルを行っていれば、いずれその効果に気づくはずだ。ドリルを日常のトレーニングにうまく組み込むには、ウィンドスプリントの前に行うか、テンポランニングや$\dot{V}O_2max$の練習のような、強度が比較的高い練習の前に行うとよい。

本書のランニングフォームドリルはサーキットとして行う。つまり、各ドリルを1回ずつ一通り行い、それを繰り返す。各ドリルとも15〜20m移動し、元の位置に歩いて戻りながら休憩を入れる。完璧にドリルをこなす自分の姿をイメージして行おう。

第①部
マラソン
トレーニング
とは何か

第❶章
マラソンに
必要な条件と
トレーニング

第❷章
栄養摂取と
水分補給

第❸章
トレーニングと
回復の
バランス

第❹章
補助的
トレーニング

第❺章
年齢（と分別）
を重ねた
ランナーの
トレーニング

第❻章
ベスト
パフォーマンス
のための
テーパリング

第❼章
レース当日の
戦略

第②部
マラソン
トレーニング
プログラム

第❽章
プログラムの
実施

第❾章
週89kmまで
のマラソン
トレーニング

第❿章
週89〜
113kmの
マラソン
トレーニング

第⓫章
週89〜
137kmの
マラソン
トレーニング

第⓬章
週137km
以上の
マラソン
トレーニング

第⓭章
マラソンの
連戦について

⮕ ランニングフォームのドリル

⮕ ドリル ❶ スキップマーチ・ウオーク

方法：❶初めはゆっくりと前方に歩く。その際、拇趾球で接地し、歩幅は狭くする。❷太腿が水平になるように片方の膝を腰の高さまで上げる。❸もう一方の足はつま先で立って膝を伸ばす。❹胸を開き、両肩を後ろに引いて胴体を真っすぐにする。❺頭は動かさず、首は力まないようにする。❻腕はランニングフォームを誇張した動きで前後に振る。❼肩、腕、手先はリラックスする。

⮕ ドリル ❷ スキップマーチ・ラン

方法：❶スキップマーチ・ウオークと同じ姿勢をとる。❷動作も同様に行うが腕と脚の動きをさらに強調し、スキップの動きで行う。

→ドリル ❸ キックアウト

方法：❶拇趾球で接地してゆっくり前方に歩く。❷片方の膝を上げ（写真❹）、腰の高さに近づいたら、脚を真っすぐにして、膝をほぼ完全に伸ばしきる（最終的に脚はほぼ水平になる）。❸勢いを利用して身体を前方に運ぶ（写真❺）。後ろの脚で軽く跳び、一歩前に踏み出す（写真❻）。もう一方の脚で同じように繰り返す。❹胴体は真っすぐに保ち、頭は揺れないようにする。腕振りは通常のランニングと同じように前に振る。うまく動けるようになったら、ウオークからジョグに移行する。

→ドリル ❹ ファーストフィート

方法：❶小さいステップをできるだけ速く刻んで走る。❷常に拇趾球だけで接地する。腕は速く動かす。❸前傾しすぎてはいけない。胴体は真っすぐに保ち、頭は揺れないようにする。

第**①**部
マラソン
トレーニング
とは何か

第**❶**章
マラソンに
必要な条件と
トレーニング

第**❷**章
栄養摂取と
水分補給

第**❸**章
トレーニングと
回復の
バランス

第**❹**章
補助的
トレーニング

第**❺**章
年齢（と分別）
を重ねた
ランナーの
トレーニング

第**❻**章
ベスト
パフォーマンス
のための
テーパリング

第**❼**章
レース当日の
戦略

第**②**部
マラソン
トレーニング
プログラム

第**❽**章
プログラムの
実施

第**❾**章
週89kmまで
のマラソン
トレーニング

第**❿**章
週89～
113kmの
マラソン
トレーニング

第**⓫**章
週113～
137kmの
マラソン
トレーニング

第**⓬**章
週137km
以上の
マラソン
トレーニング

第**⓭**章
マラソンの
連戦について

メブ・ケフレジギ Meb Keflezighi

自己最高記録:2時間8分37秒(2014年ボストンマラソン)

主な戦績:2004年アテネ・オリンピック銀メダル、2009年ニューヨークシティマラソン優勝、2012年オリンピック選考会優勝、2014年ボストンマラソン優勝

©Jerod Harris/Getty Images for Rock 'n' Roll Marathon Series

マラソン史上、ニューヨークシティマラソン、ボストンマラソンの2つを制し、オリンピックでもメダリストになったランナーは、メブ・ケフレジギただ1人である。この偉業のさらに驚異的な点は、それぞれが成し遂げられたタイムスパンにある。ケフレジギがオリンピックで銀メダルを獲得したのは2004年、ニューヨークシティで優勝したのは2009年、そしてボストンで現役最後のタイトルを獲得したのは2014年、39回目の誕生日を迎えるわずか2週間前のことである。彼は、目標に至る途上でしかるべき調整をしつつも、なお高みを目指し、自分を信じてきた。自身のマラソンキャリアがその何よりの証拠である。

ケフレジギが走ったのは、チャンピオンシップスタイルのマラソン、つまり、タイムではなく順位が問われるレースがほとんどである(アップダウンのあるニューヨークやボストンもそのなかに入ると筆者は思う)。彼のさほど速いとは言えない自己最高記録持を見ると、持ちタイムを何分も上回るランナーたちに何度も勝ったとは信じられないかもしれない。しかし、調子のいい日なら、世界の誰とでも渡り合えると、彼は信じてきた。その信念が決して間違いではないことは、結果が証明している。ケフレジギは、自分よりはるかに速いベストタイムを持つランナーが何人レースに参加しようとも、必ずトップに近い成績を残した。

ケフレジギのケフレジギたるゆえんは、その安定性、継続性にある。2時間10分切りを果たしたレースは9回。これはアメリカ人ランナーのなかでは最多だ。そして完走した全レースの平均タイムも、2時間12分52秒である。また彼は、マラソンデビューとなった2002年の

ニューヨークシティマラソンから引退レースとなった2017年の同大会まで、毎年のようにマラソンを完走している。例外はケガで1レースも走れなかった2008年だけである。彼の安定性はこうしたところでも発揮された。

ケフレジギの継続性、長い選手寿命の鍵となったのは、トレーニングに対するアプローチだ。それは、トレーニングはやりすぎるよりは若干足りないほうがいい、という姿勢である。もちろん彼が行ったトレーニングはハードだ。しかし、1日だけならもっと遅いランナーでも真似できる。いやそれどころか、1週間、1カ月であっても、期間限定なら実行できそうなトレーニングだ。ケフレジギの場合は、体力の養成を継続的に着実に行ったのである。そしてその土台にしたのは、若干遅めのペースで行うロング走、マラソンペースで行う長いテンポランニング、5〜10kmのレースペースで行うインターバルトレーニングであった。練習でレースはしない。それはレース当日までとっておく。彼はランナーとして非常に大人だった。万全の状態

でスタートラインに立つという、ランナーが
まず達成しなければならない目標を常に果た
すため、強度も距離も抑えるという分別を、
備えていたのである。

　ケフレジギが長く現役でいられた鍵はもう
1つある。それは、自分のメンタルの力を出し
しきる能力だ。彼がレースに臨むとき、目標
は幾重にも重なっている。いちばん上にある
のはたいてい、勝つこと、または自己ベスト
を更新することである。それが手の届く範囲
にあるかぎり、彼は奮闘を続ける。しかし、
今日は無理だとはっきりわかったら、その下
にある目標、例えば3位以内に入るといった
目標に焦点を移し、第1目標と同じくらいに
力を注ぐ。そうやっていくと、最後に残る
のはたいがい、フィニッシュラインになんとし
てもたどり着く、という目標だ。こうしたプ
ロセスで目標設定をすることにより、ケフレ
ジギは、最後まで気力を切らすことなく走り
続けることができたのである。「ジョー・ヴ
ィジルコーチはいつも『レースで大事なのは、
ここだよ』と肩の20センチ上を指すんだ」
と、ケフレジギは言う。「だから、どんなに
まずい状況でも、ポジティブなことを見つけ
て、それに集中するようにしている」。

　2012年のロンドン・オリンピックは、こ
の逆のプロセスを使うことができたレースで
ある。そして結果的に、その強さをまたも見
せつけることになった。ケフレジギはもうす
ぐレースの中間地点というところ、先頭から
21番目を走っていた。途中棄権が頭をよぎ
る。が、その考えを翻し、完走すると彼は心
に決めた。これから先は誰かと一緒に走った
ほうが楽だろう。そう考えて、集団にくらい
ついた。やめたい誘惑に駆られた最悪の区間
はもうすでに過ぎている。そこで彼は目標を
一段上げた。この集団のうち、最低1人は追
い抜こう。次には2人、その次は3人だ。こ
うして、後半のハーフのあいだ、彼は目標を
上げ続け、最終的には4番目でレースを終え

たのである。それはアテネの銀メダル獲得から
8年を経たのちのことだった。

　この2012年のロンドン・オリンピックは、
30代後半に始まったキャリアの第二幕の一場
面にすぎない。2011年11月から2014年の4
月までのあいだに、ケフレジギは自己ベスト、
セカンドベスト、サードベストを記録し、オリ
ンピック代表選考会で優勝、オリンピック本番
では4位となった。そして周知のとおり、
2014年のボストンでは、30年以上アメリカ
人が成し得なかった優勝を、果たしたのである。

　競技に対して飽くなき探求心を持ち、自分の
身体のチェックを怠らないケフレジギが30代
半ばになって気づいたのは、マラソン競技で勝
負し続けるためには年齢に合わせた調整をしな
ければならない、ということだ（年齢に合わせ
た調整については第5章で詳しく解説する）。
彼は、ランニングの前後にはストレッチを行い、
ほぼ毎日、何らかの形でコアスタビリティトレ
ーニングかウエイトトレーニングを行うように
した。食事は一新し、良質のタンパク質を主に
摂り、エンプティカロリーの摂取を減らした
（訳者注：エンプティカロリーとは、熱量だけ
高く栄養価がないこと）。1日のメインの練習
が終わると即座に回復ドリンクを飲むというル
ーティンにも、こだわるようになった。また、
疲れも痛みも少ない状態で重要な練習に臨める
よう、短めの回復走を行う日であっても、時お
りエリプティゴを使うようにした。ランニング
フォームドリルも、ロング走の日を除いて毎日
励行した。これは可動域を保ち、筋・神経系の
トレーニングをするためである。

　ケフレジギはさらにポーラ・ラドクリフなど
年長のトップランナーに倣い、従来のトレーニ
ングブロックを7日サイクルから9日サイクル
に広げた。トレーニングの要である、ロング走、
テンポランニング、インターバルトレーニング
は、そのまま質を落とさずに行ったが、それぞれ
の練習のあいだに2日間、低～中強度のラン
ニングを行う日を設けることにしたのである。

（p118に続く）➡

➡(p.117のコラムの続き)

こうした調整によって、ケガのない万全な状態を保ちながら体力を十分に養成することができるようになり、長年夢見たボストンマラソンでの優勝を成し遂げた。さらにその後の2016年には、自身4度目となるオリンピック出場を41歳にして果たし、米国史上、最高年齢のオリンピックマラソンランナーとなったのである。

ケフレジギは、走ること以外の細かな練習にも力を入れる。1日に1、2時間割くこともしばしばだ。そこまでの時間を、ランニング以外のトレーニングにかけられるようなランナーは、我々の周りにはほとんどいない。だが、自分の成長のためにできることは、いつもどこかにある、というケフレジギの指針を、自分なりのやり方で実行に移すことは、可能なはずだ。本章では、走るトレーニングの効果を最大限に引き出す、走らないトレーニングを詳しく紹介した。次回のマラソンに向けて、毎日ほんのわずかなあいだでも、こうしたトレーニングをする時間を捻出してほしい。

有酸素性のクロストレーニング

ランニング障害の大部分は、走行距離を急激に増やす、スピード練習をいきなり取り入れるといった、トレーニングにありがちな間違いが原因で起きる。しかし、ランニング障害のリスクは、こうしたリスクファクターを修正すれば抑えることができる。それは、例えば冠動脈疾患のリスクが定期的な運動で低くなるのと同じだ。クロストレーニングは、ランニング障害のリスクを抑える方法の1つである。部分的にトレーニングをクロストレーニングに代えることで、脚と背に加わる衝撃を減らすのだ。

クロストレーニングを行う第1の理由は、ランニングによる反復的な損傷を増やさずに、心血管系を強化できることにある。室内で行うクロストレーニングは、悪天候や大気汚染などの理由で屋外で走れないときにも便利である。しかし残念なことに、ランナーの多くはケガをしたときのみクロストレーニングを行い、回復するなりランニングだけのトレーニングに戻ってしまう。たしかにクロストレーニングはケガをしたときの体力維持には有効だが、なにもケガのときだけに限定することはない。練習量、強度、路面などの変更に慎重になるあまり理想とする走行距離になかなか達しないという人は、年間を通じてクロストレーニングを取り入れたほうがいい。

しかし、どんな形のクロストレーニングも、ランニングの完璧な代替トレーニングにはならない。なぜなら、身体はトレーニングにきわめて特異的に適応するからである。クロストレーニングでは運動パターンがランニングと違うため、心血管系の能力が向上しても、筋・神経系がそれと同等に向上することはないのだ。しかしそれでもかまわない。クロストレーニングはランニングの代替トレーニングではなく、補助トレーニングとしてとらえるべきものだからである。したがって、クロストレーニングはランニングのなかでも回復走の置き換えとして使う。また、ふだん行っている有酸素走の一部を必要に応じてクロストレーニングに代えてもいい。クロストレーニングを回復トレーニングとして用いるメリットは、血流量が増えて回復が促進されること、それでいて身体に衝撃を蓄積させないことにある。

クロストレーニングとランニングは別物?

　しかし、トレーニングを部分的にクロストレーニングに代えると、レースパフォーマンスに影響は出ないのだろうか?　トレーニングの特異性の原則によれば、身体は、行っているトレーニングに特異的に適応する。ランナーがトレーニングのすべてを自転車や水泳で行っても大して成功しないのは、このためだ。しかし、現在行っているトレーニングの大半がランニングならば、別の有酸素性運動でランニングのパフォーマンスを高めることは、可能である。

　ある程度トレーニングを積んだランナーであればクロストレーニングによってランニングパフォーマンスが高まる、ということは科学的に実証されている。しかし、ランニングを増やしたときほどは向上しないようである。

　クロストレーニングのなかでも、脚の大きな筋群に働きかける種目(自転車、エリプティカルトレーナー、ディープ・ウォーターランニング、クロスカントリースキーなど)は、動きがランニングにかなり近く、パフォーマンスを最も向上させる種目だと思われる。しかし、さほどランニングに似ていない種目(ボートなど)だと、向上する幅もそれだけ小さくなるようだ。クロストレーニングが、ある程度トレーニング経験のあるランナーにとっても、また、かなりトレーニングを積んでいるランナーにとっても、パフォーマンス向上につながるものだということは実証されている。しかし、エリート選手にとってクロストレーニングが効果的であるという科学的なエビデンスはない。パフォーマンスのレベルが高いほど、トレーニングの特異性の原則がもつ意味は大きくなるようだ。ただ最近10年ほどは、特にケガの既往歴のある選手を中心として、有酸素性のクロストレーニングを日常のトレーニングに取り入れるエリート選手が増えている。

　したがって、ランナーの大多数は、クロストレーニングによって全体のトレーニング量が増えれば、パフォーマンスが向上すると考えられる。しかし、ランニングの走行距離を増やしたときには及ばない。この事実が、距離を踏むか、それともケガをしないでいるか、というジレンマを生むのである。走る量を増やせばパフォーマンスもたしかに向上するが、ケガのリスクも同じく高まる。マラソンランナーの課題は、ケガのリスクがいきなり増えることのない範囲で走行距離をできるだけ増やし、このジレンマを解くことである。結局のところ、ケガによるトレーニングの中断もなく、着実にトレーニングを積むことができれば、回復走を増やすよりも、はるかにパフォーマンスは高まるのである。

　ランニングに運動パターンがわりと近く、ランニングパフォーマンスの向上につながると考えられるクロストレーニングは、自転車、ディープ・ウォーターランニング、クロスカントリースキー、エリプティカルトレーナーまたはエリプティカルバイクの4つである。マラソンランナーにとって、この4つにはどんなメリットがあるのだろうか。これから種目ごとに検討していこう。そのあとは、水泳についても触れる。水泳はランニングと動きは似ていないが、心血管系に効く非常によい全身運動である。

自転車

　自転車のトレーニングにはさまざまな選択肢がある。屋外で走行するだけではない。ローラ

一台に自転車を乗せて室内で走ってもいいし、自宅やジムでエアロバイクを使ってもいい。自転車のメリットは、心血管系に働きかけるいっぽうで、ランニング障害のほとんどの原因である衝撃はまったくないということにある。したがって、サイクリングをトレーニングに取り入れても、ランナーにありがちなケガを引き起こすリスクはほとんどない。他のクロストレーニングと比べても、自転車にはランニングと同じように長距離の移動ができ、風を肌で感じられるというメリットがある。

反対に、自転車のデメリットには、車との衝突など交通事故のリスクがあること、ランニングより時間がかかること、そしてランニング時のストライド長が短くなることが挙げられる。交通事故は大いにあり得ることで、心血管系の能力は高いが自転車の技術はないというランナーだと、なおさらリスクは高くなる。交通量の少ない道なら自転車はいいクロストレーニングになるが、自転車専用道路のない市街地以外に走る場所がないという人は、退屈であっても家の中でバイクトレーニングを行うほうがいいだろう。

室内のバイクトレーニングは、意外にもかなり充実した練習になる。信号や車といった障害や危険性がないので、練習に集中することができるからだ。ケガをしているときでも、室内のバイクトレーニングでLTや$\dot{V}O_2max$といった高強度のトレーニングを行うことは可能である。長期の故障で何週間もバイクトレーニングをしなければならいような場合でも、ワークアウトアプリやシミュレーターにはさまざまな種類があるので、充実した時間を過ごすことができる。

ランニングと同等の練習を自転車でするには、ランニングの3倍の距離を走る必要がある。しかし、回復走の主な目的は筋肉内の血流量を増やすことであるから、30分の回復走の代わりに自転車に乗るのなら、45分で十分である。

また、自転車は同じ動きの繰り返しが非常に多く、動作範囲も狭いので、ストライド長が短くなるリスクもある。このリスクを最小限に抑えるには、バイクトレーニングのあとに数分間、きびきびとした動きでウオーキングを行うことだ。そしてそのあとに、ハムストリングス、大腿四頭筋、股関節屈筋のストレッチを行う。このほか注意したいのは、ギアは軽くして、ケイデンス（回転数）は最低90rpm（回毎分）をキープするということだ。そうすれば、自転車がランニングの脚の回転に影響することはない。

ウォーターランニング

やっかいなことに、ランニング障害のなかには、クロストレーニングの種目によっては悪化するものもある。しかしウォーターランニングは、どんなランニング障害であっても、たいていの場合は安心して行えるクロストレーニングである。フローティングベストを着用してディープ・ウォーターランニングをすれば、かなりよいトレーニング刺激になる。しかも、たいていのクロストレーニングよりも、動作が地上のランニングに近い。ウォーターランニングは脚、体幹、腕を動かす全身運動であり、心血管系にいい意味でのストレスを与える（訳者注：ディープ・ウォーターランニングは、胸の上まで水に浸かって行うウォーターランニングである。『ランニング解剖学第2版』にトレーニング方法が詳しく紹介されている）。

ディープ・ウォーターランニングについては、これまでにさまざまな研究が行われ、有酸素性能力、LT、ランニングエコノミー、タイムトライアルでのパフォーマンスを、少なくとも6

©Mike Ehrmann/Getty Images

ウォーターランニングは故障中でも安心して行えるクロストレーニングである

第①部
マラソン
トレーニング
とは何か

第❶章
マラソンに
必要な条件と
トレーニング

第❷章
栄養摂取と
水分補給

第❸章
トレーニングと
回復の
バランス

第❹章
補助的
トレーニング

第❺章
年齢（と分別）
を重ねた
ランナーの
トレーニング

第❻章
ベスト
パフォーマンス
のための
テーパリング

第❼章
レース当日の
戦略

第②部
マラソン
トレーニング
プログラム

第❽章
プログラムの
実施

第❾章
週89kmまで
のマラソン
トレーニング

第❿章
週89～
113kmの
マラソン
トレーニング

第⓫章
週113～
137kmの
マラソン
トレーニング

第⓬章
週137km
以上の
マラソン
トレーニング

第⓭章
マラソンの
連戦について

週間維持できることが証明されている。これは、過去30年以上ランナーが体験してきたことの証明である。つまり、ケガをしているあいだもウォーターランニングをしていれば、体力を維持し、レースができる状態にすぐに戻れる、ということが裏打ちされたのである。

　ウォーターランニングの技術については、意見が分かれる。地上のランニングにできるだけ近い動きをすべきと主張するコーチもいる。たしかにそうできれば理想的ではある。しかしいちばん大事なのは、トレーニング強度をできるだけ高い状態に保つことだ。そうするには、本来のランニングフォームを若干変える必要も出てくるだろう。つまり、水の中でスプリンターのように腕と脚を力強く動かすことになる。

　ランニングフォームに関係なく、水中では、脚のストライド頻度（ピッチ）が水の抵抗によって遅くなる。地上のランニングフォームを忠実に再現しようとすると、さらにストライド頻度は落ちる。したがって、後ろに蹴りだした脚が地上と同じような角度にならなくても、気にすることはない。許せる程度のフォームと妥当なストライド頻度とのあいだで、うまく折り合いをつけられれば、それでよい。

　選手のなかには、ウォーターランニングをするときに前方に進み、（非常に遅いペースではあるが）プールを何往復もする人もいる。前に進むか、ほぼ移動しないかの差は、わずかな姿勢の違いである。ウォーターランニングで気をつけるのは、ほぼ真っすぐの姿勢を保つことである。真っすぐな姿勢だと体幹の筋肉に効かせることができる。こうすると水中を進むといっても、ほんのわずかだ。

　ウォーターランニングでは、地上のランニングほど心拍数を上げることはできない。ストックホルムのカロリンスカ研究所では、通常のランニングとウォーターランニングを比較したところ、同じ酸素摂取量での心拍数は、ウォーターランニングのほうが8～11bpm低いことがわかった（Svedenhag and Seger 1992）。この研究では、オールアウトの強度でも比較

したが、その場合も、最高心拍数の平均は、ウォーターランニングのほうが16bpm低かった。ウォーターランニング時の心拍数が低い主な理由は、身体にかかる水圧にある。水圧によって心臓に戻る血液量が増え、1回拍出量が増えるからである。

　おおよその目安として、ウォーターランニングでの心拍数は地上のランニングの90％と考えると簡単だ。例えば、ウォーターランニングで心拍数が140bpmに達したら、それは大体156bpmの地上のランニングに相当する。さらに、ウォーターランニング時の心拍数は水温にも影響を受ける。水温が低いと心拍数は比較的低く、水温が高いと心拍数も高くなる。面白いことに、いくつかの研究によって、女性のウォーターランニング時の心拍数は男性に比べてわずかに低く酸素消費量も少ないことがわかった。これは女性の体脂肪率が男性よりも高く、その結果、浮力が大きくなるためだと考えられている。

　カロリンスカ研究所の研究では、一定の心拍数あるいは酸素消費量におけるウォーターランニングの主観的運動強度は、通常のランニングよりも高い、ということも判明した。言い方を変えれば、水中運動で効果を挙げるには、地上のランニングよりもきついと感じる程度でなければならない、ということである（心拍数140bpmで水中運動を行っているときの主観的運動強度が、心拍数156bpmで地上を走っているときの主観的運動強度よりもはるかに高いことは、経験からもわかる）。

　したがって、ケガのために地上のランニングをウォーターランニングに代える場合は、インターバルトレーニングに力を入れる必要がある。一定ペースで行うウォーターランニングだけだと、体力を維持するには強度不足である。しかしインターバルトレーニングなら心も身体も一息つけるため、より激しい運動が可能になり、非常にいい練習になる。さらに、インターバルトレーニングには、時間が比較的速く過ぎるように感じるというメリットもある。その点、終始一定ペースで行うウォーターランニングはひどく退屈である。40分の一般的なエクササイズとしては、5分ウォーミングアップ、中強度の急走45秒×10（休息15秒）、休憩1分、再び中強度の急走1分40秒×10（休息20秒）、クーリングダウン4分、という構成が考えられる。もっときつい50分のエクササイズにするには、例えば、5分ウォーミングアップ、中強度の急走1分40秒×10（休息20秒）、休憩1分、高強度の急走2分30秒×6（休息30秒）、クーリングダウン6分、という構成にすればよい。マラソントレーニングの一環として回復日にウォーターランニングを行う際も、ある程度の練習効果を得るには、近所をごく軽くジョギングするときよりも高い強度を保つよう、気をつける必要がある。

クロスカントリースキー

　クロスカントリースキーは唯一、ランニングで得られる心血管系の効果と同等か、あるいはそれを若干上回る効果のあるクロストレーニングである。クロスカントリースキーでは全身を使うため、心血管系に対する効果がきわめて高い。$\dot{V}O_2max$の最高値をクロスカントリースキーの選手が記録したこともあるほどである。ニューイングランド州、ニューヨーク州北部、コロラド州、ミネソタ州のランナーたちは、冬場はクロスカントリースキーをしているが、目先の変わった楽しい練習になるだけではない。道路コンディションが危険なときでも練習をこなさなければならないというストレスを、クロスカントリースキーは減らしてくれるのだ。

クロスカントリースキーは、やり方さえ知っていればクロストレーニングとして申し分ない。しかし、クロスカントリースキーもまたスキルが必要な種目である。ランナーとしてかなりトレーニングを積んでいても、クロスカントリースキーの経験がない人、あるいは腕と脚とがうまく連動しない人は、運動効果が表れるほど速く、長く滑ることはできないかもしれない。しかし、2、3週間もすれば慣れて効率的にスキーを扱えるようになり、1時間や2時間は、あっという間に過ぎてしまうようになるだろう。クロスカントリースキーのマシンもいいトレーニングの1つではあるが、雪の中を滑走する楽しさにはかなわない。

ステアクライマー、エリプティカルトレーナー

エリプティカルトレーニングは、心血管系の向上には非常に有効な運動である。室内でエリプティカルトレーナー（訳者注：ランニング時に足が描く楕円の軌道を再現するマシン。自転車の立ち漕ぎのような運動で、上肢と下肢が連動する）を使ってもいいし、屋外でエリプティゴのようなエリプティカルバイクに乗ってもいい。エリプティカルトレーニングは、ランニングに近い運動パターンで脚や股関節を動かせるだけでなく、上半身も鍛えられる。しかも衝撃は比較的少ないため、さまざまなランニング障害からの回復期に行うことができる。また、ケガをしていないときでも、回復走や有酸素走の一部の代わりになる。メブ・ケフレジギが現役時代の後半にエリプティゴを使ったのは、こうした目的のためである。「30代後半にしてボストンマラソンで勝てたのも、40代前半でオリンピック代表になれたのも、エリプティゴのおかげだ」と彼は言う。エリプティカルバイクはLTトレーニングや坂道インターバルとしても使える。これも、補助的トレーニングとしてエリートランナーのあいだで急に人気が高まった理由の1つである。

©Mike Ehrmann/Getty Images

メブ・ケフレジギをはじめエリートランナーのあいだでエリプティカルバイクの人気が高まっている

水泳

　水泳は楽しく行えるクロストレーニングである。心血管系に有効でありながら、ランニングのような衝撃によるストレスは、まったくない。ある程度の運動量をこなすにはスキルがいるが、ランニング一本やりという人でも、少し指導を受けるかオンライン動画でテクニックを学ぶだけで、すぐにプールで1時間程度の練習ができるようになる。50〜200m程度のスイミングを繰り返せば、心血管系に働きかけることができ、運動を区切ることで有酸素性のトレーニングをより多く積み重ねることができる。泳ぐときは、泳法を2つ以上にすること。例えば、ほとんどの時間はクロールで泳ぐとしても、定期的に平泳ぎや背泳ぎを織り交ぜれば、バリエーションが加わって気分転換にもなり、1つの筋肉だけが疲労するのを防ぐことができる。水泳は他のクロストレーニングと違ってランニングと動作は似ていないが、トレーニングのほとんどをランニングが占めているのなら、その一部を動きの違う水泳に代えても特に問題はない。水泳をしても、ランニング障害のリスクが高まることはない。回復を促進し、有酸素能力を向上させるには、よい方法である。

　本章ではクロストレーニングの種目をいくつか検討したが、クロストレーニングとは、第1章から第3章で説明したマラソントレーニングでしっかりとした基盤を作ったうえで行うものだ。第1章から第3章までに紹介したマラソントレーニングの原則は、マラソンランナーすべてにあてはまるものである。しかし、その原則をどう適用するかは、年齢とともに変わる。次章では、40歳を過ぎたランナーのトレーニングを取り上げる。年齢に適応すること、そして意欲的なトレーニングを行い高い目標を持つこと。この2つのバランスをどうやってとるべきかを検討する。

©Sydney 2009 World Masters Games via Getty Images

第①部
マラソン
トレーニング
とは何か

第❶章
マラソンに
必要な条件と
トレーニング

第❷章
栄養摂取と
水分補給

第❸章
トレーニングと
回復の
バランス

第❹章
補助的
トレーニング

第❺章
年齢（と分別）
を重ねた
ランナーの
トレーニング

第❻章
ベスト
パフォーマンス
のための
テーパリング

第❼章
レース当日の
戦略

第②部
マラソン
トレーニング
プログラム

第❽章
プログラムの
実施

第❾章
週89kmまで
のマラソン
トレーニング

第❿章
週89～
113kmの
マラソン
トレーニング

第⓫章
週113～
137kmの
マラソン
トレーニング

第⓬章
週137km
以上の
マラソン
トレーニング

第⓭章
マラソンの
連戦について

年齢（と分別）を重ねた ランナーのトレーニング

本章では、エイジングとランニングパフォーマンスについて考察し、健康を維持しなが ら意欲的に結果を求め続けていくにはどうするべきか、現実的な提言をしたい。しか し本章に書いたアドバイスも、スポーツ科学、エリート選手の事例、筆者のランナー・ランニ ングアドバイザーとしての個人的な経験を総合したものを基礎としており、その点については、 他の章と変わりはない。

　中高年ランナーといっても実にさまざまである。ランニング歴、バックグラウンド、ケガの 既往歴は人それぞれだ。55歳、マラソン完走30回、腰痛の履歴があるランナーに適したト レーニングと、40歳のマラソン初心者のトレーニングとでは、大きく異なるだろう。両方に共 通するのは、どんなアドバイスもそれぞれのランナーの状況に合ったものでなければならない、 ということだ。

　若いときの記録にどれだけ近づけるか？ それを決めるのは、トレーニング歴（これまでにどれだけハードなトレーニング、理にかなったトレーニングをしてきたか）、生活習慣（最大限に回復できる生活になっているか）、そして遺伝である。現在、すべてのことが本当に正しく行えていれば、パフォーマンスは年とともに徐々に落ちていくだろう。パフォーマンス低下の速度はランナー全体で見ると、1歳年をとるごとに約1％といったところだが、個人差がかなりある。とはいっても、トレーニングや生活習慣のなかに改善できる余地が1つもない、というマスターズランナーは、いまだかつて見たことがない。うれしいことに、トレーニングを見直し、レース目標に適した刺激を身体に与え、睡眠パターンや食事といった生活習慣をいくつか改めれば、年齢に関係なく、パフォーマンスを現在のレベルより高めることはできるようだ。

遅くなるペースを遅くする

　エール大学のレイ・フェア教授（70代にしてマラソンランナーである）とエドワード・カプラン教授は、ランナーの記録を年齢別に検討し、持久走（5kmからマラソンまで）のパフォーマンスの、加齢による低下率を算出した。記録が遅くなっていくペースは、40〜45歳では1年あたりほぼ1％だが、そこから若干上昇していき、65〜70歳では1.3％になる。その後、記録の低下率はさらに着実に、加齢とともに上がっていく。あいにくこれは男性のみのデータだが、女性のマラソンの記録を見ると、加齢による低下率は似たようなもの（40〜60歳で1.3％）である。男性、女性とも、高年齢のグループになると低下率が若干高くなるが、レースに出る高年齢のランナーが少ないという状況が、これに影響していることはたしかである。よって、これから先10年間のデータでは、70歳以上の低下率は今よりも低くなるものと予想される。

　記録の低下率が加齢により上がるとはいえ、老練なランナーは、長いあいだパフォーマンスを維持することができる。では、中高年が抱える4つの問題について検討し、トレーニングや生活習慣をどう変えれば、目標達成を阻む障壁を取り去ることができるのか、見ていこう。

問題1：$\dot{V}O_2max$が低下する

　第1章では、マラソンランナーの特性の主な基準である、$\dot{V}O_2max$、乳酸性作業閾値（LT）、ランニングエコノミーについて検討した。これらのうち、加齢によって最も低下するのが、$\dot{V}O_2max$である。何年間も同じレベルのトレーニングを維持していれば、ランニングエコノミーは比較的一定し、LTも低下の傾向にはあるが、その変化は非常に遅い。それに対し$\dot{V}O_2max$は、経験豊富なランナーであっても、40歳を過ぎればたいてい1年あたり約0.5〜1％低下していく（Brisswalter and Nosaka 2013; Reaburn and Dascombe 2008; Suominen 2011）。

　何がこうも$\dot{V}O_2max$を低下させるのか？ 前にも述べたが、$\dot{V}O_2max$は、酸素を含んだ血液がどれだけくみだされ、どれだけ活動している筋肉に使われるか、ということで決まる。年齢を重ねるにしたがい、最高心拍数は徐々に（1年あたり平均0.7bpm）低下し、筋肉量も減り、1回拍出量も減少傾向になる。これはつまり、活動筋に運搬され、利用される酸素の量が減る、ということである。

第①部
マラソン
トレーニング
とは何か

第❶章
マラソンに
必要な条件と
トレーニング

第❷章
栄養摂取と
水分補給

第❸章
トレーニングと
回復の
バランス

第❹章
補助的
トレーニング

➡ 第❺章
年齢（と分別）
を重ねた
ランナーの
トレーニング

第❻章
ベスト
パフォーマンス
のための
テーパリング

第❼章
レース当日の
戦略

第②部
マラソン
トレーニング
プログラム

第❽章
プログラムの
実施

第❾章
週89kmまで
のマラソン
トレーニング

第❿章
週89～
113kmの
マラソン
トレーニング

第⓫章
週113～
137kmの
マラソン
トレーニング

第⓬章
週137km
以上の
マラソン
トレーニング

第⓭章
マラソンの
連戦について

どう対処すべきか 　たしかに最高心拍数の低下も$\dot{V}O_2$max低下の要因の1つではある。しかし、ランナーは年をとるにつれて、高強度のランニングをしなくなる傾向にある。これが、$\dot{V}O_2$max低下の原因としては大きい。年齢とともにトレーニングのパターンが少し変わっただけでも、$\dot{V}O_2$maxは低下する。よって、$\dot{V}O_2$maxに特化したトレーニングをマラソントレーニングに取り入れて、この低下を食い止めなければならない。本書のトレーニングスケジュールには、5kmのレースペースで2～6分間走る高強度の練習があるが、これは$\dot{V}O_2$maxを向上させる刺激を身体に与えるためのものである。

　もし、最近この種のトレーニングをしていなければ、第9～12章で紹介する12週間スケジュールや18週間スケジュールのトレーニングを始める前に、$\dot{V}O_2$max強度の練習を取り入れるといい。そうすれば、そのあとに行うマラソントレーニングがより効果的になる。こうした練習から長いあいだ遠ざかっていた場合は、ウォーミングアップをしっかりと行い、最初の何回かは、急走の繰り返しを少なくすること（例えば1,200m×6のところを1,200m×4にする）。

問題2：身体組成が変化する

　身体組成とは、体内にどれだけの筋肉量があるか、また、どれだけの脂肪を蓄えているか、といったことである。筋肉質で体脂肪の少ない身体を維持するのが年々難しくなるように思えるのだとしたら、それは事実、難しいからだ。筋肉が徐々に減り、体脂肪が増えていくという傾向が始まるのは、30代からである。

　このように身体組成が変化する原因の1つは、男女ともホルモンの変化にある。ホルモンの変化により、筋肉量の維持が難しくなり、脂肪がつきやすくなるのである。成長ホルモン、テストステロン、エストロゲンの減少が、筋肉量が減る主な内的要因である。男性のテストステロン値が低下すると、リポ蛋白リパーゼという酵素が脂肪の貯蔵を増やす。女性も、閉経後のエストロゲン値低下により、脂肪の貯蔵が増える傾向にある。こうした変化の結果は、ある年に突如として顕在化するのではなく、時間を経るにつれて表れていく。そのため、例えば60歳になったときに40歳のころを振り返ると、劇的な違いを感じる（そして容貌も変わっている）というわけである。

　筋肉量の減少には、トレーニングの傾向も影響する。年配のランナーの多くは高強度の運動を控えてしまう。持久性のトレーニングは良好な健康状態の維持にはよいが、筋肉量の維持という点では、残念ながらあまりよろしくない。年をとると、特に速筋線維は萎縮する傾向にある。定期的にランニングをしていても、この現象は脚の筋肉に起きる。ただその生じる速度が運動不足の友人たちに比べて遅いというだけのことである。筋肉量の減少は、筋力、筋パワー、そして$\dot{V}O_2$maxの低下へとつながる。

　安静時代謝量もやはり低下する傾向にある。これは自然な老化プロセスと筋肉量の減少傾向によるものだ。よって、ゴロゴロしているだけでは、燃焼するエ

どう対処すべきか 　ネルギーは減るいっぽうである。

　この問題に関しては、二段構えのアプローチがベストだ。つま

り、筋肉量を維持し、さらには増やしていこうとするアプローチと、体脂肪が増えるのを遅らせるアプローチの両方をとる、ということである（この2つのアプローチには、重なる部分もある）。

年をとっても筋肉量を維持するには、意識して筋力トレーニングを行う必要がある。この場合の筋力トレーニングには、レジスタンストレーニングを行う方法と、抵抗力に逆らって走る方法（速いランニングや坂道走）が考えられる。レジスタンストレーニングには、筋肉が増えるというメリットだけでなく、成長ホルモンとテストステロンの分泌を刺激するという付加的な効果もある。このあとにも述べるが、タンパク質を適正に摂取すれば、こうした筋肉を増やすトレーニングのバックアップになる。

いっぽう、体脂肪を減らす（あるいはそのまま維持する）というアプローチには、運動で燃焼するエネルギーと食事から摂取するエネルギーという2つのファクターが関係する。年をとるにしたがい走る距離が減っていけば、ほかの形で運動をするなり、食事を変えるなりしないと、脂肪が身についてしまう。しかし、高強度の練習をすれば、運動後余剰酸素消費（EPOC）により、練習後もエネルギーは燃焼され続ける（つまり、$\dot{V}O_2$maxインターバルなどの高強度の練習後は、代謝率が上がったままだということである）。

エネルギーバランスに関しては、もう1つ別のファクターがある。それは、ランニング以外の時間をいかに活動的に過ごすかということだ。専門家のなかには「アクティブカウチポテト」という言葉を使う人がいる。これは、計画したトレーニングを実施する以外は、おおかたの人と同じように動かない人のことを指す。この現象は年齢とともに増える。日々の仕事にとられる時間が多くなると疲労も増し、なるべく座っていたほうがいいと思ってしまうのである。ランニングに適した体重の維持が難しいという人は、1日をもっとアクティブに過ごしてみてはどうだろう。例えば、暇をみつけては歩いて脚を動かしたり、仕事の休憩時間に自重エクササイズを少しやってみたりする。また、第4章のレジスタンストレーニングも、筋肉をつけると同時にエネルギーの燃焼にもなる。アクティブに過ごさなければならないという状況は、筋力トレーニングを行う恰好の動機づけにもなる。

第2章でも述べたとおり、質のよい食事は、トレーニングに十分に適応するための、お膳立てをしてくれる。そして質のよい食事は満足感につながるため、食べすぎを抑えることができる。とはいっても、食べる物はすべてカロリーを計算しろ、だとか、栄養価にこだわれ、という意味ではない（筆者の好物は自家製のアイスクリームだ）。ただ、せっかくトレーニングでつらい運動をしたのだから、その効果を最大限に得られるような食事にしてはどうか、ということだ。バランスのとれた食事をとり、過度に加工された食品を控えれば、安静時代謝量が落ち、ホルモンが変化するような不利な状況にあっても、トレーニングを身体に吸収させ、体脂肪レベルを維持できるようになるはずである。

問題3：ストライド長が短くなる

ランニングの速度はストライド長とストライド頻度（ピッチ数）で決まる。パフォーマンスが加齢によって落ちる理由を理解するには、この2つのパラメータがどう変化するのか考えてみるといい。ストライド頻度は年をとっても、ほとんど変わらないことが多い。しかし、スト

ライド長は狭まる傾向にあり、大幅に短くなってしまうことさえある。

　ではなぜ加齢によってストライド長は短くなるのか？　研究者がまず指摘するのは、足首のパワー低下だ。これによって推進力も低下するというのである。足首のパワーが低下する理由は、筋力の低下、ミトコンドリアの機能低下、腓腹筋・ヒラメ筋に存在する神経ニューロンの数の減少にあると思われる。腓腹筋とヒラメ筋は、アキレス腱を介して踵骨に付着しているため、この重要なアキレス腱の弾性が低下することでも、ストライド長は短くなると考えられる。

どう対処すべきか　　年配のランナーがストライド長を維持するには、足首のパワーをさらにつけることだ。そうすれば、パフォーマンスの落ち込みを抑えることができる。足首のパワーをつけるには、腓腹筋とヒラメ筋の筋持久力と伸張－短縮サイクルの効率を向上させる。そして、そのためには、ある特定のランニングトレーニング、ふくらはぎを強化するエクササイズ、ふくらはぎとアキレス腱の伸張－短縮サイクルを使うエクササイズを行う（それぞれ第4章のステップアップ、カーフレイズ、ランニングフォームドリルを参照）。第4章で紹介した「ベントレッグ・カーフストレッチ」「ストレートレッグ・カーフストレッチ」も、足首の柔軟性を向上させる。

　足首のパワーをつけるランニングトレーニングには2種類ある。1つめは、坂道走である（第1章と第4章で解説した。トレーニングスケジュールにも登場する）。この練習では、緩やかな上り坂を駆け上がるために、ふくらはぎの筋肉を使う。2つめはウィンドスプリントである（これも第1章とトレーニングスケジュールに登場する）。これはフラットな場所で行い、力強く加速する。ほかの場合も同じだが、このような練習を増やすときは、ケガをしないように気をつけよう。まずは少しずつから始めて、段階的に増やしていくことが必要だ。

©Sydney 2009 World Masters Games via Getty Images

少しの改善で、年配ランナーも今までと同じように上を目指すことができる

問題4：回復にかかる時間が増える

　ハードな練習やレースによる筋肉のダメージや疲労は、若い頃に経験したものと似ていることもある。しかし、当然ながら、年配ランナーの大多数は、回復に時間がかかるようになったと感じる。

　回復にかかる時間が長くなることについては、十分には解明されていない。しかし、ホルモン値は大きく関わっている。筋線維や腱の修復は、ヒト成長ホルモン、テストステロン、エストロゲンといったさまざまなホルモンにより制御されている。加齢によりホルモン値が低下すると、筋肉の修復と再生は遅れる。また、長年のランニングによって筋肉と結合組織に蓄積した瘢痕組織が、次のハードな練習に向けた回復を遅らせるとも考えられる。

　どう対処すべきか　回復を早める方法には、2つのアプローチがある。1つめは、速く回復する能力を高めるために、どんなに小さなことも適正に行うこと。そして2つめは、重要な練習の前後の回復時間を長くとれるように、トレーニングを変えることである。この2つを順に見ていこう。

　まず、年配のランナーには第3章の回復に関する記述をよく読んでほしい。トレーニング、ストレッチ、食事、睡眠などにおいて、理想的とは言えない選択をするとどうなるか。20代後半のときよりもはるかに大きな犠牲を払わなければならないということは、身に染みてわかっているはずだ。我々筆者としては、中年になっても、そして中年を過ぎてもマラソンランナーとして高いところを目指し続けたい、という人には、本当に頭が下がる思いだ。若いランナーが無視しがちな、走る以外の練習も根気よく続け、目標達成の可能性を最大限に高めてもらいたい。

　生活習慣を変えて回復を早める方法はいくつか考えられるが、なかでも特に効果があるのは、質の高い十分な睡眠と食事の改善である。第3章で説明したとおり、睡眠の質と量は回復能力に影響する。質の高い睡眠がとれないと、オーバートレーニングになったり、トレーニングにプラスに適応することができなくなったりする。もちろん、十分に睡眠をとることは、どんなランナーにとって大切だが、年配のランナーにとっては特に重要だ。質の高い睡眠を十分にとれば、成長ホルモンとテストステロンの分泌が増える。これには、身体が回復する、筋肉が増える、脂肪の少ない身体組成が維持できる、トレーニングの効果がまんべんなく得られるといった、さまざまな効果がある。では質の高い睡眠はどうしたら十分に確保できるのか。それについては、第3章のコラム「眠りの質が高まれば、走りの質も高くなる」を読んでもらいたい。

　食事に関しては、若いときなら許されたような間違いも、年配のランナーには禁物だ。練習後に燃料補給をすること、十分にタンパク質を摂ること、走ったあとは水分補給をすること、アルコールの過剰摂取を控えることが、食事で注意を払うべきポイントである。第2章、第3章で述べたとおり、ハードな練習やレースのあとすぐに燃料補給をすれば、回復を早めることができる。これは、年配のランナーにとって特にためになることだ。アメリカ人のほとんどは、身体が必要とする以上にタンパク質を摂っているが、年を重ねるとタンパク質の必要量は若干増える。年配のランナーは、自分が十分にタンパク質を摂れているか確認すべきだ。しかし、それは筋肉の修復のためだけではない。高強度のトレーニングにウエイトを置いているときは、

筋肉をつけるためにも、摂取量が足りているか、気をつけなければならないのである。

　第1章や第2章でも説明したが、ランニング中に脱水が生じた分だけ水分を補給すれば、回復は促進される。しかし渇きに対する感度は年をとると鈍る傾向にあるため、練習後の水分補給状態にも若干注意が必要になる。年配のランナーにとってアルコールは味方にならない。なぜならアルコールを摂取すると、脱水につながるだけでなく、睡眠を阻害し、エンプティカロリーにもなるからである。さらに、肝臓にも影響を及ぼすため、回復も遅れる。ベテランシリアスランナーを自称するなら、アルコール摂取は最小限にとどめたほうがいい。

　ハードな練習やレースからの回復が遅くなる問題にどう対処するか。もう1つのアプローチはトレーニングの変更である。ランナーには誰でもイージーな日が必要だ。重要な練習をしたあとは、楽な練習の日を設け、さらにハードな練習の効果を得る準備をしなければならない。しかし、年配ランナーの場合は、回復日をさらに増やすか、回復日の内容を変える必要が出てくるかもしれない。

　もし、第9章から第13章にかけて紹介するトレーニングスケジュールがきつすぎたら、（準備不足になるリスクもあるが）ハードな練習をいくつか省略するなり、トレーニングプログラムの期間を何週間か延長するなりして、調整をしてもよい。例えば、18週間スケジュールで行うハードな練習を、20〜21週間かけてこなしたり、12週間スケジュールを14〜15週間に延長したりしてもよいのである。このようにすれば、マラソンに必要な練習の量は変わらないまま回復日が増えるため、トレーニングを適応可能な範囲にとどめることができる。とにかく、ハードな練習のあいだの回復日を増やすことだ（回復日の内容としては、ランニング、クロストレーニングあるいは休養が考えられる）。マスターズランナーのあいだでは、クロストレーニング（自転車や第4章で説明したエリプティカルトレーニング）をしたり、単純に完全休養の日を若い選手より増やしたりする方法が主流だ。

　しかし、なかには十分に回復するために、1週間という概念を8〜9日間に拡大する人もいる。ただしこの方法は、多くのランナーにとっては、実行しづらい。まず、このやり方だと1人でトレーニングすることが多くなる。ランニング仲間に、日曜はロング走、火曜はトラックという、従来のパターンを変えてもらうことは期待できない。次に、一般的なスケジュールで仕事をしていれば、すぐに不都合が生じる。例えば1週間を9日にすると、水曜日の朝、仕事前に35km走らなければならい、という事態になりかねない。年配の読者からいただいた意見では、トレーニングスケジュールの週の数を増やす方法がいちばん好まれているが、それにはこういった現実的な理由がある。

ベテランランナーが目標を達成するための、その他のキーポイント

　ベテランランナーとして目標を達成し、望みを叶える。その可能性を高めるために必要なキーポイントとは、入念に計画をすること、賢明な判断を下すこと、そして自分を律することである。入念に計画するということは、自分の身体がどれだけの負荷に対処できるかということを知り、その能力に合ったトレーニングの調整ができる、ということだ。適切なシューズを履く、必要に応じてオルソティック（訳者注：矯正用インソールなどの装具）を身に着ける、といったことも、入念な計画の1つである。ランニング専門店に行くにしても、ランニングの経

（p.135に続く）➡

第①部
マラソン
トレーニング
とは何か

第❶章
マラソンに
必要な条件と
トレーニング

第❷章
栄養摂取と
水分補給

第❸章
トレーニングと
回復の
バランス

第❹章
補助的
トレーニング

第❺章
年齢（と分別）
を重ねた
ランナーの
トレーニング

第❻章
ベスト
パフォーマンス
のための
テーパリング

第❼章
レース当日の
戦略

第②部
マラソン
トレーニング
プログラム

第❽章
プログラムの
実施

第❾章
週89kmまで
のマラソン
トレーニング

第❿章
週89〜
113kmの
マラソン
トレーニング

第⓫章
週113〜
137kmの
マラソン
トレーニング

第⓬章
週137km
以上の
マラソン
トレーニング

第⓭章
マラソンの
連戦について

レベッカ・トラクセル Rebecca Trachsel

自己最高記録：2時間59分12秒
主な戦績：43歳のとき、22回目のマラソンで初サブ3を達成

©Courtesy of Mohawk Hudson River Marathon

身体的なピークはもう過ぎただろうというときに、人はどれくらい速くマラソンを走れるだろうか？　それはやってみなければ、わからない。これを身をもって示したのが、レベッカ・トラクセルだ。

2018年、マサチューセッツ州のベイステートマラソン。レベッカ・トラクセルは、43歳で迎えた22回目のマラソンを2時間59分12秒で走り、長年の目標であった3時間切りを果たした。トラクセルは、これを習慣のなせる業だと言うが、彼女が実践しているその習慣は、レベルを問わずマスターズランナーの誰にとっても、ためになるものである。

トラクセルは、高校から大学にかけては、競技選手として走っていた。コルゲート大学卒業時点での5,000mの自己最高記録は18分21秒である。慢性的なケガに悩まされ、精神的にも燃え尽きた彼女は、それから2、3年、走ることからは遠ざかった。その後ランニングを再開したが、それはあくまで健康のためであった。しかし2001年、故郷のマサチューセッツ州に戻るころには、ほぼ毎日走るようになっていた。26歳でハーフマラソンを1時間40分「くらい」（正確なタイムを覚えていないらしい）で走ったとき、いつかボストンマラソンを走ろう、という気になったと言う。しかしその目標は、家庭を持ち、長女と次女をそれぞれ2004年と2007年に出産すると、いったんは棚上げになった。

彼女は2007年、32歳のときに、ベイステートマラソンで初めてのマラソンを走った。「何をしたらいいのか、まったくわからなかったわ」と、トレーニングについて彼女は語る。「すべてが知らないことばかり。GUが何かも知らなかったのよ」（訳者注：GUとは、GU社製のエナジージェルのこと）。彼女は週に1回、長めに走ることはしていたが、高校や大学で慣れ親しんだはずの速い練習はしなかった。初めてのマラソンでは29kmで壁にぶつかったものの、なんとか持ちこたえ3時間39分で完走。これはボストンの参加標準タイムより1分速いタイムである。そのボストンマラソンには2009年に出場し（2008年はケガのためエン

トリー取りやめ）、3時間31分でフィニッシュした。その後も2年続けてボストンを走ったが、大幅に記録を更新することはなかった。ボストンはコースも難しく、年によっては荒天に見舞われることもある。彼女はボストンの厳しい条件を避けて、他のレースに挑戦することにした。

その後は、理に適ったトレーニングを着々とこなし、自己ベストは3時間16分にまで伸びた。「もうマラソンはやめようという気持ちと、まだもっと上に行ける、という気持ちのあいだで何度も揺れたわ」と彼女は言う。そこでフィラデルフィアを拠点に活動するローウェル・ラッドに、リモートでの指導を仰ぐことにした。今もその指導は続いている。「洗脳されたようなものね。すべてをマラソンに賭けてみようと思ったわ。他の距離のレースにも出ていたけれど、マラソンの3時間切りにどれだけ近づけるか、試すことにしたの」。

最終的に3時間切りを果たすまで、トラクセルは8つのマラソンに出場した。あるときは3時間00分16秒。そして2017年には、途中、トイレに寄って3時間00分07秒。まさにあと一歩というレースが続き、複雑な気持ちにさせられた。目標まではあと少しだ。でももう40代。ハードなマラソンは、あとどれだけできるだろう。自己ベストはあと何回更新できるだろう。「もし長い休みをとったら、自分の年で復帰するのは相当難しくなると思った」とトラクセルは振り返る。「コーチは、『君の身体はまだできると言っている。だから狙う気持ちがまだあるなら、とにかく続けてみよう』と言ってくれたの」。

2018年の夏、トラクセルは毎週70マイル（約112km）を走り込んだ。これは高強度のテンポランニングやインターバルトレーニングも含んだ距離である。30代のころは、こうはいかなかった。毎日のように疲労が残り、日常の活動さえつらいこともあった。しかも、大それたトレーニングをしていたわけではない。この違いは年齢に合わせたトレーニングの調整にある、と彼女は言う。

まず、彼女は40代の初めにスポーツ栄養士からアドバイスを受けた。「献立からやり直しだったわ。毎回の食事で、炭水化物、タンパク質、繊維質、それに栄養補助食品をバランスよく摂る。以前は、タンパク質を毎回十分に摂る、ということをしていなかったから」。トラクセルは、長い練習やハードな練習の終了後30分以内に栄養補給をすることも徹底した。「この2つを変えるだけで大きな違いが出た」と彼女は言う。「今のほうが十分に回復できているのよ」。

トラクセルが何よりも優先しているのは、十分な睡眠をとることだ。「娘たちが大きくなって夜更かしをするようになったけれど、一緒に11時まで起きているなんてことはしないわ。今は私のほうからおやすみのキスをして寝てしまう。それで翌日に24マイル（約38km）走るの」。彼女のハードトレーニングに耐える力は増すばかりだ。それを支えるのは、ランニングのあとほぼ毎回行うストレッチとフォームローリング、週3回のコアスタビリティトレーニング、そして週に数回、ランニングのあとに行う短いフォームドリルの練習である。

「常に頭をよぎるのは、『もしピークに達したら』ということ」。「私の年だと挑戦するチャンスはだんだん減ってくる。そしてその挑戦自体も年々厳しくなってきた。それでもトレーニングやレースに小さな突破口を見つけられると思うから、またやる気がわいてくる。成長し続けるためにできることは、まだまだたくさんあると思っているわ」。

第①部
マラソントレーニングとは何か

第①章
マラソンに必要な条件とトレーニング

第②章
栄養摂取と水分補給

第③章
トレーニングと回復のバランス

第④章
補助的トレーニング

第⑤章
年齢（と分別）を重ねたランナーのトレーニング

第⑥章
ベストパフォーマンスのためのテーパリング

第⑦章
レース当日の戦略

第②部
マラソントレーニングプログラム

第⑧章
プログラムの実施

第⑨章
週89kmまでのマラソントレーニング

第⑩章
週89～113kmのマラソントレーニング

第⑪章
週113～137kmのマラソントレーニング

第⑫章
週137km以上のマラソントレーニング

第⑬章
マラソンの連戦について

健康なマスターズランナーでいるために：スコットのアプローチ

毎年12月になると、私は次の年の主な目標を書くことにしている。四半世紀前、その目標はたいていが、自己ベストを更新するといった類のものだった。今は50代も半ばになったが、まだタイムのうえでも目標があるし、トレイルのウルトラマラソンなどでの完走を目指すことも多い。しかし、メインの目標はここ数年間ずっと変わらない。それは、ケガで走れない日をゼロにすること。この目標に照準を合わせることで、私はランナーとしての今のライフステージに満足している。

私の場合、ある程度の距離を走ることが、心と身体の健康の支えとなっている。年間4,000〜4,800kmくらいが、今の自分にはちょうどいい。しかし、ただやみくもにオドメーターの数字を増やそうとしているわけではない。その距離をできるだけ楽しみたいのだ。つまりは、気持ちよく走りたい、そして自分の走りに満足したい、ということだ。「ケガで走れない日をゼロにする」という目標を立てているのは、そういうわけである。まるでランニング漬けの生活のように聞こえるかもしれないが、そうではない。これが健康を保ついちばんの方法なのだ。

この目標には個人的に意味があるだけでなく、数字で表すことができる。そして、達成までのステップも明確である。よい目標とは、そういうものだ。ケガで休まない、ということは、要するに自分の管理をすることである。私にとってそれは、くたくたになるまでランニングや仕事をしない、適切な食事や睡眠をとる、必要以上に体重を増やさない、走りたいだけ走れる身体を維持する、ということだ。

最後の、走りたいだけ走れる身体を維持する、という点に関しては、こうした目標を持つこと自体が自分にとって本当の支えとなっている。走りたいだけ走れる身体を維持するため、私はほぼ毎日、筋力と体幹を強化し、バランスや動作を改善するトレーニングを行っている。このうち、一部はランニングの直前や直後に、その他は1日を通して行っている。それでも身体に

トラブルが生じることもあるし、走りながら、もう少しスムーズに動けないものかとも思う。そして、いまだにときどき、ケガで走れない日もある（これは、ふだんと同じ動きで走れないと察知したら、走らないことにしているからだ。崩れた動きで走れば、今抱えているトラブルが大きくなるばかりか、それをかばうことによって新たな問題が生じるからである）。そうはだとしても、これまでに17万kmを走ってきた人間にとっては、走らないトレーニングを毎日励行することが、中年になっても途切れることなくランニングを楽しむ鍵なのだ。

もう1つ、ケガで走れない日をゼロにするという目標のために、私が実践しているのは、バラエティに富んだランニングである。つまり、走る距離、強度、走路面、地形に変化をもたせるということだ。私のトレーニングの大部分は、本書の後半のトレーニングスケジュールをそのまま抜き出したようなものである。通常は、ロング走、短い回復走、テンポランニング、インターバルトレーニング、足の回転の練習、有酸素走を織り交ぜたトレーニングを行っている。異なるペースを組み合わせた練習をやめるのは、疲れ、張り、痛みを感じ始めたときである（それは中程度の距離・強度のランニングを何日も連続して行ったときだ）。ふだんからバラエティに富んだ練習をしておくと、おまけもある。タイムや順位などを狙おうとしたときに、組織だったトレーニングの土台がすでにできあがっているのだ。

このコラムを書いた週末、土曜日は26kmを走り、日曜日は8kmと6kmと、2回走った。日曜日の2回目の6kmを走ったのは夕暮れどき、雪の積もった、小川の脇の未舗装の道だ。これは、距離も速度も抑える必要があったがゆえの選択である。走らないエクササイズを毎日のようにすることで、50代後半になっても、そしてそれ以降も、今までと同じように走り続けられるのなら、私は喜んでその道を選ぶ。

スコット・ダグラス

（➡p131より続く）

験が豊富なスタッフのいる店や、トレッドミルを設置している店を選べば、自分のニーズにあったシューズを見つけやすい。そして必要に応じて、日ごろからランナーをよく診ている足の専門医を受診するといい。そうすれば、自分だけのオルソティックを処方してもらえる。また、身体の変化に合わせ、今までとは違うタイプやモデルのシューズを積極的に試してみることも必要だ（例えば、20年前よりもクッションのあるシューズがいい場合もあるかもしれないし、足幅が昔よりも広がっているということも考えられる）。

　賢明な判断を下す、とはどういうことか。それは、身体の発するシグナルに耳を傾ける、ということだけではない。それに応えるベストの方法が、若いときとは違うかもしれないという事実を、受け入れることでもある。20代のころだったら、急にどこかが少々痛くなっても、そのまま走りとおせたかもしれない。今、同じアプローチをとれば、走る前でもあとでも、あるいは走っている最中でも、問題が生じたことがわかる。そして、何週間か前からトレーニングがうまくいっていなかったことにも、思い至るはずだ。年齢を重ねると、こうした状況を切り抜けるときに、大きなミスをすることは許されなくなる。

　用心するということは、重要だ。たいていの場合は、用心しすぎるぐらいでいい。ケガがひどくなりそうだと感じたら（特に長く走るほどひどくなるときは）、自分をごまかしてはいけない。ケガをおして走ろうとすれば、たいてい悪化する。今やめれば1日や2日の休養で済むはずのものが、1週間のトレーニング中断になるかもしれない。ふだんどおりに走れると思うまでは、クロストレーニングにすること。そして、必要に応じて治療を受けること。

　同様に、風邪気味で咳が出るようだったら、雨や雪のなかをわざわざ走るような無理はしないことだ。それよりも家に帰って身体を温め、治るのを待つ。胸部感染症であれば、数週間ろくにトレーニングができなくなることもあり得る。

　ルーティンを調整することも、賢明な判断のうちである。早朝、起きぬけにランニングに出かける日々は、もう過去のものだ（そもそも、その行動がいいというわけではない。その影響が昔よりはるかに大きくなる、ということだ）。もし（ありがちなことだが）、どうしても仕事前に練習しなければならないという場合は、準備の時間を見込んで起床時間を決めること。第4章で説明した動的ストレッチでウォーミングアップをすれば、スタートからよいランニングフォームで走ることができる。反対に、無理やり身体を動かしながら走りだせば、ケガのリスクが高まる。ハードな練習の前も同じである。十分に時間をかけて全身のウォーミングアップをすることが必要だ。

　賢明な判断を下すことと自分を律することには、重なる部分がある。自分を律する、つまり自己規律とは、それが正しい道だとわかっていれば、自分が望むほど楽しくもなく簡単でもなかったとしても、あえてその道を選ぶことを言う。賢明な判断と自己規律がオーバーラップするのはこの点である。柔軟性トレーニング、コアスタビリティトレーニング、レジスタンストレーニングを欠かさず行い、走れる身体の維持に励む。これも、年配のランナーにとっての自己規律である。もし理学療法士やスポーツ医などの専門家から、パーソナルプログラムを処方されていたら、問題がいったん解決したように思えても、それに従う。これもまた自己規律、自分を律するということである。指導者でありランニング関連の著作もある全米マスターズ記録保持者のピート・マギルも言っているが、こんなに四六時中、身体のメンテナンスなどして

第1部
マラソン
トレーニング
とは何か

第1章
マラソンに
必要な条件と
トレーニング

第2章
栄養摂取と
水分補給

第3章
トレーニングと
回復の
バランス

第4章
補助的
トレーニング

第5章
年齢（と性別）
を重ねた
ランナーの
トレーニング

第6章
ベスト
パフォーマンス
のための
テーパリング

第7章
レース当日の
戦略

第2部
マラソン
トレーニング
プログラム

第8章
プログラムの
実施

第9章
週89kmまで
のマラソン
トレーニング

第10章
週89〜
113kmの
マラソン
トレーニング

第11章
週113〜
137kmの
マラソン
トレーニング

第12章
週137km
以上の
マラソン
トレーニング

第13章
マラソンの
連戦について

いる暇はない、と思うなら、早晩ケガをして走れなくなるだろう。

　ベテランランナーとして自分を律するということは、ただ単にケガをしないようにするということではない（ただし、それも十分強い動機にはなる）。第４章のコラムでは、オリンピック出場４回のメブ・ケフレジギを紹介した。彼は毎回ランニングの前後にストレッチをしていたほか、コアスタビリティトレーニングとレジスタンストレーニングをほぼ毎日、ランニングフォームドリルを週に６日、行っていた。さらに、重要な練習に向けて十分に回復するため、時おり短めの回復走をエリプティゴに置き換える、ということもしていた。こうすることにより、彼はケガを予防するだけでなく、40代に入ってもハイレベルのパフォーマンスを維持することができたのである。ケガもせず、力強く走れるようになるとはいえ、ケフレジギ並みに、細部にまでこだわる時間の余裕はないかもしれない。しかし、あくまでも自分の状況のなかで、同じレベルで自分を律することは、できるだろう。

2004年1月、地元の海辺を走るスコット。もう身体にかかる負担を真剣に考え始める年だ

©Bob Martin for London Marathon Events - Pool/Getty Images

第**1**部
マラソン
トレーニング
とは何か

第**1**章
マラソンに
必要な条件と
トレーニング

第**2**章
栄養摂取と
水分補給

第**3**章
トレーニングと
回復の
バランス

第**4**章
補助的
トレーニング

第**5**章
年齢(と分別)
を重ねた
ランナーの
トレーニング

第**6**章
ベスト
パフォーマンス
のための
テーパリング

第**7**章
レース当日の
戦略

第**2**部
マラソン
トレーニング
プログラム

第**8**章
プログラムの
実施

第**9**章
週89kmまで
のマラソン
トレーニング

第**10**章
週89〜
113kmの
マラソン
トレーニング

第**11**章
週113〜
137kmの
マラソン
トレーニング

第**12**章
週137km
以上の
マラソン
トレーニング

第**13**章
マラソンの
連戦について

ベストパフォーマンスの ためのテーパリング

ト レーニングは、レースの成功に欠かせない体力を、長期にわたり高めてくれる。しかし、そのトレーニングのせいで四六時中身体がだるい、ということにもなりがちだ。読者にも身に覚えがあるだろう。しかし前にも記したとおり、この状態はオーバートレーニングとは違う。何週間もマラソントレーニングをするなかで、適度な疲労が残るのは問題ない。本書のトレーニングスケジュールには定期的に回復の週が設定されているが、その目的は、トレーニングで蓄積した疲労を減らすことであり、完全に取り除くことではない。

しかし、レースが近づいたら、十分に休養がとれた状態でレースに臨むために、さらに長い時間をかけて、トレーニングを減らしていかなければならない。最大限にエネルギーを蓄え、体力がピークに達した状態でスタートラインにつくためには、テーパリングが必要不可欠である。トレーニングを続け、できるかぎり最高の状態にすること、そして休んでトレーニングの疲労を取り除くこと。この2つのベストバランスを見つけることが、レース前の数週間の課題だ。パフォーマンスの鍵となるこのバランスをどうとればよいのか。本章ではそのベストの方法を検討する。

テーパリングの効果

テーパリングとは、端的に言えば、トレーニングによって蓄積したダメージを修復することである。具体的に言うと、ランニングエコノミー（一定ペースで走る時に必要となる酸素量）、

筋力、筋パワーの向上がもたらされる、ということだ。第1章で述べたとおり、ランニングエコノミーの向上は、レースペースの向上に直結する。著名な運動生理学者であるティム・ノークス博士によれば、テーパリングをすることで筋肉の衝撃吸収機能が回復するとのことだが、この主張もランニングエコノミー向上の説明になるのではないだろうか。また同博士は、テーパリング期間中に身体が回復することによりレース後半における筋線維の動員が改善される、という興味深い指摘もしている。テーパリングにはこのほか、トレーニングが原因で起きた進行中の微小な筋損傷を修復する、肝臓と筋肉へグリコーゲンを十分に補充する、免疫系を活性化する、といった効果もある。ストレスからの回復を示す現象は、これだけではない。不安が軽減する、ストレスマーカー値がよい方向に変化する（訳者注：例えば、いわゆるストレスホルモンであるコルチゾールの濃度が低くなること）、睡眠が改善される、といったことも挙げられる。テーパリングからどれだけ多くの効果を得られるかは、トレーニングにかけた期間やレベルアップの度合による。また、個人のトレーニングに対する適応能力とトレーニングからの回復能力によっても異なる。

　長距離ランナーのテーパリングについて行われた研究では、パフォーマンスが2、3％向上した例が多い。これはマラソンを3時間で走るランナーの場合、3分30秒〜5分30秒に相当する。テーパリングの潜在的な効果は非常に大きいのである。では、マラソンのレース前、どのように練習を減らせば最も効果があるのだろうか？

適切なテーパリングの長さとは？

　さまざまな距離のレースパフォーマンスとテーパリング期間との関係を調査した研究はいくつかあるが、結論として出された最適なテーパリングの期間は、7日間から3週間である。マラソンに関しては、最低2週間が必要で、3週間あれば理想的だという見解で一致している。テーパリング期間が短すぎるとレースの日に疲労が残り、逆に長すぎると体力が落ちてしまう。どんな練習も、1度行っただけでは体力の向上は1％にも満たないが、テーパリングをうまく行えば、レースパフォーマンスは数％向上することが期待できる。そう考えると、テーパリング期間は不十分なくらいなら、長すぎるほうがよい。マラソンの場合、3週間のテーパリングを適切な計画のもとで行えば、最大限に力を高め、なおかつ十分に回復した状態でレースに臨むことができる。

レースパフォーマンスを向上させる
トレーニングの減らし方とは？

　効果的にテーパリングを行うためには、トレーニング強度を維持しながら走行距離を大幅に減らすことが重要である。これは科学的にも、経験的にも実証されている。走る量を減らせば蓄積疲労が軽減され、レースパフォーマンスは向上する。それと並行して、これまでに行ってきた$\dot{V}O_2max$インターバルやウィンドスプリントといった練習も、引き続き織り交ぜながらトレーニングをする。そうすれば、数カ月間にわたり苦労して得たトレーニング適応を維持することができる（このようなペースの練習は、テーパリング中は短めにするといい。つまり、練習の強度を維持しつつ、量を減らしていく）。このほか、マラソン2週間前の調整レースも勧めたい。これは実戦的な体力に最後の磨きをかける、ポイントとなる練習だ（準備が万全にで

第1部
マラソン
トレーニング
とは何か

第①章
マラソンに
必要な条件と
トレーニング

第②章
栄養摂取と
水分補給

第③章
トレーニングと
回復の
バランス

第④章
補助的
トレーニング

第⑤章
年齢(と分別)
を重ねた
ランナーの
トレーニング

第⑥章
ベスト
パフォーマンス
のための
テーパリング

第⑦章
レース当日の
戦略

第2部
マラソン
トレーニング
プログラム

第⑧章
プログラムの
実施

第⑨章
週89kmまで
のマラソン
トレーニング

第⑩章
週89〜
113kmの
マラソン
トレーニング

第⑪章
週113〜
137kmの
マラソン
トレーニング

第⑫章
週137km
以上の
マラソン
トレーニング

第⑬章
マラソンの
連戦について

マラソン・テーパリングの基本原則

- レース3週間前から始める。
- トレーニングの強度は維持する。
- トレーニングの距離は減らす。
- 回復日はイージーにするか、完全休養にする。

- 適切な食事をとり、十分に水分補給を行って、最大限に回復する。
- 筋肉の硬さは、ストレッチ、理学療法(必要なら)、マッサージ、休養で取り除く。

きたいう自信がつけば、なお理想的である)。

　では、全体的にどれだけ距離を減らすのだろうか。それは、現在のトレーニング量、過去の経験、全般的な健康状態によって異なる(ギリシャの格言ではないが、「汝自身を知れ」ということだ)。一般的に言って、年配のランナーには、若いランナーよりも若干長い期間が必要である。距離の減らし方として、本書では、以下のような方法を推奨したい。これは、今までに行われたリサーチ、トップ選手や指導者とのディスカッション、筆者の経験を基にした結果である。

- レース3週間前：距離を 20〜30%減らす
- レース2週間前： 距離を40%減らす
- レースのある週(レース前6日間)：距離を60%減らす

　例えば、トレーニングのピーク期に週間113km走るランナーなら、3週間前は20〜30%減らすため、週間走行距離は90〜79kmになる。同様に次の週は40%減の68km、そしてレースのある週は、60%減の45kmとなる。レースのある週の60%減は、レース前6日間の合計の数字である。

　異論はあるかもしれないが、レース3週間前が、テーパリングの成否を決める最も大切な時期であることは、まず間違いない。この時期は、多くのランナーが、レースはまだずっと先のことだと思って練習しすぎてしまう時期である。この時期に練習をしすぎると、レースの2週間前になって気力が落ち、できるだけ早く回復しようと焦って休むことになる。生理的にも心理的にも、この時期から身体の疲れをとっていったほうが、ずっといい。そうすれば、はるかに気持ちはリラックスする。そして準備が順調に進んでいるという実感も得られ、今までの努力が無駄になってしまうのではないか、という不安を抱え込むこともない。

　マラソンランナーはテーパリングのあいだ、徐々にトレーニング量を減らしていきがちだが、これには2つ問題がある。第1に、3週間かけてトレーニング量を一定の割合で減らしていくと、レースを前にして体力が多少落ちる危険性がある(トレーニングに対する適応が失われる速さは、適応が得られる速さとだいたい同じである)。

　第2には、心理的な問題がある。トレーニング量を一定割合で減らす方法では、自信を深められる要素が何もない。マラソンランナーは、体力を確かめることのできる何かを欲しがるものだ。それがないと自信が揺らぐこともある。テーパリングの方法としては、全般的に回復傾向にあるなかで、時おりハードな練習をしたほうが、効果的である。図6.1はマラソン前の3週間のテーパリングを示している。このテーパリングでは、2、3日ごとに比較的ハードな練

139

習が組み込まれている。この方法ならば、レースに向けて、体力を損なわずに身体を休めることができ、自信を失うこともない。

　レースまでの過程で何よりも重要なのは、自分のトレーニングプログラムを信じ続けることだが、それには自分独自のニーズに合わせてテーパリングを調整することが必要だ。毎回、テーパリングの内容とレース当日の感覚やパフォーマンスを記録しておこう。そのうちに、パターンがいくつか見つかる。そしてそのパターンに従えば、テーパリングを微調整できるように

ポーラ・ラドクリフ Paula Radcliffe

自己最高記録：2時間15分25秒（世界歴代2位）
主な戦績：2002年・2003年・2005年ロンドンマラソン優勝、2002年シカゴマラソン優勝
2005年世界選手権優勝、2004年・2007年・2008年ニューヨークシティマラソン優勝

©Nick Potts - PA Images/PA Images via Getty Images

　マラソンの世界記録保持者は、いうまでもなく誰もが究極のアスリートである。しかし、それは彼らが1人残らずパーフェクトであるということでもないし、我々が何かを学べるような失敗をしないということでもない。ポーラ・ラドクリフはそのキャリアのなかで、誰もが知る不運に何度も見舞われたが、そのなかにはプラスの教訓となることも多い。

　第7章にも記したが、彼女がマークした2つのマラソンの世界記録は、ペース配分のお手本のようなものである。この英国人ランナーは2つのレースとも、前半と後半の差を1分以内におさめて走り、しかもラストを一番速いペースで走っている。

　このほかにも注目すべきことがある。それは、10,000mで30分01秒（監修者注：2002年ヨーロッパ選手権優勝）といった、マラソンより短い種目での自己ベスト記録を、すべてマラソンに転向したあとにマークしたという事実だ。それも、2002年に初マラソンを走るまでですでに10年以上競技選手であったにもかかわらず、である。マラソンシーズンが終了して距離の短いロードレースに戻っても、マラソントレーニングで高められた有酸素性の体力が引き続き発揮されるというのは、ラドクリフにかぎらず多

くのランナーにあることだ。そして、出産後わずか9カ月で出場した2007年のニューヨークシティマラソン。このときの彼女の勝利に勇気づけられなかった人はいないだろう。多くの女性と同様、ラドクリフも、妊娠後のほうが走りが力強くなった感じがした、と語っている。

　しかし世界記録をマークし、大都市のビッグレースで勝っているにもかかわらず、ラドクリフには2004年のアテネ・オリンピックで脱落し、歩道で泣いていたイメージがつきまとう。

もなるし、ベストの力が発揮できた、という自信もつく。そうなれば、新たに得た知見に基づいて、テーパリングのスケジュールをカスタマイズすることができる。例えば、ランナーの多くは、レースが間近に迫ってから完全休養の日を1日入れるというやり方を好むが、もしその効果がすでにわかっているのなら、その完全休養日をレースの2、3日前にとってみることを、我々は勧めたい。たいていの場合、レース前日は軽いジョギングをするほうがよい。レース当日を気分よく迎えられるだけでなく、筋肉の張りが無いかなどと、最終チェックをすることも

レース後ほどなくして、彼女は自身の状況を説明した。脚のケガのため抗炎症薬を服用したところ、胃がもたれ、燃料補給がうまくいかなかったのだという。そして、この大一番でのストレス、つまり母国のマスコミや自分自身が抱いていた期待が精神的にこたえたと、付け加えた。マラソンは他の何よりも、重圧のかかる種目である。しかし、今、我々が行っているマラソンは、自分たちの意志や希望でしていることだ（少なくともそうありたい）。社会において有為な存在なのか、立派な人間なのか、ということと、レースにおけるパフォーマンスとは、まったく関係がない。これを忘れないでいてほしい。

ラドクリフのキャリアの後半にも注意を払うべきことがある。出産直後にニューヨークシティで勝ってから、彼女はケガに悩まされ続けた。早く体力を元に戻し、決められたレースのスタートラインに立とうと焦ったために、故障が悪化したのである。2008年の初めは、つま先のケガのために4月のロンドンマラソンを欠場。その後、北京オリンピック前には、それまでの遅れを取り戻そうとして大腿部を疲労骨折した。地上でランニングを再開できたのは、オリンピックのわずか1カ月前のことである。彼女は毎日クロストレーニングに励んだが、42.195kmを戦うための走る体力が、絶対的に足りなかった。果たしてオリンピック本番では、23位に終わった。これがオリンピックでなく他のレースであったならば出場はしなかっただろう。レ

ースのあと、ラドクリフはそう語った。翻って我々はどうだろう。ほとんどのランナーは、ラドクリフよりもはるかにレースのスケジューリングに融通が利くはずだ。ケガや病気でトレーニングができなかったときは、そのあとのレースに照準を変えるとことも、視野に入れよう。

ラドクリフは北京オリンピックのあと、その年のニューヨークシティマラソンで優勝し、雪辱を果たした。そしてこの勝利が結果的に、彼女のキャリアにおける最後のマラソンのタイトルとなった。2009年、ラドクリフは外反母趾の手術を受けた。現役最後の年となった2015年まで、次々とケガが彼女を襲ったが、それらは、それよりも前に患った数々のケガをかばうことで生じたと思われる。ラドクリフは2012年のオリンピックの代表にも選ばれたが、足のケガのため出場を辞退した。

その後も、プロアスリートであるラドクリフは、決められた日に世界の強豪と競うため、無理をおして準備をしなければならなかった。その結果、本来は身体を休めてイージーな練習にしたほうがいいときにも、ハードな練習をしなければという強迫観念にとらわれるようになってしまった。我々のなかには、決まった日に決まったレースに出なければならない人はほとんどいない。ラドクリフのマラソンランナーとしてのキャリアの前半を見ると、チャンスがあればつかみにいくべきだとわかるが、そのキャリアの後半からは、マラソンはトレーニングもレースも焦ってはいけないということが、学べるのではないだろうか。

できるからだ。しかしそれだけではない。おそらくこれがいちばん大きいと思うが、レースについてあれこれ考えながら、1日中壁を見つめて過ごさなくても済むというメリットもあるのだ。

これまでに述べたテーパリングのガイドラインに基づいて作成したのが、**表6.1**のテーパリング例である。これは、第10章の18週間トレーニングスケジュールから抜粋したものだ。この18週間スケジュールどおりにトレーニングを行うと、週間走行距離はいちばん多いときで113kmになり、最後のロング走（32km）は、テーパリング開始前の日曜日に行うことになる。このプログラムを1日ずつ追って、毎日のトレーニングの目的と理由を確認していこう。

図6.1●ハードな練習を適量組み込んだテーパリング

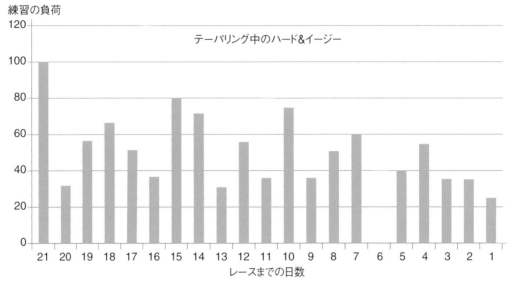

練習の負荷

テーパリング中のハード＆イージー

レースまでの日数

テーパリングの第1週目（レース2週間前）は、最初の2日が回復日として設定されているが、これはその前の日曜日に行ったロング走から回復するためである。回復日2日目には100mウィンドスプリント×8を行い、脚の回転を改善する。水曜日の練習では19kmを走るが、これは持久性の刺激を適度に入れるためである。木曜日と金曜日は回復日とし、最後の調整レースである土曜日のレースを、十分に休養がとれた状態で迎えられるようにする。この8〜10kmの調整レースによって実戦的な体力が強化され、実際のレースペースが比較的楽に感じられるようになるのだ。しかも距離としては短いため、素早く回復することができる。日曜日は27kmを走る。これもやはり、持久性の刺激を適度に入れるためである。これによって、グリコーゲンの貯蔵量の上昇や血液量の増加といった、前回のロング走に対するトレーニング適応を維持する。

テーパリングの第2週目は、3日間の回復日からスタートするが、火曜日は脚の回転を速くするためのウィンドスプリントを何本か走る。木曜日は$\dot{V}O_2max$ペース近くまでスピードを上げる最後の練習である。この練習は、レース当日までに回復と超回復の時間をとれるよう、マラソンレースの10日前に行う。金曜日と土曜日は回復日である。土曜日には脚の回転を速く

表6.1●3週間テーパリングの例

第①部
マラソン
トレーニング
とは何か

第❶章
マラソンに
必要な条件と
トレーニング

第❷章
栄養摂取と
水分補給

第❸章
トレーニングと
回復の
バランス

第❹章
補助的
トレーニング

第❺章
年齢(と分別)
を重ねた
ランナーの
トレーニング

第❻章
ベスト
パフォーマンス
のための
テーパリング

第❼章
レース当日の
戦略

第②部
マラソン
トレーニング
プログラム

第❽章
プログラムの
実施

第❾章
週89kmまで
のマラソン
トレーニング

第❿章
週89~
113kmの
マラソン
トレーニング

第⓫章
週113~
137kmの
マラソン
トレーニング

第⓬章
週137km
以上の
マラソン
トレーニング

第⓭章
マラソンの
連戦について

曜日		レース2週間前	レース1週間前	レースの週
月曜	カテゴリー	休養またはXT	休養	休養
火曜	カテゴリー	回復走+レッグスピード	回復走+レッグスピード	回復走
	内容	WS:100m×8	WS:100m×8	
	合計距離	11km	11km	11km
水曜	カテゴリー	ミディアムロング走	回復走	マラソンペース走(ドレスリハーサル)
	内容			マラソンペース:3km
	合計距離	19km	6km	11km
木曜	カテゴリー	回復走+レッグスピード	VO$_2$max INT	回復走
	内容	WS:100m×6	1200m×4	
	合計距離	8km	13km	8km
金曜	カテゴリー	回復走	回復走	回復走+レッグスピード
	内容			WS:100m×6
	合計距離	8km	8km	8km
土曜	カテゴリー	レース	回復走+レッグスピード	回復走
	内容	調整レース:8~10km	WS:100m×8	
	合計距離	14~18km	10km	6km
日曜	カテゴリー	ロング走	ミディアムロング走	マラソンレース
	合計距離	27km	21km	
週間合計距離		87~91km	69km	44km(レースを除く)

※訳者注:毎日の合計距離は、ウォーミングアップやクーリングダウンを含めた距離である。略語:XT=クロストレーニング、WS=ウィンドスプリント。

するためのウィンドスプリントを再び何本か走る。そしてこの週の最後の日曜日には21kmを走り、何週間にもわたるロング走で築き上げてきた適応を維持するよう、身体に思い起こさせる。

　マラソンレースを週末に控えた週は、水曜日以外はすべてイージーな回復日にする。水曜日にはレースのドレスリハーサルを行う。シューズ、靴下、ランニングパンツなど、レースで実際に使うものを身に着けて走る。レースの準備がすっかりできているか確認する、最後のチャンスだ。5kmイージーランニングをしたあとに、レースペースで3km走り、その後、再び3kmイージーランニングをする。この時点では、適度に疲れがとれた状態であるはずだが、完全に休養したという感覚にはならないと思う。もし脚の筋肉に硬い部分があったとしても、マッサージやストレッチ、理学療法など、レースに向けて脚の準備をする時間はまだ残されている。

　以上のようにテーパリングを行えば、万全の準備でスタートラインにつけるだろう。あとは42.195kmをできるだけ速く走りきるだけの話だ。ベストパフォーマンスのためのペース配分と給水・給食の戦略については、次章で扱う。

ランニング以外のテーパリング

　走る距離を減らし始めると、ランニング以外のトレーニングを増やしたい衝動に駆られることもある。しかし、たいていの場合は我慢してその衝動を抑えること。第4章で説明したさまざまな補助的トレーニングも、ランニングのトレーニングと目指すところは変わらない。すなわち、最大限に体力が高まった状態で42.195kmのスタートラインに立つ、ということだ。コアスタビリティトレーニング、レジスタンストレーニング、柔軟性トレーニング、クロストレーニングに関しても、レースが近づいたらランニングと同じアプローチをとろう。つまり、メインのトレーニングは終了し、これからは今までに培った力を維持しつつ、レースに備えて身体を十分に休ませることに目標がシフトする、と考えるのだ。

　レジスタンストレーニングは、レース前の10日間は最小限にとどめ、最後の2、3日は完全にやめる。コアスタビリティトレーニングとクロストレーニングに関しては、軽い練習ならレースの2、3日前まで続けてもかまわない。柔軟性トレーニングはレース直前まで行ってもいいが、やりすぎは禁物だ。例えば、ふだんのストレッチが週に2、3回、それぞれ10分程度だとしたら、レースがある週に、いきなり毎日1時間に増やしたりしてはならない。

　同じことはランニングフォームドリルにも言える。短い練習ならレースのある週に行ってもかまわない。柔軟性トレーニングと同様、テーパリング中にドリルを行えば身体がほぐれた感じがするので、ランニングを減らしている期間のいらだった気持ちはとりあえずおさまるだろう。しかしドリルに関しても、テーパリング中は新しいエクササイズをいきなり始めたり、数を増やしたりしてはならない。「人事を尽くして天命を待つ」姿勢が必要である。

レース前にエネルギー（と神経）を消耗させないために

　レースを週末に控えた最後の1週間は、トレーニングだけでなく、できることなら日常生活のストレスも減らそう。家族、友人、上司、同僚の協力を得ることができれば、以下のことを心掛けてもらいたい。

・レース前の最後の1週間と仕事の大きな締め切りが重ならないようにする。また、エネルギーを使い果たすような仕事は避ける。
・こまめに手を洗って、風邪をひかないようにする。
・週の初めから十分に睡眠をとる。ビッグレースを2、3日後に控えるとよく眠れなくなると

パスタパーティを探してみよう

　マラソンにおけるグリコーゲンローディングの重要性については、第2章で述べた。スタートラインに立ったとき、筋肉と肝臓にグリコーゲンが最大限貯蔵されていることが重要である。それと同じく重要なのが、水分補給が十分にできていることである。グリコーゲンローディングと水分補給の詳細に関しては、第2章を読んでほしい。

©Suzanne Kreiter/The Boston Globe via Getty Images

イージーな回復走はテーパリングの要である

第①部
マラソン
トレーニング
とは何か

第❶章
マラソンに
必要な条件と
トレーニング

第❷章
栄養摂取と
水分補給

第❸章
トレーニングと
回復の
バランス

第❹章
補助的
トレーニング

第❺章
年齢(と分別)
を重ねた
ランナーの
トレーニング

第❻章
ベスト
パフォーマンス
のための
テーパリング

第❼章
レース当日の
戦略

第②部
マラソン
トレーニング
プログラム

第❽章
プログラムの
実施

第❾章
週89kmまで
のマラソン
トレーニング

第❿章
週89～
113kmの
マラソン
トレーニング

第⓫章
週113～
137kmの
マラソン
トレーニング

第⓬章
週137km
以上の
マラソン
トレーニング

第⓭章
マラソンの
連戦について

いう人は、特に気をつける。

・車の運転は誰かに代わってもらう。

・レース前のエキスポにいる時間は、極力短くする。

・観光はレース後にとっておく。

・毎日２、３分時間をとって静かな場所でイメージトレーニングを行い、レースの成功を頭の
中に描く。

成功をイメージする

レースが近づけば、不安になるのは当然だ。レースまで10週間もあると、マラソンは現実というよりも、漠然とした一つのイメージである。しかし、レースまで何日もないという段階になれば、頭の中でそれは厳然たる事実へと変わる。トレーニングを減らしている最中、それはなおさら現実味を帯びてくる。そのため、いつもより多少神経質になることもあるかもしれない（たいていのランナーは、トレーニングのあいだに培ったものが、わずか２、３日のあいだで、あっけなく消えてしまうのではないかと恐れるものである。そういった不安も神経をとがらせる原因になる）。

気持ちを落ち着かせるには、テーパリング中にイメージトレーニングをするとよい。ふだんならランニングにあてる時間の一部を使い、静かな場所に座るか横になるかして、レースを頭に思い描く。序盤で早くも脚が動かなくなる、給水をとり損ねる、急に雨が降り出すなど、起こりそうなトラブルを予想し、それを克服する自分をイメージする。また、レース序盤はリラックスし、ラスト10kmを力強く走っているところも想像する。目標とするタイムがあるなら、その時間を示す表示板の下でフィニッシュする自分の姿を、頭の中に描いてみよう。

©Sandy Huffaker/Corbis via Getty Images

第①部
マラソン
トレーニング
とは何か

第①章
マラソンに
必要な条件と
トレーニング

第②章
栄養摂取と
水分補給

第③章
トレーニングと
回復の
バランス

第④章
補助的
トレーニング

第⑤章
年齢（と分別）
を重ねた
ランナーの
トレーニング

第⑥章
ベスト
パフォーマンス
のための
テーパリング

第⑦章
レース当日の
戦略

第②部
マラソン
トレーニング
プログラム

第⑧章
プログラムの
実施

第⑨章
週89kmまで
のマラソン
トレーニング

第⑩章
週89〜
113kmの
マラソン
トレーニング

第⑪章
週113〜
137kmの
マラソン
トレーニング

第⑫章
週137km
以上の
マラソン
トレーニング

第⑬章
マラソンの
連戦について

第**7**章

レース当日の戦略

マラソンの準備期間は、すべてを含めると数カ月にも及ぶ。その数カ月間、ランナーはレースをピークの状態で迎えるために、細心の注意を払いトレーニングを計画し、練習に励む。しかし最善を尽くすには、レースそのものの計画も必要である。このレース戦略が、本章のテーマである。レース前のウォーミングアップは、何をどのくらい行ったらよいのか？スタートから序盤の数km、前半のハーフ、そこから32kmまでの長い道のり、そして最後の10.195km。これらを、それぞれどう切り抜けるのか？　何カ月もかけて準備してきたものを出しきり、くたくたに疲れても満たされた気持ちでフィニッシュラインを踏むには、レース当日をどのように過ごせばよいのだろうか。その戦略を検討していこう。

ウォーミングアップ

　ウォーミングアップはどんなレースであっても重要だ。ウォーミングアップの目的は、レースペースで走れるように身体を準備することにある。すなわち、代謝や体温を高め、筋肉への血液の循環（ひいては酸素の運搬）を促すことである。有酸素系（有酸素性エネルギー産生機構）はウォーミングアップによって活性化され、スタート時から最大限に機能するようになる。

　しかし、マラソン前のウォーミングアップはマイナスに働くこともある。マラソンの課題の1つは、グリコーゲンが枯渇しないうちにフィニッシュラインに到達することである。レース前にはカーボローディングを行い、レース中も、フィニッシュするまでに糖質を使い果たさないよう、糖質食品を補給する。この重要性については第2章ですでに述べた。しかし、ウォー

ミングアップでは脂肪と一緒に糖質が燃焼されるため、貯蔵されたグリコーゲンは若干減少する。したがって、スタートからレースペースで走りだすための、必要最小限のウォーミングアップを割り出すこと、そして、これから走る42.195kmのためにグリコーゲンをできるだけ多く温存することが、鍵となる。

　マラソンに最適なウォーミングアップは、ランナーのレベルによって異なる。最大の目標が完走であれば、ウォーミングアップは必要ない。最初の数kmをウォーミングアップにすればいい。しかし、もし通常のトレーニングペースよりかなり速く走ろうとするなら、ウォーミングアップは必要である。

　マラソンの典型的なウォーミングアップは、1.6km程度あるいは約10分間のジョギングと、そのあとに行うスタート直前のストレッチから成る。この順で行えば、基本的にはウォーミングアップの目的を満たすが、本書ではこれにバリエーションを加えたものを、マラソンのウォーミングアップとして勧めたい。それは、5分間ずつ2回に分けて走り、その2回のあいだに、軽いストレッチを行うという構成である。このウォーミングアップがマラソンのレースにいいのは、最初の5分間のジョギングで、身体の調子がつかめるからだ。調子がわかれば、そのあとの5分間走ではほかの細かな調整に集中できるため、ベストの感覚でスタートラインに並ぶことができる。

　ウォーミングアップはスタートの約30〜40分前に始めるといい。1回目はゆっくりと走りだし、徐々に加速して最終的にはレースペースよりも1kmあたり38秒程度遅いペース（1マイルあたり1分程度遅いペース）に達するようにする。そのあとに5〜10分間ほど動的ストレッチを行い、肩や首も含め、身体をほぐす。次に2回目の5分間走をするが、今度はレースペースに達するまで加速し、最後の約30秒程度はそのペースで走る。比較的暑い日はその後、少々水分を補給してからスタートラインに向かったほうがいいだろう。

　ウォーミングアップはこれだけだ。ウォーミングアップの時間を計ってみて、スタート10分ほど前の時点で終わるようにする。ウォーミングアップ終了からスタートまでの時間が空きすぎると、貯蔵された糖質の一部をせっかく使っても、ウォーミングアップの効果は薄れてしまう。大規模レースでは、スタート時間のはるか前からスタート位置に移動させられることが多いが、小規模のレースには、こうしてウォーミングアップのタイミングを計ることができるというメリットがある。

　オリンピックのスタート前では、選手達は少々神経質にあたりをジョギングする。しかし、10分程度のイージーランニングと、レースペースまでスピードアップする加速走を1、2回走るのがせいぜいで、それ以上を行う選手はほとんどいない。彼らにとってはこの程度のウォーミングアップでも、最初の1kmを3分で走るには十分なのである。一般のランナーも同じようなルーティンでウォーミングアップを行えば、目標のペースで走る準備が整った状態で、スタートラインにつくことができるだろう。

ペース配分の戦略

　目標タイムがある場合、そのタイムを目指すには、何をすべきなのだろうか。ある人は、最初から押して行き、後半のハーフもできるだけ持ちこたえようとする。またある人は、終始イ

ーブンペースで走ろうとする。しかし序盤で無理のない楽な走りをし、後半のハーフでペースを上げる人は少ない。マラソンの生理学に照らして、ベストなペース配分の意味合いを考えてみよう。

第1章では、マラソンのレースペースはLTペースに近いペースであり、LTでの酸素消費量とランニングエコノミーで決まると説明した。LTペースより速く走ると、乳酸が筋肉内と血中に蓄積する。そして、そのままのペースで2、3分走り続けると、乳酸生成に伴って生じる水素イオンがエネルギー産生酵素を不活性化し、ペースダウンする。LTペースを超えるとグリコーゲンの消費量も増え、限られた量のグリコーゲンが必要以上に早く枯渇することになる。こうしたマラソン生理学の基本原理によってわかるのは、比較的イーブンペースで走るのが、マラソンのペース戦略としてベストだということである。もしレースのある部分を全体のレースペースよりはるかに速く走れば、必要以上にグリコーゲンを消費して乳酸がたまり始めるだろう。反対に、ある部分を遅く走れば、遅れた分を取り戻すために、やはり他のどこかで適正ペースより速く走ることになる。最適なペース配分とは、コースの特性を計算に入れたうえで、前後半をほぼ同じタイム、つまりイーブンスプリットで走ることである。

しかし、ほとんどのランナーは、完全にイーブンにしようとしないほうがいい。レース中は遅筋線維が徐々に疲労し、ペースを保つためにタイプⅡa線維の動員が多くなるからである。速筋線維であるタイプⅡa線維は、遅筋線維よりも酸素利用効率が低い傾向にある。そのため、ランニングエコノミーはレース中、わずかに低下していく。つまり、LTペースもそれにともなっていくらか低下する。その結果として、レース後半はどうしてもペースが若干遅くなるのである。

例えば、目標タイムが2時間39分の場合、完全なイーブンにするには、前半と後半のハーフをともに1時間19分30秒で走る必要がある。しかしイーブンで走ると、後半のハーフで疲労度が上昇するため、酸素消費量と乳酸濃度もそれにつれて上昇せざるを得ない。したがって、より効率よくペース配分をするならば、前半のハーフを1時間18分から1時間19分で走る。そうすれば後半のハーフで2、3%ペースダウンしたとしても、目標を達成する余裕ができるからだ。もしもネガティブスプリット（前半よりも後半のペースを上げるペース配分）になったというのならば、前半を最適ペースよりも遅いペースで走ったのかもしれない。そうだとすれば、この場合はもっと速いタイムでフィニッシュできた可能性もある。

世界のトップランナーは優秀な遺伝子を持ち、高度なトレーニングを積んでいるため、一般選手とは別次元の能力を備えている。したがって、最適なペース配分も多少違ったものになる。彼らのような数少ない選ばれたランナーは、きわめて高いレベルにまで能力が鍛えられているので、レースが進んでもランニングエコノミーの低い筋線維が動員されることは少ない。さらに、ラスト数kmでペースを上げたところで、乳酸濃度はフィニッシュまで徐々に上昇していくだけである。こうした理由から、世界屈指のマラソンランナーにとっては、後半のハーフを前半と同じペース、またはそれどころかやや速いペースで走ることが、最も効率的なペース配分となる。

最近の世界記録は、このように後半が若干速くなるペース配分でつくられたものがほとんどである。2018年のベルリンマラソンで、エリウド・キプチョゲが2時間1分39秒の世界記録

第1部 マラソントレーニングとは何か

第1章 マラソンに必要な条件とトレーニング

第2章 栄養摂取と水分補給

第3章 トレーニングと回復のバランス

第4章 補助的トレーニング

第5章 年齢（と分別）を重ねたランナーのトレーニング

第6章 ベストパフォーマンスのためのテーパリング

→第7章 レース当日の戦略

第2部 マラソントレーニングプログラム

第8章 プログラムの実施

第9章 週89kmまでのマラソントレーニング

第10章 週89〜113kmのマラソントレーニング

第11章 週113〜137kmのマラソントレーニング

第12章 週137km以上のマラソントレーニング

第13章 マラソンの連戦について

を樹立したときは、前半のハーフは61分06秒、後半のハーフは60分33秒であった。同様に、ポーラ・ラドクリフが2003年のロンドンマラソンで当時の世界記録であった2時間15分25秒をマークしたときは、前半は68分02秒、後半のハーフは67分23秒であった。

メアリー・ケイタニー Mary Keitany

自己最高記録:2時間17分01秒(女子単独レース世界最高記録:2017年ロンドンマラソン)
主な戦績:ニューヨークシティマラソン4回優勝、ロンドンマラソン3回優勝

©Elsa/Getty Images

✖ アリー・ケイタニーは、女子マラソン界における、同世代のトップランナーである。彼女は速いランナーであり(自己最高記録の2時間17分01秒は世界歴代3位である)、なおかつ勝負に強いランナーでもある(ニューヨークシティマラソンでケイタニーよりも優勝回数が多いのは、マラソン界のレジェンド、グレテ・ワイツだけである)。彼女は比較的短い距離でも人後に落ちない。10kmとハーフマラソンの自己ベスト記録は世界歴代記録のなかでも上位に位置する。ここでは、彼女のマラソンランナーとしてのキャリアを、2つの側面から紹介したい。1つは常識を覆したパフォーマンス、もう1つは常識を裏づけたパフォーマンスである。

ケイタニーは30代後半の今、これまでにない強さを見せている。自己ベスト記録をつくったのは、2017年のロンドンマラソン。彼女が35歳のときである。このときの記録2時間17分01秒は、男子のペースメーカーのつかない女子選手単独のレースでは、世界最高記録である。36歳で優勝した2018年のニューヨークシティマラソンのタイムは、同レース4回の勝利のなかでも(そしてそれまで7回の出場のなかでも)いちばん速いタイムだった。それだけではない。10km、15km、20km、ハーフマラソンの自己ベストは、すべて35歳以降に記録しているのだ。

マラソンランナーの絶頂期とは何をもって言うのか。ケイタニーのパフォーマンスは、従来

の常識の見直しが必要であることを物語っている。1984年のロサンゼルス・オリンピックでは、カルロス・ロペスが、当時マラソン史上最強とも言われた世界の強豪たちを相手に完勝をおさめたことが耳目を集めたが、少なくともそれと同じくらいの関心が、37歳というレース当日のロペスの年齢に向けられた。そして、ベストレースのできるピークがランナーに訪れるのは20代後半だろうという考えは、その後も何十年と変わることなく、常識としてまかり通った。しかし、その常識が必ずしも本当ではないことを、ケイタニーをはじめとする多くのラ

しかし、このような世界のトップ選手であっても、オーバーペースで走りだせばそのツケはまわってくる。そうと聞いてほっとする人もいるのではないだろうか。2018年4月のロンドンマラソン。キプチョゲは、きつい日差しと19～22℃という気温にもかかわらず、当時デニ

第**①**部
マラソン
トレーニング
とは何か

第**①**章
マラソンに
必要な条件と
トレーニング

第**②**章
栄養摂取と
水分補給

第**③**章
トレーニングと
回復の
バランス

第**④**章
補助的
トレーニング

第**⑤**章
年齢（と分別）
を重ねた
ランナーの
トレーニング

第**⑥**章
ベスト
パフォーマンス
のための
テーパリング

→ 第**❼**章
レース当日の
戦略

第**②**部
マラソン
トレーニング
プログラム

第**⑧**章
プログラムの
実施

第**⑨**章
週89kmまで
のマラソン
トレーニング

第**⑩**章
週89～
113kmの
マラソン
トレーニング

第**⑪**章
週113～
137kmの
マラソン
トレーニング

第**⑫**章
週137km
以上の
マラソン
トレーニング

第**⑬**章
マラソンの
連戦について

ンナーが証明したのである（ケイタニーのニューヨークシティマラソンの5連覇を阻んだシャレーン・フラナガンも、当時36歳で優勝している）。

第3章で紹介したような新しい回復の手法のおかげで、今日のマラソンランナーは大きな故障をすることもなく、以前よりも長期にわたってアグレッシブに競技を続けている。キャリアが長くなれば、そのぶん有酸素性の体力を主体とした基盤をつくることもできるが、レース当日に頼りとなる経験も増える（そして年齢なりの知恵もつけば、なおよい）。ケイタニーたちの例を励みにして、自分はいつまで高いところをマラソンで目指せるのか、あらためて考えてみよう。

しかし、ケイタニーも人の子である。彼女が自身のパフォーマンスで裏づけることになった常識とは何か。それは、世界屈指のマラソンランナーといえども、前半のハーフを飛ばしすぎれば、大きなツケを払わされる、ということである。

2011年、2回目のニューヨークシティマラソン（マラソンレース自体は3回目）で、ケイタニーは序盤からいきなり1人で飛び出した。10kmの通過タイムは31分54秒（2時間15分を切るペースである）、そして中間点は67分56秒。中間点のタイムはポーラ・ラドクリフが2時間15分25秒の世界記録（当時）をマークしたときよりも速い。ニューヨークシティのコースはラドクリフが世界記録をつくったロンドンよりも全体的にずっとタフだ。そう考えると、彼女の無謀な走りは二重の驚きである。

レース終盤、セントラルパークに差しかかるころには、彼女のペースは序盤よりも1マイルあたり1分以上（1kmあたり38秒程度）落ちていた。40kmではトップの座からも転落し、結局3位、2時間23分38秒でフィニッシュ。後半のハーフは75分43秒。前半より8分近く遅かった。

これと同じような展開になったのが、二連覇を狙った2018年のロンドンマラソンである。ケイタニーは当時ラドクリフが持っていた世界記録の更新を狙い、中間点を67分16秒で通過。これは気温約21℃、強い日差しがふりそそぐ日にしては、速すぎた。結果は5位。後半のハーフは77分09秒だった。

彼女が勝ったレース、なかでもニューヨークシティマラソンで優勝したときのレース展開は、これとはまったく違う。2015年のニューヨークでは、前半を72分54秒、後半を71分31秒で走り、優勝した。これよりも極端なネガティブスプリットになったのが、2018年、やはりニューヨークで勝ったときだ。このときの前半は75分50秒、後半は67分58秒であった。

本章でもすでに述べたが、マラソンの最も効率的なペース配分とは、前後半をほぼイーブンで走ることである。ケイタニーも、2018年のニューヨークでもっとイーブンなペース配分にすれば、理論上はもっと速く走れたはずである。しかし彼女にとっては、レース展開によってどんなに遅くなろうとも、とにかく勝つということが最優先だったのだ。読者のなかに、同じ状況に立たされるランナーはまずいないだろう。では、史上最高のマラソンランナーともいえる彼女から何を学ぶのか。それは、前半のオーバーペースで何カ月間もの努力を無駄にしてはならないということだ。ケイタニーが前半飛び出して、持てる能力をフルに発揮できないのであれば、我々にできるという道理はないのだ。

ス・キメットが持っていた世界記録の更新を狙って走った。勇み立ったペースメーカーに先導され、若干下る最初の5kmは13分48秒で走り、10kmを28分19秒で通過。これは、10kmのオープンレースなら、たいていは優勝できるタイムである。キプチョゲはその後ややペースダウンしたものの、中間点には1時間01分00秒で到達した。このタイムは、公認コースで行われたマラソンの中間点の通過タイムとしては、当時の史上最速記録である。しかし、さしものキプチョゲも、理想的とは言いがたいコンディションのなかでの、スタートのオーバーペースには、なす術がなかった。彼は予想どおり優勝はしたが、記録は2時間4分17秒と、目標としていた世界記録から1分20秒遅れてしまった。キプチョゲの後半ハーフの1時間3分17秒は、前半より2分以上遅かったのである。

レース中の戦略変更

　ほとんどの場合は、設定ペースを守って走るのが原則だが、天候や他のランナーとの駆け引きによっては、自分の戦略を若干変更したほうがよい場合もある。向かい風が吹く場合は集団の中に入って走り、他のランナーに風よけになってもらうと、かなり有利にレースを進めることができる。集団を引っ張る役割がまわってくる場合もあるかもしれないが、それでも、1人で風に立ち向かうよりはずっとエネルギーを温存することができる。したがって風の強い日には、集団について走るために設定ペースより少々遅く、あるいは速く走る必要が出てくる。

　風のない穏やかな日であっても、レースの大半を1人で走るよりは、設定ペースと多少違っても、集団で走るほうがいいかもしれない。ボストン、ニューヨーク、シカゴなどの大規模マラソンでは、自分のペースに固執しても問題はない。どんなペースで走っても、たいてい集団の中に入ってしまうので、一緒に目標タイムを目指すことができる。しかし、規模の比較的小さなレースでは、一人旅になる確率がそれなりに高くなる。このような場合、設定ペースを1kmあたり何秒か変えてまで、集団の中にいるべきかどうかは、自分で判断しなければならない。誰かの後ろにつけば、エネルギーの面では多少有利になる。しかし、集団にいる最大のメリットは、心理面にある。集団の中では自分でペースメイクする必要もなく、リラックスしながら運んでもらうことができるのだ。

　多くのランナーにとって、1人だけでマラソンという長い距離を走るのは精神的にこたえる。集団で走るメリットと、戦略を変更するデメリットの、どこで折り合いをつけるべきなのだろうか。32km地点までのあいだで単独走になりそうな状況なら集団に入る、そして設定ペースの変更は1kmあたり5〜6秒を超えない、というのが、だいたいの目安だ（もちろん1人で走るべきだったかどうかは、あとにならないとわからないが）。1kmあたり5〜6秒ペースを上げても大した違いには思えないかも知れない。しかし数km進めば、この強度の差が自分を追い込むこともある。ペースを上げて集団にしがみつくかどうかの判断は、そのときの感覚に委ねるのがいちばんだ。そのペースで持ちこたえられると感じたら、そのままついて行けばよい。息が上がり、フィニッシュラインまで同じ強度を維持できそうにないなら、ペースを緩めて、集団を先に行かせよう。そのうち集団がばらけて、再び一緒に走るランナーが見つかるかもしれない。

　残りが10kmほどになれば、単独走もしやすくなる。32km地点を過ぎて、自分に合うペー

スのランナーがいなければ、勇気を出して1人で走るべきだ。かえって一人旅が心理的にプラスになることもある。なぜなら、十分にトレーニングができていて、ほぼイーブンペースで走っていれば、最後は周りのランナーを追い越すことになるからである。レース終盤でランナーを抜いていくことほど、元気づけられるものはない。

最初のハーフ

ついにスタートラインに立った。ウォーミングアップも終わり、目の前にある課題を片づける準備は万端。そこで舞い上がって、最初の1.6km（1マイル）をオーバーペースで走る。実にありがちな話だ。最初の1.6kmは、設定ペースどおりか、あるいはそれよりやや遅いペースで走りだしたほうが賢明である。スタート前にウォーミングアップをたっぷりと行ったわ

第①部
マラソン
トレーニング
とは何か

第❶章
マラソンに
必要な条件と
トレーニング

第❷章
栄養摂取と
水分補給

第❸章
トレーニングと
回復の
バランス

第❹章
補助的
トレーニング

第❺章
年齢（と分別）
を重ねた
ランナーの
トレーニング

第❻章
ベスト
パフォーマンス
のための
テーパリング

第❼章
レース当日の
戦略

第②部
マラソン
トレーニング
プログラム

第❽章
プログラムの
実施

第❾章
週89kmまで
のマラソン
トレーニング

第❿章
週89〜
113kmの
マラソン
トレーニング

第⓫章
週113〜
137kmの
マラソン
トレーニング

第⓬章
週137km
以上の
マラソン
トレーニング

第⓭章
マラソンの
連戦について

大会が提供するペースメーカーについて行くべきか?

大 規模レースの多くは、ペースメーカーを用意していて、特定のタイムでランナーたちを引っ張ってくれる。エリートランナーのペースメーカーと違うのは、フィニッシュまで一緒に走ってくれる点だ。このサービスは、使うべきだろうか?

それは状況しだいだ。

まず、当然のことながら、自分の目標タイムか、それに近いタイムのペースメーカーがいるかどうか、という問題がある。サブスリー設定のペースメーカーがいることは少ない。大きなレースだと5分単位でペースを設定していることも多い（3時間10分、3時間15分、3時間20分など）が、比較的小規模なレースでは、10分単位、あるいは15分単位になるかもしれない。ペースグループの選択肢が多ければ、それだけ合流を検討する価値もある（監修者注：日本ではたいていどの大会でもサブスリー設定のペースメーカーがいる）。

ペースメーカーが目標タイムでフィニッシュしないことは、ほとんどない。彼らは通常、目標タイムよりもはるかに速く走れる力を持っているので、課された設定ペースは低強度〜中強度のロング走に相当するはずである。この人について行けば、目標タイムでのフィニッシュは約束されたようなもの、と自分に言い聞かせれば、励みになるだろう。

しかし1つ大きな問題がある。それはコースの地形だ。ペースメーカーは、上り坂やカーブ、天候にかかわらず、イーブンペースを狙って走る傾向がある。マラソンでは、条件によっては最初の3分の2を「イーブンなペース」ではなく、「イーブンな強度」で走ることが求められる。そのような状況でイーブンペースを追いかけてしまうと、可能な限りいいタイムで走る、ということはできないかもしれない。

もう1つの問題は、おそらく大きくなるであろう集団の中で、どれだけ快適に走れるか、ということだ。ふだんのトレーニングのほとんどを1人で走っている人、あるいは2、3人としか走っていない人にとっては、30人もひしめき合いながら同じペースで走る集団にいきなり入るのは、うっとうしいだろう。ただ集団にいれば、特に序盤はしゃべりながら走ることができる。いっぽう給水所では、狙ったドリンクが取りづらくなる。集団と一緒に走ることがメリットになるのかデメリットになるのかは、個人の考え方しだいである。

一般的に言えば、自分の目標タイムに近い集団が近くにいれば、一緒にスタートするのも1つの手である。序盤のオーバーペースを抑えるには、いい方法だ。集団でいると気が散るならば、離れる。そして、その日の調子がよければ、最後の10kmは恐れずに集団の前に出ることだ。

けではないので、レースペースより速く走りだす準備はできていない。しかも、レース序盤から飛ばしてしまうと、グリコーゲンが余分に燃焼され、乳酸が蓄積する。そうなれば、その後レースに悪影響を及ぼしかねない。

　最初の1.6kmを走り終えたら、次の数kmではよいリズムに落ち着くのがベストである。ここでは速くてもリラックスした走りを心がける。レース序盤でリラックスした走りに落ち着けば、終始力むことなく、設定ペースをフィニッシュラインまで維持することができる。時おり、頭の中に入れたチェックリストを思い出そう。肩はリラックスできているか、身体は真っすぐか、といったことを確認し、よいランニングフォームをレース中ずっと保てるようにするのだ。

　最初の給水所では糖質のドリンクを摂ろう。糖質や水分が欲しくなるまで待たずに、最初から飲み物を口にすることが重要である。疲労感やめまいが生じてから糖質を摂っても、遅すぎるし不十分だ。早い時期に糖質と水分を摂っておけば、脱水を軽減できるだけでなく、グリコーゲンの枯渇を先延ばしにする、あるいは防ぐ、ということもできる。つまりそれは、設定ペースをより長く保てる、ということだ。第2章で述べたように、給水所で毎回ロスする2、3秒が、終盤では数分の余裕になって返ってくることもある。

　マラソンの前半のハーフは、メンタルのうえではリラックスする時間である。思考のためのエネルギーも感情のためのエネルギーも、後半のハーフにできるだけとっておこう。例えば、中間点でトップが集団を形成しているとする。他の条件がすべて同じだと仮定すれば、そのなかで勝つのは、後半のハーフに必要なエネルギーを温存しながら、集団の後ろでリラックスしていた選手である。そのはるか後方の集団でも、考え方は同じだ。最終的な順位は関係ない。後半のハーフは前半よりもつらくなるということを、誰もが自覚しておくべきなのだ。前半はメンタル的なエネルギーを必要以上使わずに、適正ペースで走りきることだけを心掛けよう。

中間点から32km（20マイル）まで

　中間点から32km地点までは、野球に例えると「内野手も外野手も追いつけない守備の死角」である。すでにかなり疲労しているが、フィニッシュまでには、まだ長い距離が残されている。このときの頑張りと前向きな姿勢を支えるのは、トレーニングで培った自己コントロールの力である。この区間ではペースが遅くなりがちだ。1kmあたり3秒、そしてまた5秒と、落ちていく。そこで、あらゆる手段を使ってペース感覚を呼び戻す。スプリットタイムの確認などでもよい。そうすることによって自分の進行状況が正確にわかり、この手ごわい区間でも、集中して設定ペースを維持することができる。

　この区間でペースが落ちるのは、体力の問題というよりも、集中力の問題であることが多い。このようなとき、スプリットタイムに注意を向ければ、集中すべき当座の目標ができる。GPSウォッチを使う場合、気をつけてほしいのは、コースの測定方法やGPSにありがちな精度のばらつきによって、GPSウォッチの距離表示とコース上の距離表示とのあいだに、微妙な差が生じることである。主なバロメーターとしては、レースの距離表示を使おう。公式記録はコース上の測定結果であって、自分の持っているGPSウォッチの表示ではないからだ。

　この区間で訳もわからないまま遅れていったとしても、元の軌道に乗せようと急激にペースアップをするのは禁物だ。もしGPSウォッチで現在のペースがわかるなら、設定ペースに戻

どんなシューズを履くべきか?

レースで履くシューズの好みは、人によって大きく異なる。わずかな重量の差であっても、42.195km分積み重なることを考えて、できるだけ軽いシューズがいいと言うランナーもいれば、マラソンのような長距離走では、できるだけクッション性とサポート性が欲しいと言うランナーもいる。

競技志向のランナーのほとんどは、レースにはできるだけ軽いものを、と思うはずである。たいていのメーカーでは、軽量のトレーニングシューズを作っているが、これがマラソンのレースには適している。このようなシューズは、機能を最小限に抑えているため足元は軽く感じられるが、ヒールとミッドソール部分には十分に補強が施されているので、特にレース終盤で疲れているときにサポート力を発揮する。

もちろんエリート選手ともなれば、ほとんどがレーシングシューズでマラソンを走る。ただしトップ選手の身体はウィペット犬のように細く、バイオメカニクス的にも非常に優れていることを忘れてはならない。軽量レーシングシューズは、トレーニング用シューズに比べてサポート性、クッション性が低く、踵部分の補強も薄い。サポート性が低いとケガのリスクが増す。また、サポート性がない分、酷使された筋肉が疲労することもある。さらに、踵部分が薄いと

アキレス腱やふくらはぎの緊張が増す。

ここ数年、多くのメーカーがさまざまなレーシングシューズを発売しており、マラソンランナーの選択肢は増えた。トレーニングシューズにも十分軽いものがあるが、5kmレースで履くようなシューズを選ぶという手もある。通常の長距離用のシューズは、230g程度で適度なクッション性と踵のサポート性を備えているので、ふだんのトレーニングよりかなり速いペースで走ろうとするランナーには向いている。レース当日にどのシューズを履くにしろ、必ず事前に履いておく。テーパリング期のドレスリハーサルで履くだけでなく、テンポランニングの練習で何回か履き、比較的長い距離のマラソンペース走でも最低1回は、試し履きをすること。

レーシングシューズがどのようなランナーにふさわしいか、だいたいのガイドラインを下に記しておく。

男性ランナー
タイム：2時間40分以内
体重：73kg未満
ケガの経験が少なく、フォームのよいランナー

女性ランナー
タイム：2時間55分以内
体重：63kg未満
ケガの経験が少なく、フォームのよいランナー

すことを考える。次の1.6kmのスプリットを見て、設定ペースに戻ったことを確認できたら、その次の数kmで何秒かの借金を少しずつ返していけばいい。レース中、スプリットタイムという積み重なっていく数字に集中することで、大きなペースの崩れを回避し、設定ペースにかなり近いペースをフィニッシュまで維持することができる。

どうしても調子の出ない状況が数km続くような、いやな場面に遭遇することは珍しくない。意志の強さが試される正念場である。しかし、つらい道のりがしばらく続いたあと、うそのように苦しさが消えてしまうことも、よくあるのだ。例えば24〜27km地点で、つらい、しんどい、と思ったとしても、再び調子に乗って気持ちよくフィニッシュまで走りきれることもある。重要なのは、この苦境もいずれ乗り越えられる、という自信を持つことだ。

ピートが身をもってこのことを学んだのは、何十年も前のサンフランシスコマラソンのときである。21〜26km地点で頑張ってしまったあとの、約5kmのあいだ、特に風の強い場所で

第**①**部
マラソン
トレーニング
とは何か

第**❶**章
マラソンに
必要な条件と
トレーニング

第**❷**章
栄養摂取と
水分補給

第**❸**章
トレーニングと
回復の
バランス

第**❹**章
補助的
トレーニング

第**❺**章
年齢（と分別）
を重ねた
ランナーの
トレーニング

第**❻**章
ベスト
パフォーマンス
のための
テーパリング

第**❼**章
レース当日の
戦略

第**②**部
マラソン
トレーニング
プログラム

第**❽**章
プログラムの
実施

第**❾**章
週89kmまで
のマラソン
トレーニング

第**❿**章
週89〜
113kmの
マラソン
トレーニング

第**⓫**章
週113〜
137kmの
マラソン
トレーニング

第**⓬**章
週137km
以上の
マラソン
トレーニング

第**⓭**章
マラソンの
連戦について

は呼吸のリズムが崩れ、先頭の2人について行くのがやっとだった。彼は自分自身に、リラックスするんだ、この2人もきっとつらいはずだと、ずっと言い聞かせ続けた。さいわい30km地点までには快適なリズムに戻り、32km手前では、2人のランナーを引き離すほど強気になれた。そして余裕の走りで誰よりも先にフィニッシュラインに帰って来たのである。もし彼がこの苦しい区間でマイナス思考に陥り、2人のランナーに逃げられていたら、レースに勝つことはできなかっただろう。

中間点から32kmまでの難しさの原因は、筋肉が徐々に疲れ始めていることにもある。定期的に「ボディチェック」をして非効率的な走りになっていないか確認しよう。このチェックは身体の上から下に向かって行い、よいランニングフォームになっているかどうか、毎回ポイントを1つに絞って「検査」する。例えば、以下のようなことである：首が肩より前に出ていないか？　顔から首にかけて、リラックスしているか？　首をすくめていないか？　どちらかの肩が上がっていないか？　こぶしを固く握りしめていないか？　上体は高く保てているか、腰が曲がっていないか？　股関節はリラックスしているか？　足は重心の前ではなく真下に接地しているか？

このチェックにかける時間は毎回2、3秒といったところだ。どこかの部位が硬い、アライメントが崩れていると感じたら、レースの序盤、比較的まだ楽だったころの感覚を思い起こし、なるべくそのフォームに戻す。小さなフォームの崩れを修正すれば、今走っている区間も多少楽に感じられるようになり、レース終盤でフォームがさらに大きく崩れるリスクも減る。

しかし、常時自分のフォームをモニタリングする必要はない。1.6km程度ごとにさっとチェックすれば、それで十分だ。このあともこのようなチェックは続けよう。フォームを維持するためだけではない。気持ちを向ける先を変えるためでもある。

後半のハーフは、できるだけ頻繁に糖質の補給をすれば、集中力を保つ力になる。脳が働くための燃料となるのは、グルコース（糖）だけである。糖質が枯渇すると、脳にまで達するグルコースの量も減り始める。カーボローディングを行っておけば、32km地点を通過してしばらく経っても、影響は出始めないはずだ。レース中、なかでも21km（13マイル）～32kmの区間で糖質を補給すれば、注意力が散漫にならず、クリアな思考を最後まで保つこともできる。

最後の10.195kmの走り方

32km地点まで到達した。今はマラソンのなかで最も走りがいのあるステージにいることになる。何カ月もかけてマラソンの練習をしてきたのは、このためだ。ペースアップで終わらせてきたロング走の練習が真に実を結ぶときである。これまでは何事にも我慢が求められたが、この地点からは、自分の持てる力を思う存分発揮していい。最後の10.195kmは残っているエネルギーをすべて掘り起こし使い尽くす。ここからがマラソンの本質である。この道のりは、準備不足のランナーにとっては恐怖であるが、トレーニングを十分に積んで来たランナーにとっては楽しみな時間である。

32kmからフィニッシュラインまでは、けいれんや筋肉の張りなどのトラブルを回避しながら、できる限り押して行くことが重要である。ロング走、マラソンペース走を行っていれば、その準備はできているはずだ。テンポランニングでもある程度の力はついている。身体と相談

してどのくらい押して行けるのか、正確に判断しなくてはならない。この地点からは、ふくらはぎ、ハムストリングス、大腿四頭筋のうちのどれかが極限状態となり、それによってペースが制限される可能性もある。少し様子を見て、筋肉がぎりぎり耐えられると感じるところまで押してみる。これは少しずつ段階的に行う。つまりフィニッシュラインが近くなるほど、より大きな冒険ができる、ということだ。

残りあと何kmという計算は、レース序盤にすると気が萎えるものだが、この段階では集中するのに役立つ。フィニッシュラインが近づいたら、「あと5kmを切った」、「あと15分走るだけだ」などと自分に言い聞かせれば、やる気も出るだろう。最終局面で苦しくなったときは、お気に入りのトレーニングコースをイメージすると、残りの距離もなんとか走りきれる気持ちになる。

この地点まで水分と糖質を補給してきていれば、筋肉のコンディションはかなりよいはずである。給水は40km地点まではとり続けること。血糖値が維持されていれば注意力も途切れずに、最後まで集中できる。終盤に胃の調子がおかしいようであれば、第2章（「レース当日の栄養補給と水分補給」の項）で紹介した、ドリンクで口をゆすいで吐く方法を試してみよう。

フィニッシュラインが近づいてくるのが目に入ったら、もうひと踏ん張りして、力強くフィニッシュラインを駆け抜けよう。自分はやってのけた、ラストスパートだってできる、というところを見せるのだ。そうしたら、努力の成果を心ゆくまで味わおう。

第1部では、マラソンのトレーニングとレースの走り方について、あらゆる側面から説明した。第2部ではトレーニングプログラムを紹介し、マラソンの生理学的原理を実践に移す。第1部を読んで知識を身につけ、第2部のプログラムを行い、マラソンのための体力を養えば、レース成功への準備が十分にできたことになるだろう。

完走すべきでない場合

レースは、思い描いたとおりに走れなかったとしても、たいていの場合は完走したほうがよい。マラソンとは、持久力のテストである。1回、軽い気持ちでリタイアすると、また安易にリタイアするようになる。もちろん頑張って完走したために健康を損ね、次回以降のレースにひびく場合もある。以下のような場合は、リタイアを選ぶのがいちばんだ。

・足を引きずり、フォームが完全に崩れている場合。走り続けるとケガを悪化させるだけである。

・どこかに痛みを感じ、その痛みがだんだんひどくなってくる場合。自分にダメージを与え続けることになる。

・めまいがして集中できない場合。

・筋肉のけいれん、肉ばなれ、熱中症、または同様のアクシデントが起きた場合。

私のリタイアの経験

私がこれまでに出場したレースは18回、フィニッシュしたレースは16回。この16回のなかには優勝したレース8回も含まれる。2回のリタイアの理由は、1回はケガのため、もう1回は自分の愚かさのためである。両方とも1986年の出来事だ。

愚かさが原因でリタイアしたのは、ボストンマラソンである。この年はボストンマラソンが初めて賞金レースとなった年であり、メディアも盛り上がり報奨金が用意された。私はイーブンスプリットで走るといういつものレースプランを無視して、序盤から我を忘れて飛ばした。スタートから10マイル（16km）地点までは、1983年の優勝者であるグレッグ・マイヤーと私が入れ代わり立ち代りトップに立った。グレッグが先行するたびに、私は追い抜こうとしたのである。

しかし、特に私にとって、このトップ争いは序盤のレース展開としては強引すぎた。こうしているあいだ、優勝したロバート・ド・キャステラは我々の後ろにいたが、辛抱のできない2人のアメリカ人を見て、内心ほくそ笑んでいただろう。私は、12マイル（19km）地点に達しないうちから、いつものリズムで呼吸ができなくなり、脚はくたくた、腹部の不快感はどんどん増していくというありさまだった。次の1マイルではトップ集団から落ち、動けなくなってきた。序盤から飛ばしすぎたことが自分でもわかっていたので、中間点をちょうど過ぎたところで完全に走るのをやめて、低い声で自分自身に毒づいた。この失敗からは多くのことを学び、同じ間違いは二度としなかった。愚かさは、リタイアすべき正当な理由のリストには入らない。ぜひ注意してほしい。

早いうちにリタイアして唯一よかった点は、1週間で体力が完全に回復したことである。ボストンの何週間かあと、私は回復した体力と悔しさをバネにして、10,000mで28分41秒の自己ベストを記録した。そして6月のサンフランシスコマラソンでは、2時間13分29秒で優勝し、42.195kmという距離でも雪辱を果たすことができたのである。

もう1回のリタイアは、1986年のツインシティズ・マラソンだ。このレースは翌年の世界選手権の代表選考会を兼ねていた。私はその数週間前にトラックで練習したあと、ストレッチのしすぎでハムストリングスが張ったままであったが、出場を強行した。レース序盤の調子はまずまずだったが、気温5℃の霧雨の中で張りはだんだんひどくなっていった。20マイル（32km）地点で完全にハムストリングスが硬くなったときはトップ集団の後ろについていたが、次の一歩がもう前に出ない。私は1マイルほど歩いたあと、救護車の呼びかけにありがたく応じた。このリタイアは精神的には前回より楽であった。なぜならリタイアの決断を自分以外の人にしてもらったからである。

マラソンでは不甲斐ない1年になってしまったため、私はできるだけ早い時期にまともなレースをしようと心に決めた。理学療法士によれば、ハムストリングスはひどいダメージを受けてはいないが10日間は軽いランニングにするべきとのことだった。しかし定期的なマッサージでほぐすことができたため、ニューヨークシティマラソンを走ることにした。ツインシティズマラソンの3週間後である。ニューヨークでは序盤を抑え気味に走り、中間点の30位から徐々に順位を上げ、9位、2時間14分9秒でフィニッシュした。この年は学ぶことの多い1年であった。

ピート・フィッツィンジャー

第**②**部

マラソントレーニング
プログラム

プログラムの
実施

週間走行距離89kmまでの
マラソントレーニング

週間走行距離89〜113kmの
マラソントレーニング

週間走行距離113〜137kmの
マラソントレーニング

週間走行距離137km以上の
マラソントレーニング

マラソンの
連戦について

©Brianna Soukup/Portland Press Herald via Getty Images

第❽章

プログラムの実施

イントロダクションにも書いたが、読者の多くは、自分のトレーニングプログラムをこれだと決めると、すぐに練習にとりかかろうとする。それでもかまわないのだが、トレーニングをずっと先まで進めてしまう前に、まず本章に目を通してもらいたい。本章を読めば、トレーニングスケジュールに登場する各カテゴリーのランニングを、どう実施するのがベストなのか、わかるはずである。さらに、トレーニングを進めるなかでよんどころない事情が生じたとき、どうスケジュールをやりくりしてそれに対処するか、ということも知ることができる。

　第9章から13章のトレーニングスケジュールには、その日に行う具体的な練習内容と、トレーニングのカテゴリーが書かれている。カテゴリーは、ロング走、ミディアムロング走、マラソンペース走、有酸素走、LT走、回復走、$\dot{V}O_2max$インターバル、レッグスピードの8つである。本章で説明するのは、各トレーニングカテゴリーの最も効果的な実施方法である。生理学的効果や役割については、第1章で詳しく説明したので参照してほしい。

ロング走

　本書のトレーニングスケジュールにおけるロング走とは、26km以上のランニングのことである。ロング走の目的は、（言うまでもないが）42.195kmという距離を走るための持久力を向上させることにある。

　ロング走から最大限の効果を得るには、正しい強度の範囲内で行うことが必要だ。ロング走は、スロージョギングになってはならない。足を使った時間を増やすためだけにするようなジ

ョギングとは違う。第1章で述べたように、ロング走に適切なペースは、その日の練習がトレーニングプログラム全体の中でどういう目的を持つかによって決まる。ほとんどの場合は、マラソンのレースペースより10〜20％遅いペースが、最も効果的である。これはたいていのランナーなら、最高心拍数の75〜84％または心拍予備量の66〜78％程度に相当する。呼吸の激しさで言えば、有酸素走（つまり日ごろ行うスタンダードなランニング）と同じかわずかに荒くなるが、マラソンペースよりは、はるかに楽なレベルである（ただし、練習が終わるころには筋肉が疲労するため、主観的強度は高くなる）。この範囲ならば、レースペースで使われる筋活動パターンと姿勢をシミュレーションする強度としても十分であり、なおかつ他の重要な練習に向けて身体を比較的早く回復させることもできる。

　ロング走では、この範囲のなかの一番遅いペースでスタートする。そして最後の8〜16kmでマラソンペースより約10％遅いペースに達するよう、次第にペースを上げていく。こうして徐々にペースアップしながら力強く走り終えることで、自分のコントロール能力に自信がつく。練習効果を最大限に高めるには、レースで走る坂道をシミュレーションできるようなコース設定をすること（「ヒルトレーニングはするべきか？」の項を参照）。実際のコースよりもアップダウンが多ければ、トレーニングでのペースはいくらか遅くする。

　スケジュールには、レースを見据えてマラソンペースで行うロング走（このあとで説明する）もあれば、それよりも遅い、調整レースの翌日に行うロング走もある。土曜日にレースやハードな練習をしたら、翌日は、リラックスしたペースでロング走をすべきである。日曜日には疲労もいくらか残っているだろうし、筋肉の張りもあるだろう。そうするとケガをする可能性が高くなるのだ。このような場合は、スタートは回復走と同じように走る。そして、走っているうちに筋肉がほぐれてきたら、マラソンペースよりも15〜20％遅いペースまでペースを上げてトレーニング刺激を強める。

ミディアムロング走

　ミディアムロング走は、18〜24kmを走るトレーニングである。ミディアムロング走の目的は、ロング走で得た生理学的な効果を強化することにある。生理学的効果を最大限に得るためには、ロング走に近いペースで行うべきだ。前日にハードな練習をしたら、ミディアムロング走は最適強度ゾーンの最も遅いペースで走ること。

　身体がフレッシュに感じられる日は、適正強度よりもペースを上げたくなるが、誘惑に負けてはならない。ハードな走りをしてしまうと回復が長引き、他の重要な練習の質が落ちるからである。ミディアムロング走もロング走と同じように、レースをシミュレーションしたコースにしてみよう。

マラソンペース走

　マラソンペース走は、距離的にはミディアムロング走かロング走に相当する。そして、その距離の大半を、マラソンのレースペースで走る。マラソンペース走には、レース当日のペースやフォームなどを実践できるという、ほかにはない生理学的効果がある。また、自信を大いに高めてくれるトレーニングでもある。

マラソンペース走では、ミディアムロング走やロング走と同じように、ゆっくりとしたペースでスタートし、そのあとの部分をマラソンペースで走る。例えば、26kmのうち19kmをマラソンペースで走る、とスケジュールに書かれている場合、最初の6～7km程度で徐々にペースを上げ、そのあとの19kmをマラソンペースで走る。このトレーニングの目的は、これから自分が走るマラソンにできるだけ合わせて自分の身体を準備することにある。よって、可能なかぎり実際のレースに似たコース設定をすること。マラソンペース走の強度は、トレーニングを積んだランナーならたいてい、最高心拍数の82～88％または心拍予備量の76～84％に相当する。

有酸素走

有酸素走は、トレーニングのスタンダードとなるランニングである。強度は低めで距離は最長16kmである。LT走より遅く、回復走より速く、ミディアムロング走より短いのが有酸素走である。有酸素走の目的は、トレーニング量を増やし、有酸素性の体力を全般的に高めることにある。持久力を向上させるプラスのトレーニング適応の多くは、トレーニングの合計量に関係する。そのため、有酸素走をすることによってトレーニングの全体量が増えれば、よりよい状態でマラソンに臨むことができる。

有酸素走の最適強度は、ほとんどの場合、マラソンペースよりもおよそ15～25％遅いペースである。このペースはたいてい、最高心拍数の72～81％または心拍予備量の62～75％に相当する。有酸素走は主にトレーニング量を増やすために行うものである。よって、有酸素走の翌日に疲れが残ってハードな練習ができなくなるのなら、有酸素走の強度が高すぎることになる。

LT走

本書のLT（乳酸性作業閾値）走とは、LTペースで20分以上走るテンポランニングのことである。レースであれば1時間程度走れるというペースが、LT走の強度だ。ほとんどのマラソンランナーにとっては、最高心拍数の82～91％または心拍予備量の76～88％に相当する。また、経験を積んだランナーならば、10kmのレースペースよりも1kmあたり約6～9秒遅いペースと見積もることもできる。テンポランニングは、LTペースが速くなるための強い刺激となる。そして、LTペースが速くなれば、マラソンペースも同様に向上する。LT走をする際は、開始前に3～5kmのウォーミングアップ、終了後に10～15分のクーリングダウンを行うべきである。本書のトレーニングスケジュールで指定しているテンポランニングの距離は6～11kmである。例えば、ある日の走行距離が16km、そのうち8kmがLT走と書かれていたら、ウォーミングアップ5km、テンポランニング8km、クーリングダウン3kmという構成になる。

回復走

回復走は、ゆったりしたペースで行う比較的短いランニングである。次のハードな練習に備えて身体の回復を促す。回復走はジョギングであるとは言いきれないが、同じ週に行う他の練

第1部
マラソン
トレーニング
とは何か

第1章
マラソンに
必要な条件と
トレーニング

第2章
栄養摂取と
水分補給

第3章
トレーニングと
回復の
バランス

第4章
補助的
トレーニング

第5章
年齢（と分別）
を重ねた
ランナーの
トレーニング

第6章
ベスト
パフォーマンス
のための
テーパリング

第7章
レース当日の
戦略

第2部
マラソン
トレーニング
プログラム

第8章
→ プログラムの
実施

第9章
週89kmまでの
マラソン
トレーニング

第10章
週89～
113kmの
マラソン
トレーニング

第11章
週113～
137kmの
マラソン
トレーニング

第12章
週137km
以上の
マラソン
トレーニング

第13章
マラソンの
連戦について

習よりも、かなり遅いペースにするべきである。最適な強度は、たいていの場合、最高心拍数の76％または心拍予備量の68％を下回るペースである。主観的な表現をすれば、エネルギーがゆっくりと漏れ出していくというのではなく、エネルギーが満ちていくような感覚である。したがって回復走を走り終えたときは、リフレッシュした感覚になるはずだ。回復日は身体が

ゲーレン・ラップ Galen Rupp

自己最高記録:2時間6分07秒(2018年プラハマラソン)

主な戦績:2016年リオデジャネイロ・オリンピック3位、2017年ボストンマラソン2位、2017年シカゴマラソン優勝

©Matthias Hangst/Getty Images

　ゲーレン・ラップはいったいどうやって、これだけの短期間でマラソンをマスターしたのだろう？ 初マラソンから4回目のマラソンまでの順位は、1位、3位、2位、1位である。

　これらのレースはどれも楽なレースではない。ラップがマラソンデビューを果たしたのは、2016年のオリンピック代表選考会である。同じ年の夏に行われたリオデジャネイロ・オリンピックは2回目のマラソンにもかかわらず銅メダルを獲得、その翌年にはボストンマラソンで2位、シカゴマラソンでは優勝という結果を残した。シカゴでの優勝は、15年ぶりのアメリカ人男性の勝利でもあった。

　ラップを長年にわたり指導してきたのは、ボストンで1回、ニューヨークで3回の優勝経験を持つ、アルベルト・サラザールである。もちろん彼の存在も、ラップの快進撃の支えにはなった。しかし、走ったのはラップである。サラザールではない。短い距離で完成された選手なら、マラソンに転向できる。そして、そのために必要なのは慎重に取り組むことであって、恐れることではない。ラップの瞬く間の成功は、それを証明している。

　自身初のマラソンのスタートラインに立ったとき、彼はすでに2回のオリンピック経験者であり、10,000mの2012年ロンドン・オリンピック銀メダリストにして、同種目の米国記録保持者でもあった。そのほか、いきなりロードレースに出場することもあったが、いずれも成功を収めている。特に2回出場したハーフマラソンでは、遅かったほうのタイムでも1時間1分20秒という実績を残している。

　このようなバックグラウンドを持つラップは、肉体面でも心理面でも、マラソンに取り組む準備はできていた。肉体面で準備ができていた、とはどういうことか。彼は長年、さまざまなペ

最も疲れている日である。そのような日に追い込むと、週の後半の肝心なときに、必要以上に疲労していることになる。

　回復走は、極力平坦なコースで行うようにするが、アップダウンがある場合は、上りのときの心拍数に多少の幅を持たせるか、大幅にペースを落とす必要がある。回復走は、できるかぎ

第**1**部
マラソン
トレーニング
とは何か

第**1**章
マラソンに
必要な条件と
トレーニング

第**2**章
栄養摂取と
水分補給

第**3**章
トレーニングと
回復の
バランス

第**4**章
補助的
トレーニング

第**5**章
年齢(と分別)
を重ねた
ランナーの
トレーニング

第**6**章
ベスト
パフォーマンス
のための
テーパリング

第**7**章
レース当日の
戦略

第**2**部
マラソン
トレーニング
プログラム

第**8**章
→プログラムの
実施

第**9**章
週89kmまで
のマラソン
トレーニング

第**10**章
週89～
113kmの
マラソン
トレーニング

第**11**章
週113～
137kmの
マラソン
トレーニング

第**12**章
週137km
以上の
マラソン
トレーニング

第**13**章
マラソンの
連戦について

ースのトレーニングを行ってきた。そのなかには、定期的に行っていたロング走も含まれる。彼のマラソントレーニングとは、これを微妙にシフトさせること、つまりロング走をより長くし、ショートインターバルを行う回数を減らすことであり、今までのトレーニングを大幅に変えることではなかったのである。いっぽう心理面で準備ができていた、とは、順位を狙うレースの仕方も、タイムを狙うレースの仕方もすでに知っていた、ということである。彼にとってマラソンは新しい課題になるはずだったが、その課題を解決する心理面でのツールをすでに身につけていたのだ。

　しかし、短い距離で確かな実績があれば、初マラソンで賭けに出てもいい、ということではない。ラップは、自分の初マラソンである選考会がスタートから世界トップクラスのペースにはならないと、わかっていた。オリンピックを2回目のマラソンの舞台にしようという大胆な考えの裏には、それなりの計算があったのである。しかしレースとなると、1回目のマラソンでも2回目のマラソンでも、ラップはまるで短い種目のような駆け引きをした。その自信は、これまでさまざまな種目を走ってきた経験とマラソンに特化したトレーニングから来るものである。

　ラップのマラソントレーニングには、面白い一面もある。彼はロング走の多くをトレッドミルや草地の短い周回で行っている。他人からすればお世辞にも楽しい練習とは言えない、ひどく退屈なものである。しかしラップに言わせれば、これによって給水をとりながら柔らかい路面で練習ができる、ということ

らしい。こうした練習では、マラソン特有の、身をすり減らすような苦しさに耐える粘り強い精神力を養うこともできる。

　ラップが初めて失敗したマラソンにも、学ぶべきことはある。

　2018年のボストンマラソンでは、エリート選手の多くが完走できなかったが、ラップもそのうちの1人である。誰もが寒さと横殴りの雨と格闘するなか、ラップは持病の喘息により、とりわけ苦しんでいた。彼はニュートンヒルに差しかかる前からトップ集団から離され、20マイル（32km）地点の手前でリタイアした。

　ラップには、ボストンの前、自分が絶好調であることがわかっていた。実際、調整レースとして出場したハーフマラソンでは1時間を切っている。ボストンのリタイアまでの部分は比較的スローペースで進んだため、ラップにしてみれば、長いレースというよりは、きついトレーニングのようなものだった。そこで彼は身体を回復させトレーニングを再開し、プラハマラソンにエントリーした。そしてボストンの悪夢から20日後、2時間6分07秒でプラハを制した。これはそれまでの自己最高記録を3分更新するタイムであり、ラップは米国史上2番目に速いマラソンランナーとなったのである。

　バックアップのレースは、必ずしも計画する必要はない。しかし、自分の思いどおりに事が運ばず、しかもダメージが少なかったなら、培った体力を他のレースに回すのも、1つの手である。そのためのスケジュールを第13章に紹介したので、参考にしてほしい。

り柔らかい走路を選んで行うこと。そうすれば、回復はさらに促進される。

$\dot{V}O_2$maxインターバル

　本書のトレーニングスケジュールで紹介している$\dot{V}O_2$maxインターバルは、距離は600〜1,600m、ペースは現時点の5kmレースペースで行うものである。$\dot{V}O_2$maxインターバルは、マラソントレーニングの重要な要素ではあるが、5kmレースや10kmレースのトレーニングに比べれば、キーポイントとなるほどの練習ではない。したがって本書では、$\dot{V}O_2$maxインターバルを、強いトレーニング刺激が得られ、なおかつ重要な練習に向けて素早く回復できるという、2つの条件が両立する距離に設定している。

　ランニングのペースも、設定の理由は同じである。短い種目がメインのランナーなら、3kmのレースペースに近いペースで行うことも必要だが、マラソンランナーの場合は、5kmのレースペースを守っていれば、最大限の効果が得られる。効果的な強度ゾーンの下半分のペース（最高心拍数の93〜95％または心拍予備量の91〜94％）で走れば、$\dot{V}O_2$maxを向上させる強いトレーニング刺激が得られ、それでいて他の重要な練習に向けて素早く回復することもできる。そのため、**表8.1**の練習強度は、5kmレースペースとしても控えめな強度に設定している。

　休息の最適な量については、意見が分かれるところだ。練習中ずっと代謝率を高く保てるよう、最小限にするという説もある。このやり方だと、非常に難度の高い練習になる（そしてよい練習になる可能性もある）が、練習を途中で切り上げてしまうリスクがある。いっぽう、あらかじめ一定の心拍数を求め（最高心拍数の70％もしくは心拍予備量の65％）、心拍数がその値に下がるまでの時間を休息の時間とする説もある。この時間であれば、刺激と回復は最適に近いバランスになる。アナログ人間のための目安としては、急走にかかる時間の50〜90％と覚えておけば便利である。例えば、1,000m3分20秒を繰り返すなら、休息の時間は1分40秒〜3分間となり、この時間の長さだけゆっくりと走る。本書では、この方法で$\dot{V}O_2$maxインターバルの休息の時間を設定している。

レッグスピード（脚の動きの練習）

　レッグスピードとは、50〜200mのウィンドスプリントを繰り返すことであり、脚の動きの速さとランニングフォームを改善する練習である。神経系を鍛えることで、レース中、脚の

表8.1●マラソントレーニングの強度

	最高心拍数に対する割合(%)	心拍予備量に対する割合(%)
ロング走／ミディアムロング走	75-84	66-78
マラソンペース走	82-88	76-84
有酸素走	72-81	62-75
回復走	<76	<68
LT走	82-91	76-88
$\dot{V}O_2$max（5kmレースペース）	93-95	91-94

速い回転を維持できるようになる。

　この練習は、入念にウォーミングアップをしてから行うが、有酸素走や回復走の最後に行うことも多い。毎回よい動きで走れるよう、しっかり身体を休ませてから次の1本を走る。

　100mを10回繰り返すのがウィンドスプリントの一般的なパターンである。毎回、70mまではトップスピードになるまで加速し、最後の30mはフロートに移行する（訳者注：フロートについては、p.27の監修者注を参照）。加速しているあいだは、リラックスした状態を保つことが鍵となる。こぶしを握りしめたり、肩を上げたり、首を力ませたりしないようにする。よいフォームで走ることに集中し、この1本は腕の力を抜く、次の1本は股関節の伸展動作に集中する、という具合に、毎回ポイントを1つに絞る。

　ウィンドスプリントの合間の休息は、100〜200mのジョグやウォークが一般的である。ウィンドスプリントの最も重要な点は、よいランニングフォームを維持すること、そして毎回集中して力強く加速することである。

　第1章でも触れたが、スピードを向上させる方法としては、坂道走という方法もある。これは、緩やかな短い坂を10〜12秒で駆け上がり、ウォークかジョグでスタート位置に戻る練習である。この短いランニングによって筋力と筋パワーが身につき、ランニングエコノミーが向上する。この坂道走と平地での100mのウィンドスプリントを組み合わせると、非常に効果的な練習になる。15分間ウォーミングアップ、坂道走10〜12秒×6〜8、ウィンドスプリント100m×8、クーリングダウンのジョグという構成が、一般的である。

　本章と第1章、第3章で指定したトレーニング強度を表8.1にまとめた。経験を積んだマラソンランナーならたいてい、このゾーンが適正な強度だ。経験の浅いランナーはこのゾーンの下限、エリートランナーは上限の強度でトレーニングするといいだろう（短いレッグスピードの練習では心拍数は問わないので、記載しない）。

1日に2回練習することについて

　マラソンランナーには、1日に2回練習しようとする傾向がある。その必要があるかどうか、週間走行距離を確かめもせず、1日2回の練習、いわゆる2部練習を始めようとしてしまうのである。2部練と言うと、本格的なトレーニングのような響きがあるため、ランナーはつい、そのほうがいいマラソントレーニングだと思い込む。しかし実際はまったく違う。マラソントレーニングで走行距離を増やすときは、1日1回の練習から2回の練習に増やしたいという気持ちを、抑えるべきなのである。

　第1章では、マラソンのパフォーマンス向上につながる、さまざまなトレーニング適応について説明した。マラソントレーニングで焦点を絞るのは、持久力を基本とした適応だ。例えば、グリコーゲンを枯渇させて、より多くのグリコーゲンを蓄えられるよう身体に刺激を与えたり、筋肉を鍛えて、同じペースでもより多くの脂肪が利用できるようにしたりすることである。このような適応を得るには、一度に19km走ったほうがいい。同じペースで、11kmと8kmのように2回に分けて走るよりも、トレーニング刺激は強くなるのだ。

　こう言っても、にわかには信じがたいかもしれないが、比較的短い距離を専門とするランナーのほうが、マラソンランナーよりも2部練習を多くすべきなのだ。例えば、5kmのレース

第①部
マラソントレーニングとは何か

第❶章
マラソンに必要な条件とトレーニング

第❷章
栄養摂取と水分補給

第❸章
トレーニングと回復のバランス

第❹章
補助的トレーニング

第❺章
年齢（と分別）を重ねたランナーのトレーニング

第❻章
ベストパフォーマンスのためのテーパリング

第❼章
レース当日の戦略

第②部
マラソントレーニングプログラム

第❽章
プログラムの実施

第❾章
週89kmまでのマラソントレーニング

第❿章
週89〜113kmのマラソントレーニング

第⓫章
週113〜137kmのマラソントレーニング

第⓬章
週137km以上のマラソントレーニング

第⓭章
マラソンの連戦について

を目指すランナーは、週間走行距離が80kmを超えたら、2部練習を始めるべきである。なぜなら、5kmのスペシャリストがメインとして行う練習は、質の高いインターバルトレーニングだからである。比較的短い距離を、回数を増やして走ったほうが、常に脚がフレッシュな状態でメインの練習に取り組めるのだ。

マラソンランナーの場合は、一度の練習で走る距離を最大限に伸ばすまでは、2部練習は行わない、というのが基本的なガイドラインである。マラソンのトレーニングをしていて週間走行距離が121kmに満たないのなら、2部練習を定期的にするべきではない。この場合、ロング走や週半ばのミディアムロング走ができていないうちは、週に1回や2回の2部練習で距離を稼いだとしても、意味はない。それよりも、1回の練習を長めにして、次の練習までに22〜23時間、回復する時間を身体に与えたほうがよい。

しかし、週間走行距離が121kmを超えると、2部練習は明確な役割を持つようになる。トレーニング全般に言えることだが、2部練習も徐々に導入するべきである。まずは週に1回から始め、走行距離が増えるにしたがい、2回に増やす。第9〜13章のスケジュールでも、このようなアプローチで2部練習を増やしており、2部練習が組み込まれているのは、走行距離の多いプログラムだけである。

では、2部練習はどのようにしてトレーニングプログラムに導入するべきか？ 本書のトレーニングスケジュールに設定されている2部練習には、それぞれ異なる目的がある。その主なものの1つは、ハードな日の練習である。午前中にイージーランニングをすれば、夕方の$\dot{V}O_2max$インターバルやテンポランニングに向けて、身体をほぐすことができる。その逆も同様で、夕方にイージーランニングを30分行うと、午前中に行ったテンポランニングからの回復が促進される。

もう1つの主な目的とは、回復日の練習である。走行距離が増えた結果、回復日にもかかわらず13km以上のランニングが設定されている日。このような日こそ、イージーな2回の練習に変更すべきである。一度に16km走るよりも、8kmを2回走ったほうが身体に優しく、回復も早まる。単に週間走行距離を伸ばしたいがために回復日の距離を増やすのは、自重すべきだ。次のハードな練習に向けて身体が完全に回復しないため、回復日に余分に走ると逆効果になる。

本書のスケジュールでは、ミディアムロング走の日に2回目の練習としてイージーランニン

2部練習する価値のないとき

2回目の練習では、少なくとも25分は走るべきである。それより短ければ、時間と労力をかける価値はほとんどない。それは生理学的にも、時間的にも言えることである。わざわざ忙しい生活の合間を縫って、着替える・外に出る・ストレッチをする・シャワーを浴びる、という手順を踏むほどのことでもない。

ごく短い、意味のないランニングをするために貴重な睡眠時間が削られるのなら、なおさらだ。走行距離を伸ばしてケガのリスクを増やすより、クロストレーニングを追加したほうが賢明である。クロストレーニングの方法については、第4章で解説している。

グが設定されていることもある。このような2部練習を行うと、貯蔵した糖を枯渇させ、同じ
ペースでも脂肪により依存するよう筋肉を鍛えることになるため、トレーニング刺激は増す。
できれば、午前中にミディアムロング走を行い、夕方に2回目の練習として短い距離を走れる
といい。スケジュール上、ミディアムロング走を夕方にしなければならないときは、午前中は
くれぐれも楽なランニングにすること。本章の前半や第1章でも触れたが、ミディアムロング
走は適切なペースで行ったときに、最大の効果を発揮する。したがって、午前中の短いランニ
ングによってミディアムロング走の質が下がることがあってはならない。2部練習にした結果
ミディアムロング走が苦しくなるのなら、質の高いミディアムロング走1回のほうが、まだい
い。

　また、本書のスケジュール上、絶対にないのが、週1回設定されているロング走の日の2回
目の練習である。このような練習はただ距離を稼ぐためだけの、練習のための練習にほかなら
ない。ロング走のあと夕方に再び走っても回復が遅れるだけである。ロング走が終われば、ト
レーニングの目標はすぐに切り替わる。次のハードな練習に備えてできるかぎり早く身体を回
復させることが目指すターゲットである。

「ハード」という言葉について

　本書のトレーニングスケジュールを見て、「スピード養成トレーニング」はいったいどこに
あるのか？　と思う読者もいるかもしれない。マラソンの準備をするなら、できるだけハード
なトレーニングをするべき。ふつうはそう思ってしまうものだ。そして、ハードなトレーニン
グといえば、週に1回はトラックに行って、胸が焼けつくようなインターバルトレーニングを
する以外にない、と考えている。きっとそんなところだろう。

　第1章では、本書のスケジュールの根拠となる基本原理について詳しく説明した。それを短

©David L. Ryan/The Boston Globe via Getty Images

それぞれの練習の目的がわかっていれば、適切な強度で走ることができる

第①部
マラソン
トレーニング
とは何か

第❶章
マラソンに
必要な条件と
トレーニング

第❷章
栄養摂取と
水分補給

第❸章
トレーニングと
回復の
バランス

第❹章
補助的
トレーニング

第❺章
年齢（と分別）
を重ねた
ランナーの
トレーニング

第❻章
ベスト
パフォーマンス
のための
テーパリング

第❼章
レース当日の
戦略

第②部
マラソン
トレーニング
プログラム

第❽章
プログラムの
実施

第❾章
週89kmまで
のマラソン
トレーニング

第❿章
週89〜
113kmの
マラソン
トレーニング

第⓫章
週113〜
137kmの
マラソン
トレーニング

第⓬章
週137km
以上の
マラソン
トレーニング

第⓭章
マラソンの
連戦について

くまとめると、マラソンの成否をほぼ決定づける生理学的能力とは、重要なものから順に、持久力、乳酸性作業閾値（LT）、最大酸素摂取量（$\dot{V}O_2max$）であり、本書のスケジュールはその生理学的能力に最大限の刺激を与えられるように作られている、ということになる。結局のところ、レース本番のパフォーマンスに最も関係するのは、ロング走とテンポランニングであり、苦しい800mのインターバルをどれだけ行ったか、ということではないのだ。

　レースまでの準備期間は長い。その長いあいだでも、マラソンの成功に必要な要素を理解していれば、自分は正しいトレーニングをしているという確信が揺らぐことはない。トレーニング仲間には、翌週の400mのインターバルに参加しない理由を、第1章で学んだマラソン生理学の知識を基に説明してみよう。それだけではなく、なぜ週末に加えて週の半ばにも24km走をするのか、自分でも再確認しよう。それでもなお、彼らの言う「ハードな」トレーニングをしていないと責められるのなら、2～3週間、同じスケジュールでトレーニングをしてみないかと仲間を誘い、あとで様子を聞いてみてはどうだろう。そのころになれば、彼らも自分の言ったことをすでに理解しているのではないだろうか。

ヒルトレーニングはするべきか？

　トレーニングスケジュールには、短い坂道走以外、特にヒルトレーニングは設定していない。ヒルトレーニングにどのくらい注力するかは、出場するレースの地形によるからである。ロンドン、シカゴ、ベルリンのように、いい記録が生まれるように設計された、ごく平坦なコースを走る場合は、変化のない地形で2時間以上走り続ける準備が必要である。反対に、アップダウンのあるコースを走るなら、トレーニングコースは上りも下りも含めて、レースの地形に近いほどいい（昔からシミュレーションが必要なレースと言えば、ボストンマラソンである。準備不足のランナーにとっては容赦のない厳しいコースだ）。レースと同程度の長さと勾配のある坂をトレーニングコースに取り入れれば、レース当日、最高のパフォーマンスが期待できる。

　スケジュールにある練習は、どれも坂道で行ってよい。練習を坂で行い、さらにレースコースのシミュレーションをすれば、トレーニングにバリエーションが加わるだけでなく、より実戦的なトレーニングとなり、目標達成の可能性も高まる。

　週に1、2回は、テンポランニング、ロング走、ミディアムロング走、有酸素走のいずれかで、次のマラソンレースのコースプロフィールをシミュレーションするべきである。そしてその際は、くれぐれも運動強度が適正に保たれるよう、ペースを調整すること（上りでは、心拍数が5～8bpm増えるのは許容範囲だ。しかし、上り切ったあとは適正範囲に戻るよう、必ずペースを緩めること）。$\dot{V}O_2max$インターバルも、毎回でなければアップダウンのある場所で行っていい。ただし、最初から追い込みすぎて、練習を台無しにしてしまいがちだ。上り坂を使って$\dot{V}O_2max$インターバルをする場合は、休息を通常よりいくらか長くし、そのあいだに坂の下まで戻ってくる。このように多少の調整をしても、上り坂のトレーニング効果がそれを補って余りあるので、問題はない。

　居住している土地は平坦だが、目標とするレースにはアップダウンがある、という人でも、諦めてはならない。少し工夫をするだけで、ヒルトレーニングと同じ効果は得られるものだ。マイアミのランナーは、日曜日の朝、立体駐車場のスロープを走ることで有名だ。また、トレ

ッドミルでも坂道練習を再現することができる。

　上り坂のテクニックは、どちらかというと単純だ。いちばん間違いやすいのは、前傾してしまうことだが、これはスピードを維持するには逆効果である。下を見ずに前を見たほうが、姿勢を真っすぐに保つことができる。そして、自分でいちばん効率的な動きだと思えるよう、ストライドは自然と狭まる長さ、膝も無理なく上がる高さで走る。上り坂だと平地よりも腕を大きく振って膝を上げる人が多いが、肩や腕はできるだけリラックスさせること。下り坂では、ブレーキをかけないようにしよう。身体の重心を坂道に対して垂直に保てば、重力を使ってできるだけ速く下ることが可能になる。

トレーニングを中断せざるを得ないとき

　マラソンの準備には相当の時間がかかり、トレーニングも非常にきつい。よって目標までの道のりには障害も現れる。厄介なのは、これを避けることが、ほとんど不可能だということだ。行く手をなるべく阻まれないように、トレーニングや生活を管理することも大切だが、それでも障害が生じてしまった場合、その障害に対処することも重要である。トレーニングの妨げになることが多いのは、ケガ、病気、悪天候、社会的な責任である。これらの障害を一つひとつ検証し、それに対してスケジュールをどう調整すべきか、考えてみよう。

ケガと病気

　ケガや病気は、早期に発見することが肝心である。優れたマラソンランナーは、初期段階でケガや病気に気づく。重症化しないうちに察知する能力があるのだ。ケガや病気をしたあとトレーニングに復帰するには、注意深く分析することが必要である。トレーニングへの復帰が早すぎたり、トレーニングをしすぎたりすると、休養は長引くばかりだ。トレーニングに復帰して間もない期間は、ケガや病気の原因を回避することが重要である。つまり、使い古したシューズ、コンクリートの上での練習、オーバートレーニング、睡眠不足などを避けなければならない。なるべくケガや病気をしないよう、第3章をしっかりと読んで、回復の方法を学んでほしい。

　２、３日以上トレーニングを休まざるを得ない場合は、その後、遅れを取り戻そうとするのか、あるいは目標を見直すのかの、どちらかに決める必要がある。その判断を左右するのは、ケガや病気によってロスした日数、トレーニングをしてきた期間、そしてレースまで残された週の数である。２週間半トレーニングを休んだ場合、レースまで16週間あれば問題ないが、残り８週間となれば、目標の修正は避けられない。

　表8.2は、ケガや病気のあと、目標の修正が必要になったときのためのガイドラインである。

表8.2●トレーニング再開時のガイドライン

トレーニングできなかった日数	マラソンレースまで8週間以上ある場合	マラソンレースまで8週間未満の場合
10日未満	スケジュールをそのまま再開	スケジュールをそのまま再開
10〜20日	スケジュールをそのまま再開	目標修正
20日超	目標修正	目標修正

第①部
マラソン
トレーニング
とは何か

第❶章
マラソンに
必要な条件と
トレーニング

第❷章
栄養摂取と
水分補給

第❸章
トレーニングと
回復の
バランス

第❹章
補助的
トレーニング

第❺章
年齢（と分別）
を重ねた
ランナーの
トレーニング

第❻章
ベスト
パフォーマンス
のための
テーパリング

第❼章
レース当日の
戦略

第②部
マラソン
トレーニング
プログラム

第❽章
プログラムの
実施

第❾章
週89kmまで
のマラソン
トレーニング

第❿章
週89〜
113kmの
マラソン
トレーニング

第⓫章
週113〜
137kmの
マラソン
トレーニング

第⓬章
週137km
以上の
マラソン
トレーニング

第⓭章
マラソンの
連戦について

一般的に言って、トレーニングできなかった日が10日未満であれば、本来あるべきだったところからトレーニングを再開しても問題ない。しかし、$\dot{V}O_2max$の練習ができていなかった場合は、このあと何回かは、トレーニングをロスした日数に応じて、ペースを落とすことも考えよう。レースまでの期間が8週間未満、ロスした日が10日以上、というときは、目標の修正も視野に入れる。トレーニングをすっかり元に戻すというときは、練習でタイムを計った結果から、どれだけ体力が落ちたかを推定し、レースの設定ペースを何秒か遅くすべきかどうか、判断する。

なぜ(そして、どのように)読者はスケジュールをアレンジしているのか?

トレーニング期間中に障害が生じたときに、どうトレーニングスケジュールを調整するか、ということについては、すでに検討した。本書の第2版の読者も、それぞれに目的があってスケジュールを調整、アレンジしている。読者からもらったメールや、オンラインのディスカッションで見聞きすることの多いアレンジと、それに対する筆者の考えを、以下に紹介する。

・スケジュールのなかで最も長いロング走よりも、さらに長いロング走を行う

読者のアレンジ:スケジュールのアレンジとして、いちばんよく聞く話である。ランナーの多くが、マラソンに近い距離を1回以上走っておくと、レース当日、しっかりと準備ができた気持ちになる、と言う。スケジュールより長いロング走に関しては、肉体面よりも精神面の効果について語られることのほうが多い。1回長く走っておくと、マラソンの距離にひるむことも少なくなる、というのである。

筆者の考え:これまでにケガの履歴がなく、38km程度のロング走を1回か2回したほうが自信がつくと思うなら、もちろん、一向にかまわない。

・調整レースを増やす

読者のアレンジ:レースに出るのが好きな(そして自分の体力を確かめるのが好きな)読者は、スケジュールに指定された数よりも1、2回多く調整レースに出ている。$\dot{V}O_2max$の練習、あるいはテンポランニングの代わりとして

走るのが、最もポピュラーなやり方だ。調整レースが土曜日に行われ、ごく短い距離の場合は、翌日の日曜日にスケジュールどおりロング走をする。調整レースがどちらかというとハーフマラソンに近い距離の場合は、ふだんよりもクーリングダウンを長めに走り、それをその週のロング走とみなしているようである。

筆者の考え:重要なのは、ロング走をスケジュールの指定に近い回数こなすことである。調整レースを1回か2回増やしても、ロング走が指定された回数分できるのであれば、まったくかまわない。

・$\dot{V}O_2max$の練習やその他のスピード練習を増やす

読者のアレンジ:単に自分の好みの問題で、テンポランニングの日でも、トラックのハードな練習にしてしまう読者がいる。こういうランナーは得てしてマラソン歴が比較的浅いランナーに多い。そして自分の武器はスピードだと思っている。

筆者の考え:マラソントレーニングの鍵は、42.195kmを一定のペースで走れるような身体をつくることにある。ハードなトラックの練習をしすぎると、マラソンには逆効果となる。なぜなら、疲れが残り、ほかのもっと重要な練習に支障が出るからだ。よって、このアレンジは勧めない。

・週半ばのミディアムロング走の距離を短くする

読者のアレンジ:ミディアムロング走の距離

自然現象

　悪天候であっても、通常の場合は、なんとか対処しなければならない。しかし、自然の摂理によって激しい吹雪や猛烈な暑さに見舞われることもある。そのような天候では健康的にトレーニングを続けようとしても、よくない結果を生むだけだ。天候が落ち着くまでの何日間かは、可能なかぎり室内のトレッドミルを使うか、しかるべきクロストレーニングを行う。

　マラソントレーニングの進行に影響するファクターはいくつかあるが、天候にもその他のフ

第①部
マラソン
トレーニング
とは何か

第❶章
マラソンに
必要な条件と
トレーニング

第❷章
栄養摂取と
水分補給

第❸章
トレーニングと
回復の
バランス

第❹章
補助的
トレーニング

第❺章
年齢（と分別）
を重ねた
ランナーの
トレーニング

第❻章
ベスト
パフォーマンス
のための
テーパリング

第❼章
レース当日の
戦略

第②部
マラソン
トレーニング
プログラム

第❽章
プログラムの
実施

第❾章
週89kmまで
のマラソン
トレーニング

第❿章
週89～
113kmの
マラソン
トレーニング

第⓫章
週113～
137kmの
マラソン
トレーニング

第⓬章
週137km
以上の
マラソン
トレーニング

第⓭章
マラソンの
連戦について

を、あえてスケジュールより短くする読者がいる。自分には時間がない、元気がない、というのが、その主な理由である。そしてその多くは、トレーニング期間中ずっと、ミディアムロング走の距離を16～19km程度に抑えたままである。

　筆者の考え：これは難しい問題だ。特に冬場ともなれば、週の半ばにミディアムロング走をこなすのはきつい。それは筆者にもよくわかる。しかし、ミディアムロング走はマラソントレーニングとして非常に効果的なため、とにかくできるだけ設定距離をこなせるように頑張ってほしい（例えば、16kmで定着してしまうよりは、なんとか19km走ったほうがいい、ということである）。

・2つのスケジュールの中間の走行距離を採用する

　読者のアレンジ：あるスケジュールで設定されている週間走行距離では足りず、かといって、一段階上のレベルのスケジュールでは、ケガをしたり疲労が抜けなかったりするため、2つのスケジュールの中間の走行距離を目標にする読者がいる。練習内容に関しては、走行距離の少ないほうのスケジュールに従っている。例えば、ふだんは週間走行距離89～113kmのスケジュールでトレーニングをしているが、最も長い距離を走り込む時期には、週間走行距離を120kmに設定している。

　筆者の考え：それでうまくいっているのであれば、賢いアレンジの仕方だ。したがって、

まったく問題ない。

・週間走行距離を変えずに走る日数を減らす

　読者のアレンジ：週間走行距離が同じでも、走る日数を減らしたほうが調子がよかった、という読者もいる。例えば、週間89kmという走行距離を、週に5日ではなく、4日で走るのである。2日ある回復走の日のうちの1日は走らず、走る日の距離をそれぞれ若干増やす、というのが、よくあるやり方である。

　筆者の考え：このほうがきっとふだんの生活スケジュールに合うのだろうということは、筆者にもわかる。このやり方が自分に合っているというのならば、まったく問題はない。

・スケジュールのサイクルを、8日以上にする

　読者のアレンジ：7日というトレーニングブロックを、8日や10日、あるいはそれ以上に拡張する、という話は、何人ものマスターズランナーから聞いている（ブロックを拡張すれば、マラソントレーニングをする週の数も当然増える）。このようなアレンジをして、ロング走やテンポランニングなど、疲れが残りがちな練習のあとの回復の時間を長くとる。

　筆者の考え：このアプローチには、全面的に賛成である。若いランナーよりも回復に時間のかかる、年配のマラソンランナーに勧めたい。トレーニングブロックを拡張するアプローチについては、第5章で詳細に検討している。

ァクターと同様、生活を変えてしまう可能性があり、マイナーチェンジとは言いがたい変更を余儀なくされることもある。例えば、猛暑の夏にはふだんのスケジュールを変更し、早朝にある程度のトレーニングを済ませてしまう必要があるかもしれない。また、冬場に数週間雪が積もるような地域に住んでいるなら、何周も走って距離を踏めるような、きちんと除雪された安全な走路を見つけなければならないだろう。

　目標レースは、天候のことも見込んで選ぶようにしよう。気温も湿度も高い地域に住んでいて、暑さのなかでしっかりと走ることができないなら、9月にレースを計画する意味はほとんどない。なぜなら、1年のうちで最もトレーニングに適さない時期に、最もハードなトレーニングをすることになるからだ。同じ理由から、4月に開催されるボストンマラソンも、冬場のトレーニングに困る地域に住むランナーにとっては、厳しい目標となる。

日常生活

　マラソントレーニングをするということは、ほとんどの人にとって、ランニングに注ぎ込む時間と精神的なエネルギーが増えるということである。もし自分もそれに当てはまるというのなら、ふだんの生活がいつもより忙しくなるとわかっているときには、あまり大きな目標を持たないことだ。レースを選び、どれだけの期間をかけて準備をするか計画を立てたら、何がトレーニングの大きな障害になるのかを予想し、なるべくその芽を摘むように努めよう。

　もちろん、どんなにトレーニング中心の生活にしているとしても、ときには、その日の目標が達成できそうにないこともあるだろう。今日は質の高いテンポランニングをする、と決めていても、子供が病気になる、上司の理解が得られない、交通事故に遭うといったことがあれば、予定が完全に狂う可能性はある。いちばん重要な練習は確実にこなし、なおかつ十分に回復できるよう、必要に応じてトレーニングをやりくりしよう。おおよその目安として、計画したトレーニングの90%がこなせれば、準備はうまく進んでいることになる。

　ここまでは、マラソンのトレーニングとレースを成功させる原則と、その実践について見てきた。次は読者にとって最も気になるであろう、トレーニングスケジュールに移ろう。次章以降はすべてトレーニングスケジュールである。

©John Humacki/The Boston Globe via Getty Images

第①部
マラソン
トレーニング
とは何か

第❶章
マラソンに
必要な条件と
トレーニング

第❷章
栄養摂取と
水分補給

第❸章
トレーニングと
回復の
バランス

第❹章
補助的
トレーニング

第❺章
年齢（と分別）
を重ねた
ランナーの
トレーニング

第❻章
ベスト
パフォーマンス
のための
テーパリング

第❼章
レース当日の
戦略

第②部
マラソン
トレーニング
プログラム

第❽章
プログラムの
実施

第❾章
週89kmまで
のマラソン
トレーニング

第❿章
週89〜
113kmの
マラソン
トレーニング

第⓫章
週113〜
137kmの
マラソン
トレーニング

第⓬章
週137km
以上の
マラソン
トレーニング

第⓭章
マラソンの
連戦について

週間走行距離89kmまでの
マラソントレーニング

本章の対象は、ふだんは週に64kmも走らないが、マラソンに向けたトレーニングでは週89kmにまで距離を増やす意欲のあるランナーである。トレーニングスケジュールには2種類ある。1つは18週間から成り、週52kmから始めるスケジュール、もう1つは12週間から成り、週56kmから始めるスケジュールである。両方とも徐々に週間走行距離が増えていき、ピークでは89kmほどに達する。

第1章で説明したように、トレーニングスケジュールは、全体を数週間ずつのブロックに分けると組み立てやすい。本書ではトレーニングスケジュールを4つのブロックに分けた。各ブロックではそれぞれ、持久力、LTと持久力、レース準備、テーパリングに焦点を絞る。そしてそのあとに、スケジュールを締めくくるレース後5週間の回復プログラムが続く。このプログラムは18週間と12週間の、両方のスケジュールに共通である。

スケジュールは2種類用意されているわけだが、通常は、18週間スケジュールのほうが望ましい。18週間という期間は、適度に長く、適度に短い。つまり、身体に刺激を与え、マラソンのパフォーマンス向上に必要な適応を得る時間は十分にあるが、長すぎるということもないため、途中で飽きることなくトレーニングに集中できるのである。

しかし、マラソンのトレーニングに18週間はどうしてもかけられない、という場合もあるだろう。12週間スケジュールを構成するブロックは18週間スケジュールと同じだが、全体の

175

期間が短いぶん、各ブロックも短縮されている。マラソンは、にわか仕込みで臨んでも、時間をかけて取り組んだときのような、万全の準備にはならない。それは覚悟するべきだ。ただ、ランナーにはさまざまな事情から、トレーニングに最大限の時間をかけていられないこともある。こうした事情を踏まえ、短縮版であってもなんとか効果的なプログラムにしようと編み出されたのが、本書の12週間スケジュールである。

スケジュールを始める前に

トレーニングスケジュールは2種類とも、第1週目から手応えのある内容になっている。そしてレースが近づくにつれて難度が高くなるように作成されている。したがって、質量ともに増えていくトレーニングに適応して進化し、なおかつケガのリスクを最小限に抑えるには、最初の1週間を無理なくこなせる力を持っている必要がある。

その第1週目の準備ができているかどうか、自分を客観的に評価しよう。例えば、現在の週間走行距離が32km、過去数週間で走った1回のランニングの最長距離が10kmだったとしたら、18週間スケジュールの第1週に指定されている週間52km（19km走や6kmのテンポランニングも含む）に飛躍する時期ではない。本書のスケジュールの基盤にある考え方とは、身体に吸収され効果を生むトレーニング刺激を繰り返すことであって、身体をできるだけ早いうちから、できるだけ疲れさせることではないのだ。

原則として、本章のスケジュールを始めるまでには、少なくとも週40kmは走っていなければならない。そして開始前の1カ月のあいだで、第1週目に指定されているロング走と同くらいの距離を難なく走れていることも必要である。

スケジュールの背景

本書のスケジュールでは、1日単位で練習を指定しているが、このやり方には限界がある。特に、ランニング以外の日常生活を取り巻く各ランナーの環境、つまり星の数ほどもある個別の状況を推し量ることは、不可能だ。仕事の予定、家族の生活、人付き合い、学校の授業、天候などは、どれもさまざまな面からマラソントレーニングに影響を及ぼす。ロング走の開始時間ひとつとっても、すべてが絡んでくる。場合によっては柔軟に対応しなければならないことも当然あるだろうし、日程を入れ替えるべきときもあるだろう。こうした事態は十分想定できる。したがって、ロスした時間を取り戻そうと、何日も連続してハードな練習をしないかぎり、ケガやオーバートレーニングは防げるはずだ。本書の前半で説明した原則を守れば、自分の状況に合わせて無理なくトレーニングを調整することができるだろう。

スケジュールの見方

スケジュール表では、縦の列に1週間のトレーニングを示した。例えば、12週間スケジュールの「11週間前」という列は、いちばん下の日曜日からレースの日までが11週間だという意味である。この1週間ごとのスケジュールが、レースのある週まで続く（監修者注：原著ではマイルとkmの両方で表示されているが、本訳書ではkm表示をのみを掲載する）。

スケジュールには、その日のトレーニングのカテゴリーと、具体的な練習内容が書かれて

いる。例えば、18週間スケジュールの、レース7週間前の金曜日。具体的な練習内容は19km、カテゴリーはミディアムロング走である。このような形で示すことにより、1週間のなかでそれぞれの練習がどういうバランスで配置されているのか、そして週ごとにトレーニングがどう進行するのかが、ひと目でわかる。再び18週間スケジュールのレース7週間前を見ると、回復の日が4日（そのうち2日はランニング、もう2日は休養またはクロストレーニング）あるほか、LT走、ロング走、ミディアムロング走のあることが、すぐにわかる。次に表を横に見てみよう。日曜日の段に注目すると、ロング走がどのように増えていき、レース前の2週間ではどのように減っていくか、ということも、一目瞭然だ。

　トレーニングのカテゴリーは、ロング走、ミディアムロング走、マラソンペース走、有酸素走、LT走、回復走、$\dot{V}O_2$maxインターバル、レッグスピードの、8つである。強度設定や実施方法など、各カテゴリーの詳細については第8章で、トレーニングの生理学的な意味については第1章で解説している。

レースの戦略

　マラソンレースの戦略については、すでに第7章で詳しく検討した。本章のスケジュールでトレーニングをするようなランナーならば、レースに参加している全ランナーの中ほどにいることが考えられる。先頭を走るランナーとは違い、スタートからフィニッシュまで、周りにはおそらく大勢のランナーがいるだろう。これにはよい面と悪い面とがある。

　よい面とは、もちろん、一人旅になる可能性が低いことである。このメリットをうまく利用しよう。スタート直後から、自分の設定ペースを少なくとも32km地点まで維持できそうなランナーを何人か探し、一緒に走らないかと誘ってみる（もし彼らが32km以降落ちていっても、それは当人の問題。違うだろうか？）。

　本章のどちらかのスケジュールに沿ってトレーニングをしてきたなら、32km以降は、同じペースでスタートしたランナーの誰よりも粘れるはずである。他のランナーよりいい練習ができているということは、他のランナーをフィニッシュまで次々と追い抜いていく楽しみが待っている、ということだ。その時間を心の糧にすればいい。何百m先にいるランナー1人に狙いを定め、そのランナーに追いつくという短期的な目標を立てる。追いついたら、次の「獲物」を追いかける。それをフィニッシュまで続けていくのだ。

　いっぽう、好ましくない面とは、レースの序盤に混雑する可能性が先頭集団よりも高い、ということである。しかし、混んでいるからといってイライラしないこと。この人の波はオーバーペースにならないよう、抑えてくれているのだと、自分自身に言い聞かせよう。もし設定したペースまで上げる必要があったとしても、ペースアップは徐々にすること。

　集団がばらけ始めても、ロスした時間を一気に取り戻そうとするのは禁物だ。走る空間に余裕ができたら、予定どおりの軌道に乗るまで、設定ペースより1kmあたり約6秒（1マイルあたり10秒）だけ上げる。ペースを徐々に上げればグリコーゲンの燃焼も少なくて済むし、乳酸が蓄積する可能性も低くなる。ロスした時間がわずかなら、設定ペースより1kmあたり約3秒（1マイルあたり5秒）だけ上げることを目安にする。これならさらに安全である。そして予定していた軌道に戻ったら、設定ペースまで速度を落とすこと。

レース後の過ごし方

　本章のスケジュールの最後は、マラソンレース後の、5週間にわたる回復プログラムである。これを終えることで1つのマラソンプログラムが完了する。そして次回のチャレンジに向けた準備ができたことにもなる。

モリー・ハドル Molly Huddle

自己最高記録：2時間26分33秒（2019年ロンドンマラソン）
主な戦績：2016年ニューヨークシティマラソン3位、2018年ニューヨークシティマラソン4位

©Elsa/Getty Images

　モリー・ハドルは、正統派のルートをたどってマラソンに至ったランナーだ。というのも、これまで専門とする種目の距離を、徐々に伸ばしてきたからである。マラソンデビューは32歳になってから。しかしそれまでに、5,000mと10,000mの米国記録を塗り替え、トラック種目で2度オリンピックに出場し、多くの国内タイトルを手にしてきた。マラソンランナーとしてのスタートは比較的遅い。しかしそれだけに、豊富な競技経験を生かしつつ、新しい挑戦にフレッシュな気持ちで臨めるのである。

　学究肌のアスリートであるハドルは、競技選手には2つのタイプがいると常々語ってきた。曰く、勝負師タイプと心配性タイプである。このおおまかな分類によると、勝負師タイプは、勢いに乗っていくタイプで、常に競争に向かって進む、チャレンジ精神旺盛なタイプである。競技の高揚感を好み、しばしば、トレーニングでは推し量れない、予想以上の力をレースで発揮する。いっぽう心配性タイプは、型通りにものごとを遂行すること、起こり得る障害を予想することに長けているため、トラブルをどう乗り越えるか、あらかじめ手はずを整えておくことができる。レースでも、心配性タイプは張り切ることでは力を発揮しない。神経を落ち着かせ、気持ちを静めてスタートラインに立つことで、ベストパフォーマンスを見せる。

　ハドルは自身を心配性タイプそのものだと言う。しかし、その特質を自分の個性から排除するのではなく、それを自分の強みとして生かしている。

　「マラソンは、トレーニングもレースも変化する要素が多すぎます」と彼女は言う。「そのさまざまな要素に対して、できるかぎり備えることはよいことだと思いますし、私にとってはそれが当然のことなのです」。トレーニングでは、プログラム全体を見渡し、毎回の練習によって、自分の体力が最終的な目標に対してどのくらい向上するのか、確認する。ハドルにとっては、

回復のプログラムは、あえて抑えた内容に設定している。急いでトレーニングに戻っても、得るものはほとんどない。それどころか、マラソンのあとは筋肉や結合組織の弾力性が低下しているため、ケガのリスクが非常に高くなる。

回復プログラムのスケジュールは、2日間の完全休養日から始まる。2日という時間は、ランニングから自分を解放すべき、最低限の時間である。レースによる急性の痛みや張りが癒え

それが楽しいのだ。レースが近づくと、そうやって自分が納得したトレーニングから自信を引き出し、パフォーマンスへの不安に対処する。そして最後の24時間は、タスクリストを利用して常に何かをしている状態に自分を置く。そうすることで、だんだんと落ち着いていくのである。

ハドルは、マラソンなど主だったレースのあとも、分析的アプローチをとっている。参考にするのは、軍隊やビジネスの成功事例でもさかんに採用されている、プロジェクト完了後の管理テクニックだ。これに倣い、レースの準備と実践についてのデブリーフィングを行うのである（まず2、3日、レース後の興奮が冷めるのを待ってから行う）（訳者注：デブリーフィングとは、軍隊用語・ビジネス用語で事後報告を意味する。事前説明の「ブリーフィング」に対する言葉）。このデブリーフィングの目標は、何がうまくいき、何がうまくいかなかったのか、そして改善の余地があるかどうかを判断することである。

まず検討するのは、テクニカルな面である。自分の選んだギアに問題はあったか？　朝食は自分に合っていたか？　ウォーミングアップのタイミングは正しかったか？　レースペースで給食・給水をとる練習はもっと必要か？

さらに、トレーニングとレースでの走り方についても詳しく見ていく。自分のレース展開を振り返れば、次にマラソンを走る前に、もっとロング走をすべきか、ハードなテンポランニングは減らすべきか、回復日をもっとイージーにするか、トレーニング期間は長く

するか、または短くするか、といったことの判断がつく。レース戦略も検討する。目標は現実的だったか？　序盤はじっくりとチャンスが来るのを待っていられたか？　終盤、押していくことができたか？　他の選手との駆け引きと自分の走りとの両立ができたか？　レース戦略の分析に関しては、第三者の意見にも耳を傾ける。彼女の場合、それは主にコーチや夫から助言である。読者の周りにも、トレーニングやレースについて、傾聴に値する考えを持つ人は、きっといるだろう。

マラソン2戦目である2018年のボストンマラソンは、ハドルにとって非常に残念な結果だったが、その理由の1つは、極端に過酷な天候のため、レース後の検討がほとんど意味をなさなかったことにある。ハドルはこのマラソンで、冷たい雨と強烈な向かい風のなか、低体温症になり、フィニッシュまであと数kmというところで順位を4位から16位に落とした。ボストンマラソンまでのトレーニングでは、ハーフマラソンの米国記録を塗り替えたこともあったが、それらがボストンの試金石になったかどうか、この極端なレースを基にしても、まともな考察はできなかったのである。

これとは反対にベストレースができたときも、ハドルはデブリーフィングを怠らない。何が功を奏して最高の日になったのかがわかれば、次回繰り返すべきことが明らかになる。そして、最大限のパフォーマンスが発揮されたら、それを基に自分のスタンダードを更新する。次は何ができるのか、新たな基準を作るのだ。そして彼女は、また新たな目標を追いかけて、トレーニングにとりかかるのである。

同じようなレベルのランナーと一緒に走れば、レース序盤は楽に感じられる

ず、フォームが変わってしまうほどの重症である場合や、とにかく走る気がまだ起きないという場合は、もちろん2日以上休んでもかまわない。もし、身に染み付いたマラソンランナー思考を拭い去る時間があるとすれば、それは目標のレースを走り終えたあとの1週間である。世界のトップランナーでさえ、レースのあとには何日か休みをいれる人がほとんどだ。このようなときは、少々走ることで微々たる効果が得られるとしても、走るリスクはそれをはるかに上回る。トップ選手にはそれがわかっているのである。この時期に走らないでおけば、ハードなトレーニングを再開できるまでに身体が回復したとき、気持ちもきっと前向きになるはずだ。

　もちろん、なかには、毎日たくさん走らなければ真のランナーを自認することはできない、という人もいるだろう。自分でそうと決めているのなら、ごくゆっくりと数km走ればいい。ただし、それが回復を遅らせるということは、承知しておくべきだ。

　この期間に回復を促進するには、軽いクロストレーニングのほうがいい。水泳や自転車といった運動ならば、身体に衝撃を与えずに、筋肉への血流を増やすことができる。マラソン後の1週間は、ウオーキングにもこれと同じ効果が期待できる。

　マラソンのあと、あまりにも早いうちから、あまりにもハードに走らないようにするには、ハートレートモニターを使うのも1つの手だ。第3章で述べたように、ハートレートモニターを使えば、回復日に速く走りすぎてしまうこともない。マラソン後の最初の2～3週間は、心拍数を、最高心拍数の76%未満、または心拍予備量の68%未満に保つこと。この強度で走るのが、マラソンのストレスから身体を回復させる、いちばんの早道である。

　5週間にわたる回復プログラムのあいだ、1週間に走る日数は、3日から5日へと増える。この5週間が終わるころには、レースから完全に回復しているはずだ。この期間を無事に過ごすことができれば、ケガをすることもなく、気持ちも新たになっているだろう。

表9.1●18週間スケジュール:トレーニングブロック1〈持久力〉

		17週間前	16週間前	15週間前	14週間前	13週間前	12週間前(回復週)
月曜	カテゴリー	休養または XT	休養または XT	休養または XT	休養または XT	休養または XT	休養または XT
火曜	カテゴリー	LT走	有酸素走＋レッグスピード	有酸素走	有酸素走＋レッグスピード	LT走	有酸素走＋レッグスピード
	内容	LTペース:6km	坂道走:10秒×6、WS:100m×8		坂道走:10秒×6、WS:100m×8	LTペース:8km	WS:100m×10
	合計距離	13km	13km	16km	13km	14km	13km
水曜	カテゴリー	休養または XT	休養または XT	回復走	回復走	回復走	回復走
	合計距離			6km	8km	8km	8km
木曜	カテゴリー	有酸素走	有酸素走	LT走	有酸素走	有酸素走	有酸素走
	内容			LTペース:6km			
	合計距離	14km	16km	13km	16km	16km	13km
金曜	カテゴリー	休養または XT	休養または XT	休養または XT	休養または XT	休養または XT	休養または XT
土曜	カテゴリー	回復走	回復走	回復走	回復走	回復走	回復走
	合計距離	6km	8km	6km	6km	8km	6km
日曜	カテゴリー	ミディアムロング走	マラソンペース走	ミディアムロング走	ミディアムロング走	マラソンペース走	ミディアムロング走
	内容		マラソンペース:13km			マラソンペース:16km	
	合計距離	19km	21km	23km	24km	26km	19km
週間合計距離		52km	58km	64km	67km	72km	59km

訳者注:※略語:XT=クロストレーニング、WS=ウィンドスプリント、INT=インターバルトレーニング。※VO₂max INTの急走は5kmレースペース、休息の緩走の時間は急走にかかった時間の50〜90%。※練習の構成と実施方法に関しては第8章を確認のこと。

表9.2●18週間スケジュール:トレーニングブロック2〈LT＋持久力〉

		11週間前	10週間前	9週間前	8週間前(回復週)	7週間前
月曜	カテゴリー	休養またはXT	休養またはXT	休養またはXT	休養またはXT	休養またはXT
火曜	カテゴリー	LT走	回復走＋レッグスピード	回復走	有酸素走	回復走＋レッグスピード
	内容	LTペース:8km	WS:100m×6			WS:100m×6
	合計距離	16km	11km	10km	13km	11km
水曜	カテゴリー	回復走	ミディアムロング走	ミディアムロング走	$\dot{V}O_2$max INT	LT走
	内容				800m×5	LTペース:11km
	合計距離	6km	19km	23km	13km	18km
木曜	カテゴリー	ミディアムロング走	休養またはXT	回復走	回復走	休養またはXT
	合計距離	18km		10km	8km	
金曜	カテゴリー	休養またはXT	LT走	休養またはXT	休養またはXT	ミディアムロング走
	内容		LTペース:10km			
	合計距離		16km			19km
土曜	カテゴリー	有酸素走＋レッグスピード	回復走	回復走＋レッグスピード	有酸素走＋レッグスピード	回復走
	内容	WS:100m×8		WS:100m×6	坂道走:10秒×6、WS:100m×8	
	合計距離	11km	8km	10km	13km	8km
日曜	カテゴリー	ロング走	ロング走	マラソンペース走	ミディアムロング走	ロング走
	内容			マラソンペース:19km		
	合計距離	29km	32km	26km	23km	32km
週間合計距離		80km	86km	79km	70km	88km

表9.3●18週間スケジュール:トレーニングブロック3〈レース準備〉

		6週間前	5週間前	4週間前	3週間前
月曜	カテゴリー	休養またはXT	休養またはXT	休養またはXT	休養またはXT
火曜	カテゴリー	$\dot{V}O_2max$ INT	有酸素走	$\dot{V}O_2max$ INT	回復走+レッグスピード
	内容	600m×5		600m×5	WS:100m×6
	合計距離	13km	13km	13km	11km
水曜	カテゴリー	ミディアムロング走	$\dot{V}O_2max$ INT	ミディアムロング走	$\dot{V}O_2max$ INT
	内容		1000m×5		1200m×4
	合計距離	19km	14km	18km	16km
木曜	カテゴリー	休養またはXT	休養またはXT	休養またはXT	休養またはXT
金曜	カテゴリー	回復走+レッグスピード	ミディアムロング走	回復走+レッグスピード	ミディアムロング走
	内容	WS:100m×6		WS:100m×6	
	合計距離	8km	19km	6km	18km
土曜	カテゴリー	レース	回復走	レース	回復走
	内容	調整レース:8〜15km		調整レース:8〜15km	
	合計距離	14〜21km	8km	14〜21km	6km
日曜	カテゴリー	ロング走	マラソンペース走	ロング走	ロング走
	内容		マラソンペース:23km		
	合計距離	27km	29km	27km	32km
週間合計距離		81〜88km	83km	78〜85km	83km

表9.4●18週間スケジュール:トレーニングブロック4〈テーパリングとレース〉

		2週間前	1週間前	レースの週
月曜	カテゴリー	休養またはXT	休養またはXT	休養
火曜	カテゴリー	$\dot{V}O_2$max INT	回復走＋レッグスピード	回復走
	内容	600m×5	WS:100m×8	
	合計距離	13km	11km	10km
水曜	カテゴリー	回復走	$\dot{V}O_2$max INT	マラソンペース走（ドレスリハーサル）
	内容		1200m×4	マラソンペース:3km
	合計距離	10km	13km	11km
木曜	カテゴリー	休養またはXT	休養またはXT	休養
金曜	カテゴリー	回復走＋レッグスピード	回復走＋レッグスピード	回復走＋レッグスピード
	内容	WS:100m×6	WS:100m×6	WS:100m×6
	合計距離	6km	8km	8km
土曜	カテゴリー	レース	休養またはXT	回復走
	内容	調整レース:8〜10km		
	合計距離	14〜18km		6km
日曜	カテゴリー	ロング走	ミディアムロング走	マラソンレース
	合計距離	26km	19km	
	週間合計距離	69〜73km	51km	35km(レースを除く)

表9.5●12週間スケジュール:トレーニングブロック1〈持久力〉

		11週間前	10週間前	9週間前	8週間前
月曜	カテゴリー	休養またはXT	休養またはXT	休養またはXT	休養またはXT
火曜	カテゴリー	有酸素走+レッグスピード	ミディアムロング走	有酸素走+レッグスピード	回復走
	内容	坂道走:10秒×6、WS:100m×8		坂道走:10秒×6、WS:100m×8	
	合計距離	13km	18km	13km	8km
水曜	カテゴリー	休養またはXT	休養またはXT	回復走	LT走
	内容				LTペース:8km
	合計距離			6km	16km
木曜	カテゴリー	有酸素走	LT走	ミディアムロング走	ミディアムロング走
	内容		LTペース:6km		
	合計距離	14km	13km	18km	18km
金曜	カテゴリー	休養またはXT	休養またはXT	休養またはXT	休養またはXT
土曜	カテゴリー	回復走	回復走	回復走	回復走
	合計距離	8km	8km	6km	8km
日曜	カテゴリー	マラソンペース走	ミディアムロング走	マラソンペース走	ロング走
	内容	マラソンペース:13km		マラソンペース:16km	
	合計距離	21km	24km	26km	27km
週間合計距離		56km	63km	69km	77km

訳者注:※18週間スケジュールの訳者注を参照。

表9.6●12週間スケジュール:トレーニングブロック2〈LT+持久力〉

		7週間前(回復週)	6週間前	5週間前
月曜	カテゴリー	休養またはXT	休養またはXT	休養またはXT
火曜	カテゴリー	休養またはXT	回復走	回復走+レッグスピード
	内容			WS:100m×6
	合計距離		8km	10km
水曜	カテゴリー	ミディアムロング走	VO₂max INT	ミディアムロング走
	内容		1000m×5	
	合計距離	19km	16km	19km
木曜	カテゴリー	休養またはXT	ミディアムロング走	休養またはXT
	合計距離		19km	
金曜	カテゴリー	LT走	休養またはXT	LT走
	内容	LTペース:6km		LTペース:11km
	合計距離	14km		19km
土曜	カテゴリー	回復走	回復走+レッグスピード	回復走
	内容		WS:100m×6	
	合計距離	8km	10km	8km
日曜	カテゴリー	ロング走	マラソンペース走	ロング走
	内容		マラソンペース:19km	
	合計距離	26km	24km	32km
週間合計距離		67km	77km	88km

表9.7●12週間スケジュール:トレーニングブロック3〈レース準備〉

		4週間前	3週間前	2週間前
月曜	カテゴリー	休養またはXT	休養またはXT	休養またはXT
火曜	カテゴリー	$\dot{V}O_2max$ INT	回復走+レッグスピード	$\dot{V}O_2max$ INT
	内容	600m×5	WS:100m×6	600m×5
	合計距離	13km	11km	13km
水曜	カテゴリー	ミディアムロング走	$\dot{V}O_2max$ INT	回復走
	内容		1200m×4	
	合計距離	18km	16km	10km
木曜	カテゴリー	休養またはXT	休養またはXT	休養またはXT
金曜	カテゴリー	回復走+レッグスピード	ミディアムロング走	回復走+レッグスピード
	内容	WS:100m×6		WS:100m×6
	合計距離	6km	18km	6km
土曜	カテゴリー	レース	回復走	レース
	内容	調整レース:8〜15km		調整レース:8〜10km
	合計距離	14〜21km	6km	14〜18km
日曜	カテゴリー	ロング走	ロング走	ロング走
	合計距離	27km	32km	26km
週間合計距離		78〜85km	83km	69〜73km

表9.8●12週間スケジュール:トレーニングブロック4〈テーパリングとレース〉

		2週間前	レースの週
月曜	カテゴリー	休養またはXT	休養
火曜	カテゴリー	回復走+レッグスピード	回復走
	内容	WS:100m×8	
	合計距離	11km	10km
水曜	カテゴリー	$\dot{V}O_2max$ INT	マラソンペース走(ドレスリハーサル)
	内容	1200m×4	マラソンペース:3km
	合計距離	13km	11km
木曜	カテゴリー	休養またはXT	休養
金曜	カテゴリー	回復走+レッグスピード	回復走+レッグスピード
	内容	WS:100m×6	WS:100m×6
	合計距離	8km	8km
土曜	カテゴリー	休養またはXT	回復走
	合計距離		6km
日曜	カテゴリー	ミディアムロング走	マラソンレース
	合計距離	19km	
週間合計距離		51km	35km(レースを除く)

表9.9●回復プログラム:トレーニングブロック5〈回復〉

		1週間後	2週間後	3週間後	4週間後	5週間後
月曜	カテゴリー	休養またはXT	休養またはXT	休養またはXT	休養またはXT	休養またはXT
火曜	カテゴリー	休養またはXT	回復走	回復走	有酸素走	有酸素走
火曜	合計距離		8km	8km	11km	11km
水曜	カテゴリー	回復走	回復走	回復走	回復走	回復走
水曜	合計距離	6km	8km	8km	8km	8km
木曜	カテゴリー	休養またはXT	休養またはXT	休養またはXT	休養またはXT	休養またはXT
金曜	カテゴリー	回復走	回復走	有酸素走＋レッグスピード	有酸素走＋レッグスピード	有酸素走＋レッグスピード
金曜	内容			WS:100m×8	WS:100m×8	WS:100m×8
金曜	合計距離	6km	10km	11km	13km	13km
土曜	カテゴリー	休養またはXT	休養またはXT	休養またはXT	休養またはXT	回復走
土曜	合計距離					6km
日曜	カテゴリー	回復走	回復走	有酸素走	有酸素走	ミディアムロング走
日曜	合計距離	8km	11km	14km	16km	18km
週間合計距離		20km	37km	41km	48km	56km

訳者注:※略語:XT=クロストレーニング、WS=ウィンドスプリント。※練習の構成と実施方法に関しては第8章を確認のこと。

©Cameron Spencer/Getty Images

第①部
マラソン
トレーニング
とは何か

第❶章
マラソンに
必要な条件と
トレーニング

第❷章
栄養摂取と
水分補給

第❸章
トレーニングと
回復の
バランス

第❹章
補助的
トレーニング

第❺章
年齢(と分別)
を重ねた
ランナーの
トレーニング

第❻章
ベスト
パフォーマンス
のための
テーパリング

第❼章
レース当日の
戦略

第②部
マラソン
トレーニング
プログラム

第❽章
プログラムの
実施

第❾章
週89kmまで
のマラソン
トレーニング

第❿章
週89~
113kmの
マラソン
トレーニング

第⓫章
週113~
137kmの
マラソン
トレーニング

第⓬章
週137km
以上の
マラソン
トレーニング

第⓭章
マラソンの
連戦について

週間走行距離89〜113km のマラソントレーニング

本章の対象は、走行距離が中程度から多い部類に入るランナー、つまり週に88〜113㎞走るランナーである。トレーニングスケジュールには2種類ある。1つは18週間から成り、週86kmから始めるスケジュール、もう1つは12週間から成り、週89kmから始めるスケジュールである。両方とも徐々に週走行距離が増えていき、ピークでは113kmに達する。

　第1章で説明したように、トレーニングスケジュールは、全体を数週間ずつのブロックに分けると組み立てやすい。本書ではトレーニングスケジュールを4つのブロックに分けた 。各ブロックではそれぞれ、持久力、LTと持久力、レース準備、テーパリングに焦点を絞る。そしてそのあとに、スケジュールを締めくくるレース後5週間の回復プログラムが続く。このプログラムは18週間と12週間の、両方のスケジュールに共通である。

　スケジュールは2種類用意されているわけだが、通常は、18週間スケジュールのほうが望ましい。18週間という期間は、適度に長く、適度に短い。つまり、身体に刺激を与え、マラソンのパフォーマンス向上に必要な適応を得る時間は十分にあるが、長すぎるということもないため、途中で飽きることなくトレーニングに集中できるのである。

　しかし、マラソンのトレーニングに18週間はどうしてもかけられない、という場合もあるだろう。12週間スケジュールを構成するブロックは18週間スケジュールと同じだが、全体の期間が短いぶん、各ブロックも短縮されている。マラソンは、にわか仕込みで臨んでも、時間をかけて取り組んだときのような、万全の準備にはならない。それは覚悟するべきだ。ただ、

189

ランナーにはさまざまな事情から、トレーニングに最大限の時間をかけていられないこともある。こうした事情を踏まえ、短縮版であってもなんとか効果的なプログラムにしようと編み出されたのが、本書の12週間スケジュールである。

スケジュールを始める前に

トレーニングスケジュールは2種類とも、第1週目から手応えのある内容になっている。そしてレースが近づくにつれて難度が高くなるように作成されている。したがって、質量ともに増えていくトレーニングに適応して進化し、なおかつケガのリスクを最小限に抑えるには、最初の1週間を無理なくこなせる力を持っている必要がある。

その第1週目の準備ができているかどうか、自分を客観的に評価しよう。例えば、現在の週間走行距離が48km、過去数週間で走った1回のランニングの最長距離が13kmだったとしたら、18週間スケジュールの第1週に指定されている週86km（24km走や6kmのテンポランニングも含む）に飛躍する時期ではない。本書のスケジュールの基盤にある考え方とは、身体に吸収され効果を生むトレーニング刺激を繰り返すことであって、身体をできるだけ早いうちから、できるだけ疲れさせることではないのだ。

原則として、本章のスケジュールを始めるまでには、少なくとも週72kmは走っていなければならない。そして開始前の1カ月のあいだで、第1週目に指定されているロング走と同くらいの距離を難なく走れていることも必要である。

スケジュールの背景

本書のスケジュールでは、1日単位で練習を指定しているが、このやり方には限界がある。特に、ランニング以外の日常生活を取り巻く各ランナーの環境、つまり星の数ほどもある個別の状況を推し量ることは、不可能だ。仕事の予定、家族の生活、人付き合い、学校の授業、天候などは、どれもさまざまな面からマラソントレーニングに影響を及ぼす。ロング走の開始時間ひとつとっても、すべてが絡んでくる。場合によっては柔軟に対応しなければならないことも当然あるだろうし、日程を入れ替えるべきときもあるだろう。こうした事態は十分然想定できる。したがって、ロスした時間を取り戻そうと、何日も連続してハードな練習をしないかぎり、ケガやオーバートレーニングは防げるはずだ。本書の前半で説明した原則を守れば、自分の状況に合わせて無理なくトレーニングを調整することができるだろう。

スケジュールの見方

スケジュール表では、縦の列に1週間のトレーニングを示した。例えば、12週間スケジュールの「11週間前」という列は、いちばん下の日曜日から レースの日までが11週間だという意味である。この1週間ごとのスケジュールが、レースのある週まで続く（監修者注：原著ではマイルとkmの両方で表示されているが、本訳書ではkm表示をのみを掲載する）。

スケジュールには、その日のトレーニングのカテゴリーと、具体的な練習内容が書かれている。例えば、18週間スケジュールの、レース7週間前の火曜日。具体的な練習は10kmと6km、そしてその日のカテゴリーは、回復走である。このような形で示すことにより、1週間のなか

でそれぞれの練習がどういうバランスで配置されているのか、そして週ごとにトレーニングが
どう進行するのかが、ひと目でわかる。再び18週間スケジュールのレース7週間前を見ると、
回復の日が4日あるほか、LT走、ロング走、ミディアムロング走のあることが、すぐにわかる。
次に表を横に見てみよう。日曜日の段に注目すると、ロング走がどのように増えていき、レ
ース前の2週間ではどのように減っていくか、ということも、一目瞭然だ。

　トレーニングのカテゴリーは、ロング走、ミディアムロング走、マラソンペース走、有酸素
走、LT走、回復走、$\dot{V}O_2max$インターバル、レッグスピードの、8つである。強度設定や実
施方法など、各カテゴリーの詳細については第8章で、トレーニングの生理学的な意味につい
ては第1章で解説している。

　第8章でも述べたが、マラソンランナーにとっては、1日の練習を2回に分けることがプラ
スになることもある。ただ、週に209kmも走り込むエリートランナーなら、その効果は明ら
かだが、80～113kmレベルならば日常的には必要ない。本章のトレーニングスケジュールで
2部練習が設定されているのは、16kmの回復走が指定されている日のみである。このような
日は一度に16km走るよりも、10kmと6kmに分けて走ったほうが回復は促進される。イージ
ーな日に2回に分けて走れば、疲労が増すことはない。それぞれのランニングの負担はほとん
どなく、それでいて筋肉への血流が増えるため、むしろ回復が早まるのである。

レースの戦略

　マラソンレースの戦略については、すでに第7章で詳しく検討した。そのなかに、なるべく
集団で走るというテーマがあったのを、思い出してほしい。本章のスケジュールでトレーニ
ングをするような読者なら、おそらく上位4分の1か3分の1以内の順位でフィニッシュするだ
ろう。ということは、スタートからフィニッシュまで、自分の周りに終始ランナーがいる可能
性が高い。大規模レースともなれば、なおさらである。しかし、序盤に人混みをかきわけて
走るほど、大勢のランナーがスタート時点で前にいるわけではない。このポジションをうまく
利用しよう。自分の設定ペースにうまく乗ってきたと思ったら、最後まで同じペースで走れそ
うなランナーがいないか、周りを見回してみるのだ。何人かに目標タイムを聞いて、一緒に走
ってくれるランナーを探してみよう。

　第7章では、序盤にペースを抑える重要性に関しても説明した。本章のスケジュールに沿
ってトレーニングを行っていたランナーなら、かなり鍛えられているはずだが、日常的に週
137km以上走ってきたランナーほど、ミスの許される範囲は大きくない。賢く序盤を走るこ
とが必要だ。それができれば、自分よりも準備の足りないランナー、無謀な走りをしたランナ
ーが、残り16km（10マイル）くらいから自分のところまで落ちてくるだろう。あとはその
ランナーたちを拾いながら、走っていけばいい。

レース後の過ごし方

　本章のスケジュールの最後は、マラソンレース後の、5週間にわたる回復プログラムである。
これを終えることで1つのマラソンプログラムが完了する。そして次回のチャレンジに向けた
準備ができたことにもなる。

第①部
マラソン
トレーニング
とは何か

第❶章
マラソンに
必要な条件と
トレーニング

第❷章
栄養摂取と
水分補給

第❸章
トレーニングと
回復の
バランス

第❹章
補助的
トレーニング

第❺章
年齢（と分別）
を重ねた
ランナーの
トレーニング

第❻章
ベスト
パフォーマンス
のための
テーパリング

第❼章
レース当日の
戦略

第②部
マラソン
トレーニング
プログラム

第❽章
プログラムの
実施

第❾章
週89kmまで
のマラソン
トレーニング

第❿章
週89～
113kmの
マラソン
トレーニング

第⓫章
週113～
137kmの
マラソン
トレーニング

第⓬章
週137km
以上の
マラソン
トレーニング

第⓭章
マラソンの
連戦について

©Katherine Frey／The Washington Post via Getty Images

何人か集まってトレーニングをすれば、レース当日、集団で走る練習になる

　回復のプログラムは、あえて抑えた内容に設定している。急いでトレーニングに戻っても、得るものはほとんどない。それどころか、マラソンのあとは筋肉や結合組織の弾力性が低下しているため、ケガのリスクが非常に高くなる。

　回復プログラムのスケジュールは、2日間の完全休養日から始まる。2日という時間は、ランニングから自分を解放すべき、最低限の時間である。レースによる急性の痛みや張りが癒えず、フォームが変わってしまうほどの重症である場合や、とにかく走る気がまだ起きないという場合は、もちろん2日以上休んでもかまわない。もし、身に染み付いたマラソンランナー思考を拭い去る時間があるとすれば、それは目標のレースを走り終えたあとの1週間である。世界のトップランナーでさえ、レースのあとには何日か休みをいれる人がほとんどだ。このようなときは、少々走ることで微々たる効果が得られるとしても、走るリスクはそれをはるかに上回る。トップ選手にはそれがわかっているのである。この時期に走らないでおけば、ハードなトレーニングを再開できるまでに身体が回復したとき、気持ちもきっと前向きになるはずだ。

　もちろん、なかには、毎日たくさん走らなければ真のランナーを自認することはできない、という人もいるだろう。自分でそうと決めているのなら、ごくゆっくりと数km走ればいい。ただし、それが回復を遅らせるということは、承知しておくべきだ。

　この期間に回復を促進するには、軽いクロストレーニングのほうがいい。水泳や自転車といった運動ならば、身体に衝撃を与えずに、筋肉への血流を増やすことができる。マラソン後の1週間は、ウオーキングにもこれと同じ効果が期待できる。

　マラソンのあと、あまりにも早いうちから、あまりにもハードに走らないようにするには、ハートレートモニターを使うのも1つの手だ。第3章で述べたように、ハートレートモニターを使えば、回復日に速く走りすぎてしまうこともない 。マラソン後の最初の2〜3週間は、心拍数を、最高心拍数の76%未満、または心拍予備量の68%未満に保つこと。この強度で走るのが、マラソンのストレスから身体を回復させる、いちばんの早道である。

　5週間にわたる回復プログラムのあいだ、1週間に走る日数は、3日から5日へと増える。この5週間が終わるころには、レースから完全に回復しているはずだ。この期間を無事に過ごすことができれば、ケガをすることもなく、気持ちも新たになっているだろう 。

表10.1●18週間スケジュール:トレーニングブロック1〈持久力〉

曜日	カテゴリー	17週間前	16週間前	15週間前	14週間前	13週間前	12週間前(回復週)
月曜	カテゴリー	休養またはXT	休養またはXT	休養またはXT	休養またはXT	休養またはXT	休養またはXT
火曜	カテゴリー	LT走	有酸素走＋レッグスピード	ミディアムロング走	有酸素走＋レッグスピード	LT走	有酸素走＋レッグスピード
火曜	内容	LTペース:6km	坂道走:10秒×6、WS:100m×8		坂道走:10秒×6、WS:100m×8	LTペース:8km	WS:100m×10
火曜	合計距離	14km	13km	18km	14km	14km	13km
水曜	カテゴリー	ミディアムロング走	ミディアムロング走	ミディアムロング走	ミディアムロング走	ミディアムロング走	ミディアムロング走
水曜	合計距離	18km	19km	21km	23km	23km	19km
木曜	カテゴリー	回復走	回復走	回復走	回復走	回復走	回復走
木曜	合計距離	8km	8km	8km	8km	8km	8km
金曜	カテゴリー	有酸素走	有酸素走	LT走	ミディアムロング走	ミディアムロング走	有酸素走
金曜	内容			LTペース:6km			
金曜	合計距離	14km	14km	14km	18km	19km	16km
土曜	カテゴリー	回復走	回復走	回復走	回復走	回復走	回復走
土曜	合計距離	8km	8km	8km	8km	8km	8km
日曜	カテゴリー	ミディアムロング走	マラソンペース走	ミディアムロング走	ロング走	マラソンペース走	ミディアムロング走
日曜	内容		マラソンペース:13km			マラソンペース:16km	
日曜	合計距離	24km	26km	24km	29km	29km	24km
週間合計距離		86km	88km	93km	100km	101km	88km

訳者注:※略語:XT=クロストレーニング、WS=ウィンドスプリント、INT=インターバルトレーニング。※VO₂max INTの急走は5kmレースペース、休息の緩走の時間は急走にかかった時間の50〜90%。※各日合計距離のカッコ内は午前(左)と午後(右)のそれぞれの合計距離である。
※練習の構成と実施方法に関しては第8章を確認のこと。

表10.2●18週間スケジュール:トレーニングブロック2〈LT＋持久力〉

		11週間前	10週間前	9週間前	8週間前(回復週)	7週間前
月曜	カテゴリー	休養またはXT	休養またはXT	休養またはXT	休養またはXT	休養またはXT
火曜	カテゴリー	LT走	回復走	回復走	有酸素走	回復走
	内容	LTペース:8km	午前:10km、午後:6km	午前:10km、午後:6km		午前:10km、午後:6km
	合計距離	16km	16km	16km	14km	16km
水曜	カテゴリー	ミディアムロング走	ミディアムロング走	ミディアムロング走	$\dot{V}O_2max$ INT	ミディアムロング走
	内容				800m×6	
	合計距離	23km	23km	24km	14km	24km
木曜	カテゴリー	回復走	回復走	回復走	回復走	回復走
	合計距離	8km	8km	10km	10km	10km
金曜	カテゴリー	ミディアムロング走	LT走	ミディアムロング走	ミディアムロング走	LT走
	内容		LTペース:10km			LTペース:11km
	合計距離	18km	18km	21km	18km	19km
土曜	カテゴリー	有酸素走＋レッグスピード	回復走	回復走＋レッグスピード	有酸素走＋レッグスピード	回復走
	内容	WS:100m×10		WS:100m×6	坂道走:10秒×8、WS:100m×8	
	合計距離	11km	10km	11km	13km	8km
日曜	カテゴリー	ロング走	ロング走	マラソンペース走	ミディアムロング走	ロング走
	内容			マラソンペース:19km		
	合計距離	34km	32km	26km	24km	35km
週間合計距離		110km	107km	108km	93km	112km

表10.3●18週間スケジュール:トレーニングブロック3〈レース準備〉

		6週間前	5週間前	4週間前	3週間前
月曜	カテゴリー	休養またはXT	休養またはXT	休養またはXT	休養またはXT
火曜	カテゴリー	$\dot{V}O_2$max INT	$\dot{V}O_2$max INT	$\dot{V}O_2$max INT	回復走
	内容	600m×5	1000m×6	600m×5	午前:10km、午後:6km
	合計距離	14km	16km	14km	16km
水曜	カテゴリー	ミディアムロング走	ミディアムロング走	ミディアムロング走	$\dot{V}O_2$max INT
	内容				1200m×5
	合計距離	23km	24km	23km	18km
木曜	カテゴリー	回復走+レッグスピード	回復走	回復走+レッグスピード	ミディアムロング走
	内容	午前:回復走、WS:100m×6、午後:回復走	午前:10km、午後:6km	WS:100m×6	
	合計距離	16(10+6)km	16km	10km	23km
金曜	カテゴリー	回復走	ミディアムロング走	回復走	有酸素走+レッグスピード
	内容				WS:100m×8
	合計距離	8km	19km	8km	13km
土曜	カテゴリー	レース	回復走	レース	回復走
	内容	調整レース:8〜15km		調整レース:8〜15km	
	合計距離	14〜21km	8km	14〜21km	8km
日曜	カテゴリー	ロング走	マラソンペース走	ロング走	ロング走
	内容		マラソンペース:23km		
	合計距離	29km	29km	27km	32km
週間合計距離		104〜111km	112km	96〜103km	110km

第①部
マラソン
トレーニング
とは何か

第❶章
マラソンに
必要な条件と
トレーニング

第❷章
栄養摂取と
水分補給

第❸章
トレーニングと
回復の
バランス

第❹章
補助的
トレーニング

第❺章
年齢(と分別)
を重ねた
ランナーの
トレーニング

第❻章
ベスト
パフォーマンス
のための
テーパリング

第❼章
レース当日の
戦略

第②部
マラソン
トレーニング
プログラム

第❽章
プログラムの
実施

第❾章
週89kmまで
のマラソン
トレーニング

第❿章
週89〜
113kmの
マラソン
トレーニング

第⓫章
週113〜
137kmの
マラソン
トレーニング

第⓬章
週137km
以上の
マラソン
トレーニング

第⓭章
マラソンの
連戦について

		2週間前	1週間前	レースの週
月曜	カテゴリー	休養またはXT	休養	休養
火曜	カテゴリー	回復走＋レッグスピード	回復走＋レッグスピード	回復走
	内容	WS:100m×8	WS:100m×8	
	合計距離	11km	11km	11km
水曜	カテゴリー	ミディアムロング走	回復走	マラソンペース走 （ドレスリハーサル）
	内容			マラソンペース:3km
	合計距離	19km	6km	11km
木曜	カテゴリー	回復走＋レッグスピード	V̇O₂max INT	回復走
	内容	WS:100m×6	1200m×4	
	合計距離	8km	13km	8km
金曜	カテゴリー	回復走	回復走	回復走＋レッグスピード
	内容			WS:100m×6
	合計距離	8km	8km	8km
土曜	カテゴリー	レース	回復走＋レッグスピード	回復走
	内容	調整レース:8〜10km	WS:100m×8	
	合計距離	14〜18km	10km	6km
日曜	カテゴリー	ロング走	ミディアムロング走	マラソンレース
	合計距離	27km	21km	
週間合計距離		87〜91km	69km	44km（レースを除く）

表10.5●12週間スケジュール:トレーニングブロック1〈持久力〉

		11週間前	10週間前	9週間前	8週間前
月曜	カテゴリー	休養またはXT	休養またはXT	休養またはXT	休養またはXT
火曜	カテゴリー	有酸素走+レッグスピード	ミディアムロング走	有酸素走+レッグスピード	ミディアムロング走
	内容	坂道走:10秒×6、WS:100m×8		坂道走:10秒×6、WS:100m×8	
	合計距離	13km	19km	14km	21km
水曜	カテゴリー	ミディアムロング走	ミディアムロング走	ミディアムロング走	ミディアムロング走
	合計距離	18km	18km	22km	24km
木曜	カテゴリー	回復走	回復走	回復走	回復走
	合計距離	8km	8km	8km	8km
金曜	カテゴリー	ミディアムロング走	LT走	ミディアムロング走	LT走
	内容		LTペース:6km		LTペース:8km
	合計距離	18km	14km	19km	16km
土曜	カテゴリー	回復走	回復走	回復走	回復走
	合計距離	8km	8km	8km	8km
日曜	カテゴリー	マラソンペース走	ロング走	マラソンペース走	ロング走
	内容	マラソンペース:13km		マラソンペース:16km	
	合計距離	24km	27km	27km	29km
週間合計距離		89km	94km	98km	106km

訳者注:※18週間スケジュールの訳者注を参照。

表10.6●12週間スケジュール:トレーニングブロック2〈LT+持久力〉

		7週間前(回復週)	6週間前	5週間前
月曜	カテゴリー	休養またはXT	休養またはXT	休養またはXT
火曜	カテゴリー	有酸素走+レッグスピード	回復走	有酸素走+レッグスピード
	内容	WS:100m×10	午前:10km、午後:6km	WS:100m×10
	合計距離	13km	16km	14km
水曜	カテゴリー	ミディアムロング走	$\dot{V}O_2$max INT	ミディアムロング走
	内容		1200m×5	
	合計距離	24km	18km	24km
木曜	カテゴリー	回復走	ミディアムロング走	回復走
	合計距離	8km	24km	11km
金曜	カテゴリー	LT走	有酸素走	LT走
	内容	LTペース:6km		LTペース:11km
	合計距離	16km	16km	19km
土曜	カテゴリー	回復走	回復走	回復走
	合計距離	11km	10km	10km
日曜	カテゴリー	ロング走	マラソンペース走	ロング走
	内容		マラソンペース:19km	
	合計距離	27km	29km	34km
週間合計距離		99km	113km	112km

表10.7●12週間スケジュール:トレーニングブロック3〈レース準備〉

		4週間前	3週間前	2週間前
月曜	カテゴリー	休養またはXT	休養またはXT	休養またはXT
火曜	カテゴリー	$\dot{V}O_2$max INT	回復走	$\dot{V}O_2$max INT
	内容	600m×5	午前:10km、午後:6km	600m×5
	合計距離	14km	16km	13km
水曜	カテゴリー	ミディアムロング走	$\dot{V}O_2$max INT	ミディアムロング走
	内容		1000m×6	
	合計距離	24km	18km	19km
木曜	カテゴリー	回復走+レッグスピード	ミディアムロング走	回復走+レッグスピード
	内容	WS:100m×6		WS:100m×6
	合計距離	11km	24km	10km
金曜	カテゴリー	回復走	有酸素走	回復走
	合計距離	10km	13km	8km
土曜	カテゴリー	レース	回復走	レース
	内容	調整レース:8〜15km		調整レース:8〜10km
	合計距離	14〜21km	10km	14〜18km
日曜	カテゴリー	ロング走	ロング走	ロング走
	合計距離	29km	32km	27km
週間合計距離		102〜109km	113km	91〜95km

表10.8●12週間スケジュール:トレーニングブロック4〈テーパリングとレース〉

		1週間前	レースの週
月曜	カテゴリー	休養またはXT	休養
火曜	カテゴリー	有酸素走+レッグスピード	回復走
	内容	WS:100m×10	
	合計距離	13km	11km
水曜	カテゴリー	回復走	マラソンペース走(ドレスリハーサル)
	内容		マラソンペース:3km
	合計距離	6km	11km
木曜	カテゴリー	$\dot{V}O_2$max INT	回復走
	内容	1200m×4	
	合計距離	13km	8km
金曜	カテゴリー	回復走	回復走+レッグスピード
	内容		WS:100m×6
	合計距離	8km	8km
土曜	カテゴリー	回復走+レッグスピード	回復走
	内容	WS:100m×10	
	合計距離	10km	6km
日曜	カテゴリー	ミディアムロング走	マラソンレース
	合計距離	21km	
週間合計距離		71km	44kmレースを除く)

表10.9●回復プログラム:トレーニングブロック5〈回復〉

		1週間後	2週間後	3週間後	4週間後	5週間後
月曜	カテゴリー	休養またはXT	休養またはXT	休養またはXT	休養またはXT	休養またはXT
火曜	カテゴリー	休養またはXT	回復走	回復走	回復走	回復走
	合計距離		8km	8km	8km	10km
水曜	カテゴリー	回復走	回復走	回復走	有酸素走	有酸素走
	合計距離	6km	8km	8km	11km	13km
木曜	カテゴリー	休養またはXT	休養またはXT	休養またはXT	休養またはXT	休養またはXT
金曜	カテゴリー	回復走	回復走	有酸素走＋レッグスピード	有酸素走＋レッグスピード	有酸素走＋レッグスピード
	内容			WS:100m×8	WS:100m×8	WS:100m×8
	合計距離	8km	10km	11km	13km	14km
土曜	カテゴリー	休養またはXT	休養またはXT	回復走	回復走	回復走
	合計距離			8km	8km	10km
日曜	カテゴリー	回復走	回復走	有酸素走	ミディアムロング走	ミディアムロング走
	合計距離	10km	13km	14km	18km	19km
週間合計距離		24km	39km	49km	58km	66km

訳者注:※略語:XT＝クロストレーニング、WS＝ウィンドスプリント。※練習の構成と実施方法に関しては第8章を確認のこと。

©Sefa Karacan/Anadolu Agency/Getty Images

第①部
マラソン
トレーニング
とは何か

第❶章
マラソンに
必要な条件と
トレーニング

第❷章
栄養摂取と
水分補給

第❸章
トレーニングと
回復の
バランス

第❹章
補助的
トレーニング

第❺章
年齢(と分別)
を重ねた
ランナーの
トレーニング

第❻章
ベスト
パフォーマンス
のための
テーパリング

第❼章
レース当日の
戦略

第②部
マラソン
トレーニング
プログラム

第❽章
プログラムの
実施

第❾章
週89kmまで
のマラソン
トレーニング

第❿章
週89～
113kmの
マラソン
トレーニング

第⓫章
週113～
137kmの
マラソン
トレーニング

第⓬章
週137km
以上の
マラソン
トレーニング

第⓭章
マラソンの
連戦について

週間走行距離113～137km のマラソントレーニング

本章の対象は、走行距離の多いランナーである。スケジュールには2種類ある。1つは18週間から成り、週104kmから始めるスケジュール、もう1つは12週間から成り、週107kmから始めるスケジュールである。両方とも徐々に週間走行距離が増えていき、ピークでは140kmほどに達する。

　第1章で説明したように、トレーニングスケジュールは、全体を数週間ずつのブロックに分けると組み立てやすい。本書ではトレーニングスケジュールを4つのブロックに分けた。各ブロックではそれぞれ、持久力、LTと持久力、レース準備、テーパリングに焦点を絞る。そしてそのあとに、スケジュールを締めくくるレース後5週間の回復プログラムが続く。このプログラムは18週間と12週間の、両方のスケジュールに共通である。

　スケジュールは2種類用意されているわけだが、通常は、18週間スケジュールのほうが望ましい。18週間という期間は、適度に長く、適度に短い。つまり、身体に刺激を与え、マラソンのパフォーマンス向上に必要な適応を得る時間は十分にあるが、長すぎるということもないため、途中で飽きることなくトレーニングに集中できるのである。

　しかし、マラソンのトレーニングに18週間はどうしてもかけられない、という場合もあるだろう。12週間スケジュールを構成するブロックは18週間スケジュールと同じだが、全体の期間が短いぶん、各ブロックも短縮されている。マラソンは、にわか仕込みで臨んでも、時間をかけて取り組んだときのような、万全の準備にはならない。それは覚悟するべきだ。ただ、

ランナーにはさまざまな事情から、トレーニングに最大限の時間をかけていられないこともある。こうした事情を踏まえ、短縮版であってもなんとか効果的なプログラムにしようと編み出されたのが、本書の12週間スケジュールである。

スケジュールを始める前に

トレーニングスケジュールは2種類とも、第1週目から手応えのある内容になっている。そしてレースが近づくにつれて難度が高くなるように作成されている。したがって、質量ともに増えていくトレーニングに適応して進化し、なおかつケガのリスクを最小限に抑えるには、最初の1週間を無理なくこなせる力を持っている必要がある。

その第1週目の準備ができているかどうか、自分を客観的に評価しよう。例えば、現在の週間走行距離が64km、過去数週間で走った1回のランニングの最長距離が19kmだったとしたら、18週間スケジュールの第1週に指定されている週間104km（27km走も含む）に飛躍する時期ではない。本書のスケジュールの基盤にある考え方とは、身体に吸収され効果を生むトレーニング刺激を繰り返すことであって、身体をできるだけ早いうちから、できるだけ疲れさせることではないのだ。

原則として、本章のスケジュールを始めるまでには、少なくとも週89kmは走っていなければならない。そして開始前の1カ月のあいだで、第1週目に指定されているロング走と同くらいの距離を難なく走れていることも必要である。

スケジュールの背景

本書のスケジュールでは、1日単位で練習を指定しているが、このやり方には限界がある。特に、ランニング以外の日常生活を取り巻く各ランナーの環境、つまり星の数ほどもある個別の状況を推し量ることは、不可能だ（この練習量をこなしてもまだ「ランニング以外の生活」があるとすればの話だが）。仕事の予定、家族の生活、人付き合い、学校の授業、天候などは、どれもさまざまな面からマラソントレーニングに影響を及ぼす。ロング走の開始時間ひとつとっても、すべてが絡んでくる。場合によっては柔軟に対応しなければならないことも当然あるだろうし、日程を入れ替えるべきときもあるだろう。こうした事態は十分想定できる。したがって、ロスした時間を取り戻そうと、何日も連続してハードな練習をしないかぎり、ケガやオーバートレーニングは防げるはずだ。本書の前半で説明した原則を守れば、自分の状況に合わせて無理なくトレーニングを調整することができるだろう。

スケジュールの見方

スケジュール表では、縦の列に1週間のトレーニングを示した。例えば、12週間スケジュールの「11週間前」という列は、いちばん下の日曜日からレースの日までが11週間だという意味である。この1週間ごとのスケジュールが、レースのある週まで続く（監修者注：原著ではマイルとkmの両方で表示されているが、本訳書ではkm表示をのみを掲載する）。

スケジュールには、その日のトレーニングのカテゴリーと、具体的な練習内容が書かれている。例えば、18週間スケジュールの、レース7週間前の月曜日。具体的な練習は10kmと6km、

しっかりとトレーニングを積み、テーパリングを適切に行えば、序盤は楽に感じるはずだ

第①部
マラソン
トレーニング
とは何か

第❶章
マラソンに
必要な条件と
トレーニング

第❷章
栄養摂取と
水分補給

第❸章
トレーニングと
回復の
バランス

第❹章
補助的
トレーニング

第❺章
年齢(と分別)
を重ねた
ランナーの
トレーニング

第❻章
ベスト
パフォーマンス
のための
テーパリング

第❼章
レース当日の
戦略

第②部
マラソン
トレーニング
プログラム

第❽章
プログラムの
実施

第❾章
週89kmまで
のマラソン
トレーニング

第❿章
週89〜
113kmの
マラソン
トレーニング

第⓫章
週113〜
137kmの
マラソン
トレーニング

第⓬章
週137km
以上の
マラソン
トレーニング

第⓭章
マラソンの
連戦について

そしてその日のカテゴリーは、回復走である。このような形で示すことにより、1週間のなかでそれぞれの練習がどういうバランスで配置されているのか、そして週ごとにトレーニングがどう進行するのかが、ひと目でわかる。再び18週間スケジュールのレース7週間前を見ると、回復走の日が2日、有酸素走の日が2日あるほか、LT走、ロング走、ミディアムロング走のあることが、すぐにわかる。次に表を横に見てみよう。日曜日の段に注目すると、ロング走がどのように増えていき、レース前の2週間ではどのように減っていくか、ということも、一目瞭然だ。

トレーニングのカテゴリーは、ロング走、ミディアムロング走、マラソンペース走、有酸素走、LT走、回復走、$\dot{V}O_2max$インターバル、レッグスピードの、8つである。強度設定や実施方法など、各カテゴリーの詳細については第8章で、トレーニングの生理学的な意味については第1章で解説している。

2部練習

第8章でも述べたが、マラソンランナーにとっては、1日の練習を2回に分けることがプラスになることもある。もちろん週に209kmも走り込むエリートランナーなら、その効果は明らかだが、113kmを超えたレベルでも、やはり有効だ。本章のトレーニングスケジュールでは、例えば16kmの回復走が2回の短い練習に分けられている。イージーな日にこのように分けて走れば、疲労が増すことはない。それぞれのランニングの負担はほとんどなく、それでいて筋肉への血流が増えるため、むしろ回復が早まるのである。

本章の前半でも触れたが、筆者は、読者が全員スケジュール表をそのまま実行できるとは、思っていない。午前中にLT走、夕方に回復走が指定されている日にしても、そうである。スケジュールの都合上、質の高い練習であるLT走を午前ではなく夕方にしなければならないの

なら、単純に順序を逆にすればよい。ただしその場合は、午前中に行う短い回復走が、本当に身体が回復するようなランニングになるように、注意すること。

　しかし、ミディアムロング走の日に2回目のランニングが指定されている場合は、スケジュール表の順番を極力守ってほしい。第4章で説明したように、ミディアムロング走の日の夕方に短い距離を走れば持久力はさらに高まるが、反対に午前中に短い距離を走って、夕方にミディアムロング走を行うと、ミディアムロング走の質が落ちてしまうかもしれない。とはいえ、やはり自分の頭でよく考えて判断することが必要だ。週半ばのミディアムロング走を朝の4時半から行わなければならないようなら、ミディアムロング走は夕方にしたほうが、ずっといい。

レースの戦略

　マラソンレースの戦略については、すでに第7章で詳しく検討した。本章のスケジュールでトレーニングをするようなランナーならば、スタートしてしばらく経ち、誰もが自分のペースに落ち着いたころには、かなり前にいるはずだ。それでも、周囲には自分ほどトレーニングを積んでいないランナーがいないともかぎらない（例えば、一見体力のありそうな20代後半の男性。サブスリーが目標とはいっても、そのためのトレーニングをしてきたわけでもなく、単に切りのいい数字を目標にしている人。そんなランナーがいるかもしれない）。序盤から集団に合流していたら、何人かに声を掛けてみよう。残り16kmという地点でもまだ一緒にいそうなランナーを見極めるのだ。

　しっかりとトレーニングを積み、効果的なテーパリングができていれば、序盤はおそらく設定ペースがかなり楽に感じられるだろう。なんといっても、いちばんハードなトレーニング期には、延々とマラソンペースで走るロング走を何回もこなしてきたのである。さらに今は疲労も抜け、レース当日の興奮に包まれている。設定したペースで走るのは訳もない、と思ってしまうのも当然だ。それでも、後半で体力を発揮してイーブンスプリットで走れるよう、前半は自重して設定ペースを厳守すべきだ。これまで人並み以上のトレーニングを行ってきた。スタートで飛ばしすぎても、後半で自滅する可能性はたいていのランナーより低い。そうはいっても、序盤に無謀なペースで走って、何カ月ものハードトレーニングをふいにしてしまっては、元も子もない。

レース後の過ごし方

　本章のスケジュールの最後は、マラソンレース後の、5週間にわたる回復プログラムである。これを終えることで1つのマラソンプログラムが完了する。そして次回のチャレンジに向けた準備ができたことにもなる。

　回復のプログラムは、あえて抑えた内容に設定している。急いでトレーニングに戻っても、得るものはほとんどない。それどころか、マラソンのあとは筋肉や結合組織の弾力性が低下しているため、ケガのリスクが非常に高くなる。

　回復プログラムのスケジュールは、2日間の完全休養日から始まる。2日という時間は、ランニングから自分を解放すべき、最低限の時間である。レースによる急性の痛みや張りが癒えず、フォームが変わってしまうほどの重症である場合や、とにかく走る気がまだ起きないとい

う場合は、もちろん2日以上休んでもかまわない。もし、身に染み付いたマラソンランナー思考を拭い去る時間があるとすれば、それは目標のレースを走り終えたあとの1週間である。世界のトップランナーでさえ、レースのあとには何日か休みをいれる人がほとんどだ。このようなときは、少々走ることで微々たる効果が得られるとしても、走るリスクはそれをはるかに上回る。トップ選手にはそれがわかっているのである。この時期に走らないでおけば、ハードなトレーニングを再開できるまでに身体が回復したとき、気持ちもきっと前向きになるはずだ。

　もちろん、なかには、毎日たくさん走らなければ真のランナーを自認することはできない、という人もいるだろう。自分でそうと決めているのなら、ごくゆっくりと数km走ればいい。ただし、それが回復を遅らせるということは、承知しておくべきだ。

　この期間に回復を促進するには、軽いクロストレーニングのほうがいい。水泳や自転車といった運動ならば、身体に衝撃を与えずに、筋肉への血流を増やすことができる。マラソン後の1週間は、ウオーキングにもこれと同じ効果が期待できる。

　マラソンのあと、あまりにも早いうちから、あまりにもハードに走らないようにするには、ハートレートモニターを使うのも1つの手だ。第3章で述べたように、ハートレートモニターを使えば、回復日に速く走りすぎてしまうこともない。マラソン後の最初の2～3週間は、心拍数を、最高心拍数の76%未満、または心拍予備量の68%未満に保つこと。この強度で走るのが、マラソンのストレスから身体を回復させる、いちばんの早道である。

　5週間にわたる回復プログラムのあいだ、1週間に走る日数は、3日から6日へと増える。この5週間が終わるころには、レースから完全に回復しているはずだ。この期間を無事に過ごすことができれば、ケガをすることもなく、気持ちも新たになっているだろう。

©Maddie Meyer/Getty Images

2部練習でミディアムロング走が指定されている場合は極力スケジュール表の順番通りに行おう

表11.1●18週間スケジュール:トレーニングブロック1〈持久力〉

		17週間前	16週間前	15週間前	14週間前	13週間前	12週間前（回復週）
月曜	カテゴリー	回復走	回復走	回復走	回復走	回復走	回復走
	内容					午前:10km、午後: 6km	
	合計距離	8km	10km	10km	10km	16km	11km
火曜	カテゴリー	LT走	有酸素走＋レッグスピード	ミディアムロング走	有酸素走＋レッグスピード	LT走	有酸素走＋レッグスピード
	内容	LTペース:6km	坂道走:12秒×6、WS:100m×8		坂道走:12秒×8、WS:100m×8	LTペース:6km	WS:100m×10
	合計距離	14km	13km	19km	16km	16km	16km
水曜	カテゴリー	ミディアムロング走	ミディアムロング走	ミディアムロング走	ミディアムロング走	ミディアムロング走	ミディアムロング走
	合計距離	19km	21km	23km	23km	24km	21km
木曜	カテゴリー	回復走	回復走	回復走	回復走	回復走	回復走
	合計距離	10km	10km	10km	10km	10km	10km
金曜	カテゴリー	有酸素走	ミディアムロング走	LT走	ミディアムロング走	ミディアムロング走	有酸素走
	内容			LTペース:8km			
	合計距離	16km	18km	16km	19km	21km	16km
土曜	カテゴリー	回復走	回復走	回復走	回復走	回復走	回復走
	合計距離	10km	10km	10km	10km	10km	10km
日曜	カテゴリー	ロング走	マラソンペース走	ミディアムロング走	ロング走	マラソンペース走	ロング走
	内容		マラソンペース:13km			マラソンペース:16km	
	合計距離	27km	27km	26km	32km	29km	26km
週間合計距離		104km	109km	114km	120km	126km	110km

訳者注:※略語:XT=クロストレーニング、WS=ウィンドスプリント、INT=インターバルトレーニング。※VO₂max INTの急走は5kmレースペース、休息の緩走の時間は急走にかかった時間の50〜90%。※練習の構成と実施方法に関しては第8章を確認のこと。

表11.2●18週間スケジュール:トレーニングブロック2〈LT＋持久力〉

		11週間前	10週間前	9週間前	8週間前	7週間前(回復週)
月曜	カテゴリー	回復走	回復走	回復走	回復走	回復走
	内容	午前:10km、午後:6km	午前:10km、午後:6km	午前:10km、午後:6km	午前:10km、午後:6km	午前:10km、午後:6km
	合計距離	16km	16km	16km	16km	16km
火曜	カテゴリー	LT走	有酸素走	有酸素走	有酸素走	有酸素走
	内容	LTペース:8km				
	合計距離	18km	14km	14km	14km	13km
水曜	カテゴリー	ミディアムロング走	ミディアムロング走	ミディアムロング走	V̇O₂max INT	ミディアムロング走
	内容				800m×6	
	合計距離	24km	24km	24km	14km	24km
木曜	カテゴリー	回復走	回復走	回復走	回復走	回復走
	内容					午前:10km、午後:6km
	合計距離	11km	11km	13km	11km	16km
金曜	カテゴリー	ミディアムロング走	LT走	ミディアムロング走	ミディアムロング走＋回復走	LT走
	内容		LTペース:10km		午前:ミディアムロング走:18km、午後:回復走:6km	LTペース:11km
	合計距離	21km	19km	21km	24km	19km
土曜	カテゴリー	有酸素走＋レッグスピード	回復走	回復走＋レッグスピード	有酸素走＋レッグスピード	有酸素走
	内容	WS:100m×10		WS:100m×6	坂道走:12秒×8、WS:100m×8	
	合計距離	13km	11km	11km	13km	13km
日曜	カテゴリー	ロング走	ロング走	マラソンペース走	ロング走	ロング走
	内容			マラソンペース:19km		
	合計距離	32km	35km	29km	26km	39km
週間合計距離		135km	130km	128km	118km	140km

表11.3●18週間スケジュール:トレーニングブロック3〈レース準備〉

		6週間前	5週間前	4週間前	3間前
月曜	カテゴリー	回復走	回復走	回復走	回復走
	内容	午前:10km、午後:6km	午前:10km、午後:6km	午前:10km、午後:6km	午前:10km、午後:6km
	合計距離	16km	16km	16km	16km
火曜	カテゴリー	$\dot{V}O_2$max INT	$\dot{V}O_2$max INT	$\dot{V}O_2$max INT	有酸素走
	内容	600m×5	1000m×6	600m×5	
	合計距離	14km	19km	14km	13km
水曜	カテゴリー	ミディアムロング走	ミディアムロング走	ミディアムロング走	$\dot{V}O_2$max INT
	内容				1200m×6
	合計距離	24km	24km	22km	19km
木曜	カテゴリー	回復走+レッグスピード	回復走	回復走+レッグスピード	ミディアムロング走+回復走
	内容	WS:100m×6	午前:10km、午後:6km	WS:100m×6	午前:ミディアムロング走:24km、午後:回復走:6km
	合計距離	11km	16km	11km	30km
金曜	カテゴリー	回復走	ミディアムロング走	回復走	有酸素走+レッグスピード
	内容				WS:100m×8
	合計距離	10km	19km	10km	13km
土曜	カテゴリー	レース	回復走	レース	回復走
	内容	調整レース:8〜15km		調整レース:8〜15km	
	合計距離	14〜21km	11km	14〜21km	10km
日曜	カテゴリー	ロング走	マラソンペース走	ロング走	ロング走
	内容		マラソンペース:23km		
	合計距離	29km	32km	29km	35km
週間合計距離		118〜125km	137km	116〜123km	136km

表11.4●18週間スケジュール:トレーニングブロック4〈テーパリングとレース〉

		2週間前	1週間前	レースの週
月曜	カテゴリー	回復走	回復走	回復走
	合計距離	10km	10km	10km
火曜	カテゴリー	$\dot{V}O_2$max INT	有酸素走+レッグスピード	有酸素走
	内容	600m×5	WS: 100m×8	
	合計距離	14km	13km	11km
水曜	カテゴリー	ミディアムロング走	回復走	マラソンペース走 (ドレスリハーサル)
	内容			マラソンペース:3km
	合計距離	23km	10km	13km
木曜	カテゴリー	回復走+レッグスピード	$\dot{V}O_2$max INT	回復走
	内容	WS:100m×6	1200m×4	
	合計距離	11km	14km	10km
金曜	カテゴリー	回復走	回復走	回復走+レッグスピード
	内容			WS:100m×6
	合計距離	10km	8km	8km
土曜	カテゴリー	レース	有酸素走+レッグスピード	回復走
	内容	調整レース:8〜10km	WS:100m×8	
	合計距離	14〜18km	11km	6km
日曜	カテゴリー	ロング走	ミディアムロング走	マラソンレース
	合計距離	27km	21km	
週間合計距離		109〜113km	87km	58km(レースを除く)

表11.5●12週間スケジュール:トレーニングブロック1〈持久力〉

		11週間前	10週間前	9週間前	8週間前
月曜	カテゴリー	回復走	回復走	回復走	回復走
	内容		午前:10km、午後:6km	午前:10km、午後:6km	午前:10km、午後:6km
	合計距離	10km	16km	16km	16km
火曜	カテゴリー	有酸素走+レッグスピード	ミディアムロング走	有酸素走+レッグスピード	ミディアムロング走
	内容	坂道走:12秒×8、WS:100m×8		坂道走:12秒×8、WS:100m×8	
	合計距離	13km	19km	13km	21km
水曜	カテゴリー	ミディアムロング走	有酸素走	ミディアムロング走	ミディアムロング走
	合計距離	19km	16km	21km	24km
木曜	カテゴリー	回復走	回復走	回復走	回復走
	合計距離	10km	10km	10km	10km
金曜	カテゴリー	ミディアムロング走	LT走	ミディアムロング走	LT走
	内容		LTペース:6km		LTペース:8km
	合計距離	18km	16km	21km	16km
土曜	カテゴリー	回復走	回復走	回復走	回復走
	合計距離	10km	10km	10km	10km
日曜	カテゴリー	マラソンペース走	ロング走	マラソンペース走	ロング走
	内容	マラソンペース:13km		マラソンペース:16km	
	合計距離	27km	29km	31km	27km
週間合計距離		107km	116km	122km	124km

訳者注:※18週間スケジュールの訳者注を参照

表11.6●12週間スケジュール:トレーニングブロック2〈LT+持久力〉

		7週間前(回復週)	6週間前	5週間前
月曜	カテゴリー	回復走	回復走	回復走
	内容		午前:10km、午後:6km	午前:10km、午後:6km
	合計距離	10km	16km	16km
火曜	カテゴリー	有酸素走+レッグスピード	有酸素走	有酸素走+レッグスピード
	内容	WS:100m×10		WS:100m×10
	合計距離	13km	14km	16km
水曜	カテゴリー	ミディアムロング走	VO$_2$max INT	ミディアムロング走
	内容		1200m×5	
	合計距離	24km	19km	24km
木曜	カテゴリー	回復走	ミディアムロング走+回復走	回復走
	内容	午前:10km、午後:6km	午前:ミディアムロング走:24km、午後:回復走:6km	午前:10km、午後:6km
	合計距離	16km	30km	16km
金曜	カテゴリー	LT走	有酸素走	LT走
	内容	LTペース:6km		LTペース:11km
	合計距離	16km	16km	19km
土曜	カテゴリー	有酸素走+レッグスピード	回復走+レッグスピード	有酸素走+レッグスピード
	内容	WS:100m×6	WS:100m×6	WS:100m×6
	合計距離	11km	11km	13km
日曜	カテゴリー	ロング走	マラソンペース走	ロング走
	内容		マラソンペース:19km	
	合計距離	29km	27km	35km
週間合計距離		119km	133km	139km

第①部
マラソン
トレーニング
とは何か

第❶章
マラソンに
必要な条件と
トレーニング

第❷章
栄養摂取と
水分補給

第❸章
トレーニングと
回復の
バランス

第❹章
補助的
トレーニング

第❺章
年齢（と分別）
を重ねた
ランナーの
トレーニング

第❻章
ベスト
パフォーマンス
のための
テーパリング

第❼章
レース当日の
戦略

第②部
マラソン
トレーニング
プログラム

第❽章
プログラムの
実施

第❾章
週89kmまで
のマラソン
トレーニング

第❿章
週89〜
113kmの
マラソン
トレーニング

第⓫章
週113〜
137kmの
マラソン
トレーニング

第⓬章
週137km
以上の
マラソン
トレーニング

第⓭章
マラソンの
連戦について

表11.7●12週間スケジュール:トレーニングブロック3〈レース準備〉

		4週間前	3週間前	2週間前
月曜	カテゴリー	回復走	回復走	回復走
	内容	午前:10km、午後:6km	午前:10km、午後:6km	午前:10km、午後:6km
	合計距離	16km	16km	16km
火曜	カテゴリー	VO₂max INT	有酸素走	VO₂max INT
	内容	600m×5		600m×5
	合計距離	14km	14km	14km
水曜	カテゴリー	ミディアムロング走+回復走	VO₂max INT	ミディアムロング走
	内容	午前:ミディアムロング走:24km、午後:回復走:6km	1000m×6	
	合計距離	30km	18km	19km
木曜	カテゴリー	回復走+レッグスピード	ミディアムロング走	回復走+レッグスピード
	内容	WS:100m×6		WS:100m×6
	合計距離	11km	24km	10km
金曜	カテゴリー	回復走	有酸素走	回復走
	合計距離	10km	16km	10km
土曜	カテゴリー	レース	有酸素走+レッグスピード	レース
	内容	調整レース:8〜15km	WS:100m×6	調整レース:8〜10km
	合計距離	14〜21km	13km	14〜18km
日曜	カテゴリー	ロング走	ロング走	ロング走
	合計距離	29km	32km	27km
週間合計距離		124〜131km	133km	110〜114km

表11.8●12週間スケジュール:トレーニングブロック4〈テーパリングとレース〉

		1週間前	レースの週
月曜	カテゴリー	回復走	回復走
	合計距離	10km	10km
火曜	カテゴリー	有酸素走+レッグスピード	有酸素走
	内容	WS:100m×8	
	合計距離	13km	11km
水曜	カテゴリー	回復走	マラソンペース走(ドレスリハーサル)
	内容		マラソンペース:3km
	合計距離	10km	13km
木曜	カテゴリー	VO₂max INT	回復走
	内容	1200m×4	
	合計距離	14km	10km
金曜	カテゴリー	回復走	回復走+レッグスピード
	内容		WS:100m×6
	合計距離	8km	8km
土曜	カテゴリー	有酸素走+レッグスピード	回復走
	内容	WS:100m×10	
	合計距離	11km	6km
日曜	カテゴリー	ミディアムロング走	マラソンレース
	合計距離	21km	
週間合計距離		87km	58km(レースを除く)

表11.8●回復プログラム:トレーニングブロック5〈回復〉

		1週間後	2週間後	3週間後	4週間後	5週間後
月曜	カテゴリー	休養またはXT	休養またはXT	休養またはXT	休養またはXT	休養またはXT
火曜	カテゴリー	休養またはXT	回復走	回復走	回復走	回復走
	合計距離		8km	10km	10km	10km
水曜	カテゴリー	回復走	回復走	回復走	有酸素走	有酸素走
	合計距離	6km	8km	10km	14km	14km
木曜	カテゴリー	休養またはXT	休養またはXT	休養またはXT	休養またはXT	回復走
	合計距離					10km
金曜	カテゴリー	回復走	回復走	有酸素走＋レッグスピード	有酸素走＋レッグスピード	有酸素走＋レッグスピード
	内容			WS:100m×8	WS:100m×8	WS:100m×8
	合計距離	8km	10km	13km	14km	16km
土曜	カテゴリー	休養またはXT	回復走	回復走	回復走	回復走
	合計距離		8km	10km	10km	10km
日曜	カテゴリー	回復走	有酸素走	有酸素走	ミディアムロング走	ミディアムロング走
	合計距離	11km	16km	16km	19km	21km
週間合計距離		25km	50km	59km	67km	81km

訳者注:※略語:XT=クロストレーニング、WS=ウィンドスプリント。※練習の構成と実施方法に関しては第8章を確認のこと。

©Mark Dadswell/Getty Images

第①部
マラソン
トレーニング
とは何か

第❶章
マラソンに
必要な条件と
トレーニング

第❷章
栄養摂取と
水分補給

第❸章
トレーニングと
回復の
バランス

第❹章
補助的
トレーニング

第❺章
年齢（と分別）
を重ねた
ランナーの
トレーニング

第❻章
ベスト
パフォーマンス
のための
テーパリング

第❼章
レース当日の
戦略

第②部
マラソン
トレーニング
プログラム

第❽章
プログラムの
実施

第❾章
週89kmまで
のマラソン
トレーニング

第❿章
週89〜
113kmの
マラソン
トレーニング

第⓫章
週113〜
137kmの
マラソン
トレーニング

第⓬章
週137km
以上の
マラソン
トレーニング

第⓭章
マラソンの
連戦について

週間走行距離137km以上の マラソントレーニング

本章の対象は、トレーニングに全エネルギーを注ぎ込むことのできる、きわめて走行距離の多いランナーである。スケジュールには2種類ある。1つは18週間から成り、週129kmから始めるスケジュール、もう1つは12週間から成り、週132mから始めるスケジュールである。両方とも徐々に週間走行距離が増えていき、ピークでは170kmほどに達する。

　第1章で説明したように、トレーニングスケジュールは、全体を数週間ずつのブロックに分けると組み立てやすい。本書ではトレーニングスケジュールを4つのブロックに分けた。各ブロックではそれぞれ、持久力、LTと持久力、レース準備、テーパリングに焦点を絞る。そしてそのあとに、スケジュールを締めくくるレース後5週間の回復プログラムが続く。この回復プログラムは18週間と12週間の、両方のスケジュールに共通である。

　スケジュールは2種類用意されているわけだが、通常は、18週間スケジュールのほうが望ましい。18週間という期間は、適度に長く、適度に短い。つまり、身体に刺激を与え、マラソンのパフォーマンス向上に必要な適応を得る時間は十分にあるが、長すぎるということもないため、途中で飽きることなくトレーニングに集中できるのである。

　しかし、マラソンのトレーニングに18週間はどうしてもかけられない、という場合もあるだろう。12週間スケジュールを構成するブロックは18週間スケジュールと同じだが、全体の期間が短いぶん、各ブロックも短縮されている。マラソンは、にわか仕込みで臨んでも、時間をかけて取り組んだときのような、万全の準備にはならない。それは覚悟しておくべきだ。た

だ、ランナーにはさまざまな事情から、トレーニングに最大限の時間をかけていられないこともある。こうした事情を踏まえ、短縮版であってもなんとか効果的なプログラムにしようと編み出されたのが、本書の12週間スケジュールである。

スケジュールを始める前に

　トレーニングスケジュールは2種類とも、第1週目から手応えのある内容になっている。そしてレースが近づくにつれて難度が高くなるように作成されている。したがって、質量ともに増えていくトレーニングに適応して進化し、なおかつケガのリスクを最小限に抑えるには、最初の1週間を難なくこなせる力を持っている必要がある。

　その第1週目の準備ができているかどうか、自分を客観的に評価しよう。例えば、現在の週間走行距離が97km、過去数週間で走った1回のランニングの最長距離が19kmなら、18週間スケジュールの第1週に指定されている週間129km（26m走も含む）に飛躍する時期ではない。本書のスケジュールの基盤にある考え方とは、身体に吸収され効果を生むトレーニング刺激を繰り返すことであって、身体をできるだけ早いうちから、できるだけ疲れさせることではないのだ。

　原則として、本章のスケジュールを始めるまでには、少なくとも週113～121kmは走っていなければならない。そして開始前の1カ月のあいだに、最低24km走を1回、無理なく走れている必要がある。

スケジュールの背景

　本書のスケジュールでは、1日単位で練習を指定しているが、このやり方には限界がある。特に、ランニング以外の日常生活を取り巻く各ランナーの環境、つまり星の数ほどもある個別の状況を推し量ることは、不可能だ（この練習量をこなしてもまだ「ランニング以外の生活」があるとすればの話だが）。仕事の予定、家族の生活、人付き合い、学校の授業、天候などは、どれもさまざまな面からマラソントレーニングに影響を及ぼす。ロング走の開始時間ひとつとっても、すべてが絡んでくる。場合によっては柔軟に対応しなければならないことも当然あるだろうし、日程を入れ替えるべきときもあるだろう。こうした事態は十分想定できる。したがって、ロスした時間を取り戻そうと、何日も連続してハードな練習をしないかぎり、ケガやオーバートレーニングは防げるはずだ。本書の前半で説明した原則を守れば、自分の状況に合わせて無理なくトレーニングを調整することができるだろう。

スケジュールの見方

　スケジュール表では、縦の列に1週間のトレーニングを示した。例えば、12週間スケジュールの「11週間前」という列は、いちばん下の日曜日からレースの日までが11週間だという意味である。この1週間ごとのスケジュールが、レースのある週まで続く（監修注：原著ではマイルとkmの両方で表示されているが、本訳書ではkm表示をのみを掲載する）。

　スケジュールには、その日のトレーニングのカテゴリーと、具体的な練習内容が書かれている。例えば、18週間スケジュールの、レース5週間前の月曜日。具体的な練習は10kmが2回、

そしてその日のカテゴリーは、回復走である。このような形で示すことにより、1週間のなかでそれぞれの練習がどういうバランスで配置されているのか、そして週ごとにトレーニングがどう進行するのか、ひと目でわかる。再び18週間スケジュールのレース5週間前を見ると、回復走の日が4日あるほか、LT走、有酸素走、レッグスピード、ロング走などのあることが、すぐにわかる。次に表を横に見てみよう。日曜日の段に注目すると、ロング走がどのように増えていき、レース前の2週間ではどのように減っていくか、ということも、一目瞭然だ。

　トレーニングのカテゴリーは、ロング走、ミディアムロング走、マラソンペース走、有酸素走、LT走、回復走、V̇O₂maxインターバル、レッグスピードの、8つである。強度設定や実施方法など、各カテゴリーの詳細については第8章で、トレーニングの生理学的な意味については第1章で解説している。

2部練習

　第8章でも述べたが、マラソンランナーにとっては、1日の練習を2回に分けることがプラスになることもある。週に161km程度走り込むランナーなら、その効果は明らかだ。本章のトレーニングスケジュールでは、例えば16〜19kmの回復走が2回の短い練習に分けられている。このように、イージーな日に2回に分けて走れば、疲労が増すことはない。それぞれのランニングの負担はほとんどなく、それでいて筋肉への血流が増えるため、むしろ回復が早まるのである。

　本章の前半でも触れたが、筆者は、読者が全員スケジュール表をそのまま実行できるとは、思っていない。午前中にLT走、夕方に回復走が指定されている日にしても、そうである。スケジュールの都合上、質の高い練習であるLT走を午前ではなく夕方にしなければならないのなら、単純に順序を逆にすればよい。ただしその場合は、午前中に行う短い回復走が、本当に身体が回復するようなランニングになるように、注意すること。

週170kmでも足りない場合

　読者のなかには、本章のスケジュールよりも練習量を増やしたいという強者もいるのではないだろうか。もし、自分もそのうちの1人だと思うのであれば、距離を増やすときにはスケジュールの趣旨を守ることだ。つまり、トレーニングの量をブロック1で徐々に増やし、ブロック2でピークに持っていき、ブロック3でわずかに減らし、ブロック4で大幅に落とす、という基本原則に従わなければならない（訳者注：トレーニングブロックおよび期分けに関しては、第1章を参照）。

　では、走行距離はいつ増やしたらいいのか？ それは有酸素走の日と、ミディアムロング走の日である。同じ週に行う最も重要な練習に支障が出ないと思うのなら、若干距離を上乗せしてみるといい（ただし、練習量はあくまで目標を達成するための手段であって、目標そのものではない。これを肝に銘じておくこと。これだけの練習量をこなすレベルでは、やみくもに距離を増やすとケガのリスクが急激に高まる）。それ以外では、V̇O₂maxインターバルやLT走の日のウォーミングアップとクーリングダウンの距離を増やすという手もある。スケジュールよりも2部練習の日数を増やすつもりなら、第8章の「1日に2回練習することについて」の項

第①部
マラソン
トレーニング
とは何か

第❶章
マラソンに
必要な条件と
トレーニング

第❷章
栄養摂取と
水分補給

第❸章
トレーニングと
回復の
バランス

第❹章
補助的
トレーニング

第❺章
年齢（と性別）
を重ねた
ランナーの
トレーニング

第❻章
ベスト
パフォーマンス
のための
テーパリング

第❼章
レース当日の
戦略

第②部
マラソン
トレーニング
プログラム

第❽章
プログラムの
実施

第❾章
週89kmまで
のマラソン
トレーニング

第❿章
週89〜
113kmの
マラソン
トレーニング

第⓫章
週113〜
137kmの
マラソン
トレーニング

第⓬章
週137km
以上の
マラソン
トレーニング

第⓭章
マラソンの
連戦について

©Michael Steele/Getty Images for QTA

目標ペースを維持する力はある。トレーニングを思い出して自信を持とう

を参考にしてほしい。

レースの戦略

　マラソンレースの戦略については、すでに第7章で詳しく検討した。本章のスケジュールでトレーニングをするようなランナーなら、誰よりもしっかりとした準備ができていると言ってもいい。これまで、目標の強度で距離を踏んできた。量と質を兼ね備えたトレーニングを自分ほどこなしたランナーは、そういないなずだ。

　しかし、それだけ意気込みや気概があっても、序盤では舞い上がらないようにすべきだ。前半のハーフで設定ペースがかなり楽に感じられたとしても、自制は必要である。実際、そのいい感覚に乗ってペースを上げていきたい、という誘惑には抗しがたいものがある。おそらく、他の章の読者と比べて自制心がいちばん必要になるのは、本章の読者だろう。後半で体力を発揮しイーブンスプリットで走るために、前半は抑えて設定ペースを厳守するべきなのだ。本章の読者は人並み以上のトレーニングを行ってきた。スタートで飛ばしすぎても、後半で自滅する可能性はたいていのランナーよりも低い。そうはいっても、序盤に無謀なペースで走って、何カ月ものハードトレーニングをふいにしてしまっては、元も子もない。

　それでいて、本章の読者が目標とするペースは、ふだんのトレーニングペースよりもかなり速い。レースペースとトレーニングペースとの差がいちばん大きいのもやはり、本章の読者である。よって、レースが近づいてきたときに、設定ペースがいつもより手強く感じられるということも、あるかもしれない。しかし、42.195kmのペースとして思い描いた理想のペースを維持する力はついている。ロング走、テンポランニング、マラソンペース走を思い出して、自信を持とう。さらに、前後半の設定スプリットに意識を集中させれば、きっと前半は賢く走りきれる。そうなれば、32km過ぎからフィニッシュラインまで設定ペースを保ったまま走りぬくという目標も、かなり現実に近づくだろう。

レース後の過ごし方

　本章のスケジュールの最後は、マラソンレース後の、5週間にわたる回復プログラムである。これを終えることで1つのマラソンプログラムが完了する。そして次回のチャレンジに向けた準備ができたことにもなる。

　回復のプログラムは、あえて抑えた内容に設定している。急いでトレーニングに戻っても、得るものはほとんどない。それどころか、マラソンのあとは筋肉や結合組織の弾力性が低下しているため、ケガのリスクが非常に高くなる。

　回復プログラムのスケジュールは、2日間の完全休養日から始まる。2日という時間は、ランニングから自分を解放すべき、最低限の時間である。レースによる急性の痛みや張りが癒えず、フォームが変わってしまうほどの重症である場合や、とにかく走る気がまだ起きないという場合は、もちろん2日以上休んでもかまわない。もし、身に染み付いたマラソンランナー思考を拭い去る時間があるとすれば、それは目標のレースを走り終えたあとの1週間である。世界のトップランナーでさえ、レースのあとには何日か休みを入れる人がほとんどだ。このようなときは、少々走ることで微々たる効果が得られるとしても、走るリスクはそれをはるかに上回る。トップ選手にはそれがわかっているのである。この時期に走らないでおけば、ハードなトレーニングを再開できるまでに身体が回復したとき、気持ちもきっと前向きになるはずだ。

　もちろん、なかには、毎日たくさん走らなければ真のランナーを自認することはできない、という人もいるだろう。自分でそうと決めているのなら、ごくゆっくりと数km走ればいい。ただし、それが回復を遅らせるということは、承知しておくべきだ。

　この期間に回復を促進するには、軽いクロストレーニングのほうがいい。水泳や自転車といった運動ならば、身体に衝撃を与えずに、筋肉への血流を増やすことができる。マラソン後の1週間は、ウオーキングにもこれと同じ効果が期待できる。

　マラソンのあと、あまりにも早いうちから、あまりにもハードに走らないようにするには、ハートレートモニターを使うのも1つの手だ。第3章で述べたように、ハートレートモニターを使えば、回復日に速く走りすぎてしまうこともない。マラソン後の最初の2、3週間は、心拍数を、最高心拍数の76%未満、または心拍予備量の68%未満に保つこと。この強度で走るのが、マラソンのストレスから身体を回復させる、いちばんの早道である。

　5週間にわたる回復プログラムのあいだ、1週間に走る日数は、3日から6日へと増える。この5週間が終わるころには、レースから完全に回復しているはずだ。この期間を無事に過ごすことができれば、ケガをすることもなく、気持ちも新たになっているだろう。

（右段・章目次）

第①部
マラソン
トレーニング
とは何か

第❶章
マラソンに
必要な条件と
トレーニング

第❷章
栄養摂取と
水分補給

第❸章
トレーニングと
回復の
バランス

第❹章
補助的
トレーニング

第❺章
年齢（と分別）
を重ねた
ランナーの
トレーニング

第❻章
ベスト
パフォーマンス
のための
テーパリング

第❼章
レース当日の
戦略

第②部
マラソン
トレーニング
プログラム

第❽章
プログラムの
実施

第❾章
週89kmまで
のマラソン
トレーニング

第❿章
週89〜
113kmの
マラソン
トレーニング

第⓫章
週113〜
137kmの
マラソン
トレーニング

→　第⓬章
週137km
以上の
マラソン
トレーニング

第⓭章
マラソンの
連戦について

表12.1●18週間プログラム:トレーニングブロック1〈持久力〉

		17週間前	16週間前	15週間前	14週間前	13週間前	12週間前(回復週)
月曜	カテゴリー	回復走	回復走	回復走	回復走	回復走	回復走
	内容	午前:10km、午後:8km	午前:10km、午後:8km	午前:8km、午後:8km	午前:10km、午後:10km	午前:10km、午後:10km	午前:10km、午後:10km
	合計距離	18km	18km	16km	20km	20km	20km
火曜	カテゴリー	回復走+LT走	回復走+有酸素走+レッグスピード	ミディアムロング走	回復走+有酸素走+レッグスピード	回復走+LT走	有酸素走+レッグスピード
	内容	午前:回復走、午後:LTペース:6km	午前:回復走、午後:有酸素走、坂道走:12秒×8、WS:100×8		午前:回復走、午後:有酸素走、坂道走:12秒×8、WS:100×8	午前:回復走、午後:LTペース:6km	WS:100m×10
	合計距離	22(6+16)km	22(6+16)km	19km	22(6+16)km	24(8+16)km	16km
水曜	カテゴリー	ミディアムロング走	ミディアムロング走	回復走+LT走	ミディアムロング走	ミディアムロング走	ミディアムロング走
	内容			午前:回復走、午後:LTペース:8km			
	合計距離	19km	21km	22(6+16)km	24km	24km	21km
木曜	カテゴリー	回復走	回復走	回復走	回復走	回復走	回復走
	内容	午前:10km、午後:8km	午前:10km、午後:8km	午前:10km、午後:8km	午前:10km、午後:8km	午前:10km、午後:8km	午前:10km、午後:8km
	合計距離	18km	18km	18km	18km	18km	18km
金曜	カテゴリー	有酸素走+レッグスピード	ミディアムロング走	ミディアムロング走	ミディアムロング走	ミディアムロング走	ミディアムロング走
	内容	WS:100m×10					
	合計距離	16km	19km	22km	21km	22km	19km
土曜	カテゴリー	回復走	回復走	有酸素走	回復走	有酸素走	有酸素走
	合計距離	10km	10km	14km	11km	13km	13km
日曜	カテゴリー	ロング走	マラソンペース走	ロング走	ロング走	マラソンペース走	ロング走
	内容		マラソンペース:13km			マラソンペース:16km	
	合計距離	26km	27km	29km	32km	32km	26km
週間合計距離		129km	135km	140km	148km	153km	133km

訳者注:※略語:XT=クロストレーニング、WS=ウィンドスプリント、INT=インターバルトレーニング。※VO₂max INTの急走は5kmレースペース、休息の緩走の時間は急走にかかった時間の50〜90%。※各日合計距離のカッコ内は午前(左)と午後(右)のそれぞれの合計距離である。※練習の構成と実施方法に関しては第8章を確認のこと

曜日		11週間前	10週間前	9週間前	8週間前(回復週)	7週間前
月曜	カテゴリー	回復走	回復走	回復走	回復走	回復走
	内容	午前:10km、午後:8km	午前:10km、午後:8km	午前:10km、午後:8km	午前:10km、午後:8km	午前:10km、午後:10km
	合計距離	18km	18km	18km	18km	20km
火曜	カテゴリー	回復走+LT走	回復走+有酸素走+レッグスピード	有酸素走	有酸素走+レッグスピード	回復走+有酸素走+レッグスピード
	内容	午前:回復走、午後:LTペース:8km	午前:回復走、午後:有酸素走、WS:100×10		WS: 100m×10	午前:回復走、午後:有酸素走、WS:100×10
	合計距離	24(8+16)km	26(10+16)km	16km	16km	26(10+16)km
水曜	カテゴリー	回復走+ミディアムロング走	ミディアムロング走	回復走+ミディアムロング走	V̇O₂max INT	ミディアムロング走
	内容	午前:回復走:8km、午後:ミディアムロング走:24km		午前:回復走:10km、午後:ミディアムロング走:24km	800m×5	
	合計距離	32km	24km	34km	16km	24km
木曜	カテゴリー	回復走	回復走	回復走	回復走	回復走
	内容	午前:10km、午後:8km	午前:10km、午後:8km	午前:10km、午後:8km	午前:10km、午後:8km	午前:10km、午後:10km
	合計距離	18km	18km	18km	18km	20km
金曜	カテゴリー	ミディアムロング走	回復走+LT走	回復走+ミディアムロング走	回復走+ミディアムロング走	回復走+LT走
	内容		午前:回復走、午後:LTペース:10km	午前:回復走:10km、午後:ミディアムロング走:22km	午前:回復走:8km、午後:ミディアムロング走:21km	午前:回復走、午後:LTペース:11km
	合計距離	21km	28(10+18)km	32km	29km	29(10+19)km
土曜	カテゴリー	有酸素走+レッグスピード	有酸素走	有酸素走+レッグスピード	有酸素走	有酸素走
	内容	坂道走:12秒×8、WS:100m×8		WS:100m×6		
	合計距離	16km	16km	16km	16km	16km
日曜	カテゴリー	ロング走	ロング走	マラソンペース走	ロング走	ロング走
	内容			マラソンペース:19km		
	合計距離	32km	35km	32km	26km	39km
週間合計距離		161km	165km	166km	139km	174km

表12.3●18週間プログラム:トレーニングブロック3〈レース準備〉

		6週間前	5週間前	4週間前	3週間前
月曜	カテゴリー	回復走	回復走	回復走	回復走
	内容	午前:10km、午後:10km	午前:10km、午後:10km	午前:10km、午後:8km	午前:10km、午後:8km
	合計距離	20km	20km	18km	18km
火曜	カテゴリー	回復走+$\dot{V}O_2max$ INT	回復走+有酸素走+レッグスピード	回復走+$\dot{V}O_2max$ INT	有酸素走
	内容	午前:回復走、午後:800m×5	午前:回復走、午後:有酸素走、WS:100m×8	午前:回復走、午後:800m×5	
	合計距離	24(8+16)km	24(8+16)km	24(8+16)km	16km
水曜	カテゴリー	回復走+ミディアムロング走	回復走+ミディアムロング走	回復走+ミディアムロング走	回復走+$\dot{V}O_2max$ INT
	内容	午前:回復走:8km、午後:ミディアムロング走:24km	午前:回復走:8km、午後:ミディアムロング走:24km	午前:回復走:8km、午後:ミディアムロング走:24km	午前:回復走、午後:1200m×6
	合計距離	32km	32km	32km	22(6+16)km
木曜	カテゴリー	回復走+レッグスピード	回復走	回復走+レッグスピード	回復走+ミディアムロング走
	内容	午前:回復走、午後:回復走、WS:100m×8	午前:10km、午後:8km	午前:回復走、午後:回復走、WS:100m×8	午前:回復走:8km、午後:ミディアムロング走:24km
	合計距離	18(8+10)km	18km	21(8+13)km	32km
金曜	カテゴリー	回復走	LT走	回復走	回復走+有酸素走
	内容		LTペース:8km		午前:回復走:6km、午後:有酸素走:16km
	合計距離	10km	19km	10km	22km
土曜	カテゴリー	レース	有酸素走+レッグスピード	レース	回復走+有酸素走+レッグスピード
	内容	調整レース:15km〜ハーフ	WS:100m×8	調整レース:8〜15km	午前:回復走、午後:有酸素走、WS:100m×8
	合計距離	21〜27km	16km	14〜21km	18(5+13)km
日曜	カテゴリー	有酸素走	ロング走	ロング走	ロング走
	合計距離	13km	35km	29km	34km
週間合計距離		138〜144km	164km	148〜155km	162km

表12.4●18週間プログラム:トレーニングブロック4〈テーパリングとレース〉

		2週間前	1週間前	レースの週
月曜	カテゴリー	回復走	回復走	回復走
	内容	午前:10km、午後:8km		
	合計距離	18km	10km	10km
火曜	カテゴリー	$\dot{V}O_2max$ INT	有酸素走+レッグスピード	回復走
	内容	800m×5	WS:100m×10	午前:10km、午後:6km
	合計距離	16km	16km	16km
水曜	カテゴリー	ミディアムロング走	回復走	マラソンペース走 (ドレスリハーサル)
	内容		午前:10km、午後:6km	マラソンペース:4km
	合計距離	21km	16km	14km
木曜	カテゴリー	回復走+有酸素走+ レッグスピード	$\dot{V}O_2max$ INT	回復走
	内容	午前:回復走、 午後:有酸素走、 WS:100m×8	1200m×4	
	合計距離	19(6+13)km	14km	10km
金曜	カテゴリー	回復走	回復走	回復走+レッグスピード
	内容			WS:100m×6
	合計距離	10km	10km	8km
土曜	カテゴリー	レース	有酸素走+レッグスピード	回復走
	内容	調整レース:8～10km	WS:100m×8	
	合計距離	14～18km	13km	6km
日曜	カテゴリー	ロング走	ミディアムロング走	マラソンレース
	合計距離	27km	21km	
週間合計距離		125～129km	100km	64kmレースを除く)

表12.5●12週間スケジュール:トレーニングブロック1〈持久力〉

		11週間前	10週間前	9週間前	8週間前
月曜	カテゴリー	回復走	回復走	回復走	回復走
	内容	午前:10km、午後:8km	午前:10km、午後:8km	午前:10km、午後:8km	午前:10km、午後:8km
	合計距離	18km	18km	18km	18km
火曜	カテゴリー	有酸素走+レッグスピード	ミディアムロング走	回復走+有酸素走+レッグスピード	回復走+LT走
	内容	坂道走:12秒×8、WS:100m×8		午前:回復走、午後:有酸素走、坂道走:12秒×8、WS:100m×8	午前:回復走、午後:LTペース:8km
	合計距離	16km	19km	22(6+16)km	24(6+18)
水曜	カテゴリー	ミディアムロング走	回復走+LT走	ミディアムロング走	回復走+ミディアムロング走
	内容		午前:回復走、午後:LTペース:8km		午前:回復走8km、午後:ミディアムロング走:24km
	合計距離	23km	22(6+16)km	24km	32km
木曜	カテゴリー	回復走	回復走	回復走	回復走
	内容	午前:10km、午後:6km	午前:10km、午後:6km	午前:10km、午後:6km	午前:10km、午後:10km
	合計距離	16km	16km	16km	20km
金曜	カテゴリー	ミディアムロング走	ミディアムロング走	ミディアムロング走	ミディアムロング走
	内容				
	合計距離	19km	24km	23km	23km
土曜	カテゴリー	有酸素走+レッグスピード	有酸素走+レッグスピード	有酸素走+レッグスピード	有酸素走+レッグスピード
	内容	WS:100m×8	WS:100m×8	WS:100m×8	WS:100m×8
	合計距離	13km	13km	16km	16km
日曜	カテゴリー	マラソンペース走	ロング走	ロング走	マラソンペース走
	内容	マラソンペース:13km			マラソンペース:16km
	合計距離	27km	29km	32km	29km
週間合計距離		132km	141km	151km	162km

訳者注:※18週間スケジュールの訳者注を参照。

表12.6●12週間プログラム:トレーニングブロック2〈LT+持久力〉

		7週間前(回復週)	6週間前	5週間前
月曜	カテゴリー	回復走	回復走	回復走
	内容	午前:10km、午後:8km	午前:10km、午後:10km	午前:10km、午後:10km
	合計距離	18km	20km	20km
火曜	カテゴリー	回復走+有酸素走+レッグスピード	回復走、+有酸素走	回復走+有酸素走+レッグスピード
	内容	午前:回復走、午後:有酸素走、WS:100m×10	午前:回復走:10km、午後:有酸素走:16km	午前:回復走、午後:有酸素走、WS:100m×8
	合計距離	26(10+16)km	26km	26(10+16)km
水曜	カテゴリー	ミディアムロング走	VO₂max INT	回復走+ミディアムロング走
	内容		1200m×6	午前:回復走:10km、午後:ミディアムロング走:24km
	合計距離	24km	16km	34km
木曜	カテゴリー	回復走	回復走+ミディアムロング走	回復走
	内容	午前:10km、午後:10km	午前:回復走:10km、午後:ミディアムロング走:24km	午前:10km、午後:10km
	合計距離	20km	34km	20km
金曜	カテゴリー	LT走	回復走+有酸素走	LT走
	内容	LTペース:6km	午前:回復走:10km、午後:有酸素走:16km	LTペース:11km
	合計距離	16km	26km	19km
土曜	カテゴリー	有酸素走+レッグスピード	有酸素走+レッグスピード	有酸素走+レッグスピード
	内容	WS:100m×8	WS:100m×8	WS:100m×8
	合計距離	16km	16km	16km
日曜	カテゴリー	ロング走	マラソンペース走	ロング走
	内容		マラソンペース:19km	
	合計距離	29km	29km	35km
週間合計距離		149km	167km	170km

表12.7●12週間プログラム:トレーニングブロック3〈レース準備〉

		4週間前	3週間前	2週間前
月曜	カテゴリー	回復走	回復走	回復走
	内容	午前:10km、午後:8km	午前:10km、午後:8km	午前:10km、午後:8km
	合計距離	18km	18km	18km
火曜	カテゴリー	回復走+VO₂max INT	有酸素走	VO₂max INT
	内容	午前:回復走、午後:800m×5		800m×5
	合計距離	24(8+16)km	16km	16km
水曜	カテゴリー	回復走+ミディアムロング走	回復走+VO₂max INT	ミディアムロング走
	内容	午前:回復走:8km、午後:ミディアムロング走:24km	午前:回復走、午後:1200m×6	
	合計距離	32km	24(8+16)km	21km
木曜	カテゴリー	回復走+有酸素走+レッグスピード	回復走+ミディアムロング走	回復走+有酸素走+レッグスピード
	内容	午前:回復走、午後:有酸素走、WS:100×8	午前:回復走:6km、午後:ミディアムロング走:24km	午前:回復走、午後:有酸素走、WS:100×8
	合計距離	21(8+13)km	30km	19(6+13)km
金曜	カテゴリー	回復走	回復走+有酸素走	回復走
	内容		午前:回復走:6km、午後:有酸素走:16km	
	合計距離	10km	22km	10km
土曜	カテゴリー	レース	回復走+有酸素走+レッグスピード	レース
	内容	調整レース:8〜15km	午前:回復走、午後:有酸素走、WS:100×8	調整レース:8〜10km
	合計距離	13〜21km	19(6+13)km	14〜18km
日曜	カテゴリー	ロング走	ロング走	ロング走
	合計距離	29km	34km	27km
週間合計距離		147〜155km	163km	125〜129km

表12.8●12週間プログラム:トレーニングブロック4〈テーパリングとレース〉

		1週間前	レースの週
月曜	カテゴリー	回復走	回復走
	合計距離	10km	10km
火曜	カテゴリー	有酸素走+レッグスピード	回復走
	内容	WS:100m×10	午前:10km、午後:6km
	合計距離	16km	16km
水曜	カテゴリー	回復走	マラソンペース走(ドレスリハーサル)
	内容	午前:10km、午後:6km	マラソンペース:4km
	合計距離	16km	14km
木曜	カテゴリー	VO₂max INT	回復走
	内容	1200m×4	
	合計距離	14km	10km
金曜	カテゴリー	回復走	回復走+レッグスピード
	内容		WS:100m×6
	合計距離	10km	8km
土曜	カテゴリー	有酸素走+レッグスピード	回復走
	内容	WS:100m× 8	
	合計距離	13km	6km
日曜	カテゴリー	ミディアムロング走	マラソンレース
	合計距離	21km	
週間合計距離		100km	64km(レースを除く)

表12.9●回復プログラム:トレーニングブロック5〈回復〉

		1週間後	2週間後	3週間後	4週間後	5週間後
月曜	カテゴリー	休養またはXT	休養またはXT	休養またはXT	休養またはXT	回復走
	合計距離					10km
火曜	カテゴリー	休養またはXT	回復走	回復走	有酸素走	有酸素走
	合計距離		8km	10km	13km	13km
水曜	カテゴリー	回復走	回復走	回復走	有酸素走	有酸素走＋レッグスピード
	内容					WS:100m×10
	合計距離	6km	10km	11km	16km	16km
木曜	カテゴリー	休養またはXT	休養またはXT	休養またはXT	休養またはXT	休養またはXT
金曜	カテゴリー	回復走	回復走	有酸素走＋レッグスピード	有酸素走＋レッグスピード	LT走
	内容			WS:100m×8	WS:100m×8	LTペース:6km
	合計距離	10km	11km	13km	14km	16km
土曜	カテゴリー	休養またはXT	回復走	回復走	回復走	回復走
	合計距離		8km	10km	10km	10km
日曜	カテゴリー	回復走	有酸素走	ミディアムロング走	ミディアムロング走	ミディアムロング走
	合計距離	13km	16km	18km	19km	23km
	週間合計距離	29km	53km	62km	72km	88km

訳者注:※略語:XT=クロストレーニング、WS=ウィンドスプリント。※練習の構成と実施方法に関しては第8章を確認のこと。

©Carlos Avila Gonzalez/San Francisco Chronicle via Getty Images

第①部
マラソン
トレーニング
とは何か

第①章
マラソンに
必要な条件と
トレーニング

第②章
栄養摂取と
水分補給

第③章
トレーニングと
回復の
バランス

第④章
補助的
トレーニング

第⑤章
年齢(と分別)
を重ねた
ランナーの
トレーニング

第⑥章
ベスト
パフォーマンス
のための
テーパリング

第⑦章
レース当日の
戦略

第②部
マラソン
トレーニング
プログラム

第⑧章
プログラムの
実施

第⑨章
週89kmまで
のマラソン
トレーニング

第⑩章
週89~
113kmの
マラソン
トレーニング

第⑪章
週113~
137kmの
マラソン
トレーニング

第⑫章
週137km
以上の
マラソン
トレーニング

第⑬章
マラソンの
連戦について

マラソンの連戦について

本章では、連戦のためのトレーニングスケジュールを紹介する。何を血迷ったか、12週間も空けずにマラソンを再び走ることにしてしまった。そんなときのためのスケジュールである。本来、2回（またはそれ以上）の連戦は、自己ベストを狙うなら勧められたものではない。しかし本章では、できるかぎり力が発揮できるようなトレーニングの組み立て方に焦点を絞る。そして、レースの間隔別に、5つのスケジュール（12週、10週、8週、6週、4週）を紹介する。

　本章のスケジュールは、第9章から第12章までのスケジュールとは大きく異なる。まず1回目のレースからの回復を図らなければならない。そしてその次に、2回目のレースに向けたトレーニングとテーパリングに移る。回復、トレーニング、テーパリングにあてられる時間は、2つのレースの間隔によって変わる。例えば、12週間スケジュールの場合は比較的余裕があり、回復に4週間という時間をあてることができるが、6週間スケジュールでは2週間しかあてられない。

　対象となるのは、通常の走行距離がマラソントレーニング期間になると週97~113kmに達するようなランナーである。スケジュールで指定されている週間走行距離のピークは、12週間と10週間のスケジュールでは108kmであるが、8週間、6週間、4週間のスケジュールではそれぞれ106km、97km、77kmである。マラソントレーニング期間になると、たいてい週113kmは超える、という人は、スケジュールのトレーニング量を若干増やすこと。反対に、週97kmに満たない人は、その距離に応じてトレーニング量を減らす。

　スケジュールは、2回目のレースにベストを尽くすという想定で作成されている。ベストと

いっても、自己ベストを出そうということではない。また、2回目（または3回目でも何回目でもいい）を、1回目のレースと同じくらい速く走ろうということでもない。その日にできるかぎり速く走るつもりでスタートラインにつくということである。もし、全力を出し切ったレースに続いて、2回目、3回目のレースをリラックスして楽しく走るだけ、というのなら、本章のスケジュールは無視してほしい。その場合は、とにかく1回目のレースから回復することに力を入れ、それと並行して、次のレースまでに持久力が落ちないように、ロング走を時おり行えばよい。

なぜ連戦するのか

「前回のレースを忘れてしまわないかぎり、次のレースは走れない」とは、よく聞く言葉だが、もしそれが本当なら、ランナーは誰もかれも物忘れが早いことになる。

正確な数字はわからないが、ランナーの多くは年に3回、4回、あるいはそれ以上マラソンレースに出ていると言われている。マラソンを走るのはせいぜい春1回、秋1回という、従来の常識にあえて逆らっているわけだ。なかには毎月レースに出るランナーもいる。といっても、これは市民ランナーにかぎった話ではない。2018年のボストンマラソンを制した川内優輝にとって、4月中旬に行われたボストンは、その年の4度目のマラソン（そして4度目のマラソン優勝）だったのだ。彼は前年の2017年には、12レースを走っているが、そのすべてで2時間16分を切り、5度の優勝を飾っている。本章のコラムで詳しく紹介するが、川内はとにかくレースが好きだ。2時間20分以内の完走が80回以上、そして自己ベスト2時間8分14秒という彼の記録は、マラソンの虜になれば、エリートレベルでも頻繁にマラソンのレースができる、ということの証明である（訳者注：数字は原著執筆当時のものである）。

では、連戦はするべきなのだろうか？ 筆者にその答えを出すことはできない。ただ多くのランナーが連戦に惹かれる理由を説明するのみだ。

連戦の理由:目標が達成できなかった

フィニッシュ後、「もう二度とマラソンはごめんだ」と、決まり文句を発してはみたものの、あれさえなければ、これさえなければ、もう少し速く走ることぐらいはできたはずだ、と考えてしまうのが、マラソンランナーの常である。満足のいくレースができなかった、しかし消耗は少なかったという場合、数週間先によいレースがあれば、身体をうまく回復させて再度出走してみるのも悪くないだろう。

連戦の理由:練習の一環として走る

本命レースの2、3カ月前に、抑えつつも悪くないペースでマラソンを走れば、かなりいいトレーニングになるだけでなく、体力を正確に測ることができる。ただし、追い込んで走ったり、本命レースと変わらないペースで走ったりすれば、ニンジンの生育状況を根っこを引き抜いて確認するようなものだ。しかし、給水、シューズなどを実戦で試すよい機会であることは、間違いない。

連戦の理由:観光レースとして走る

　知らない土地を自分の脚でじっくりと巡ってみれば、自分だけの発見がある。その楽しさは、近年、観光レースの人気が高まっていることからもわかる。休暇のついでに風光明媚なレースを走り、バスツアーでは体験できないような方法で景色を楽しもうというランナーは多い。こうした旅をレースのスケジュールに入れてしまうと、どうしても、間を置かずにマラソンを走ることになってしまう。

連戦の理由:いろいろなレースを走ってみたい

　ランナーの中には、とにかくレースに出ることが好きで、レースというレースを片っ端から体験したい、という人がいる。その対象は、マサチューセッツ州で行われるマーシュフィールド・ニューイヤーマラソン（2018年の完走者は2名。そのうちの1人は誰あろう、あの川内優輝だ）のような私的な小規模レースから、ナパバレーマラソン（カリフォルニアのワイン畑を縦走する大会。参加者1,300人）やツインシティマラソン（紅葉真っ盛りのミシシッピ川沿いを走る。参加者7,000人）のような中規模のレース、さらにはシカゴ、ベルリン、ニューヨークシティといった大規模レース（今やこうしたメガイベントの完走者は毎年50,000人を超える）までと、さまざまだ。レースは1年中どこかしらで開催されてはいるが、従来、春と秋に集中しているので、味見をするようにマラソンに参加していれば、結局は連戦にならざるを得ない。

連戦の理由:くだらないこだわり

　言葉は悪いが、そうとしか言いようがない。「それ、いいかも」と、思いつきだけでチャ

©Herbert Kratky/SEPA.Media /Getty Images

エリートランナーでも、1年に何回もマラソンを走る人はいる

①
第1部
マラソン
トレーニング
とは何か

第①章
マラソンに
必要な条件と
トレーニング

第②章
栄養摂取と
水分補給

第③章
トレーニングと
回復の
バランス

第④章
補助的
トレーニング

第⑤章
年齢(と分別)
を重ねた
ランナーの
トレーニング

第⑥章
ベスト
パフォーマンス
のための
テーパリング

第⑦章
レース当日の
戦略

②
第2部
マラソン
トレーニング
プログラム

第⑧章
プログラムの
実施

第⑨章
週89kmまで
のマラソン
トレーニング

第⑩章
週89～
113kmの
マラソン
トレーニング

第⑪章
週113～
137kmの
マラソン
トレーニング

第⑫章
週137km
以上の
マラソン
トレーニング

第⑬章
マラソンの
連戦について

レンジしようとするランナーもいる。例えば、1年間毎月レースに出る、レースでアメリカ50州・コロンビア特別区またはカナダの州・準州を制覇する、あるいは世界の全大陸でレースに出る、といった挑戦だ。毎月レースに出ていれば、レースの合間の時間がなくなるのは当然だが、地域や場所にこだわって挑戦するにしても、企画に引きずられて参加していれば、同じことになる。

連戦の理由:開き直り

「常識的な」ランナーは、連戦を重ねるランナーを非難する前に、自分自身を振り返ってみるといい。結局この本自体も、マラソンという、人間の身体には本来不向きな運動をいかに成功に導くか、多くのページを費やして説明しているわけだ。年に何回もマラソンを走る人が、「そこにレースがあるからだ」という、もっともらしい理由をこじつけようとしても、動物虐待でもあるまいし、非難されるいわれはない。

スケジュールの背景

　本書のスケジュールでは、1日単位で練習を指定しているが、このやり方には限界がある。特に、ランニング以外の日常生活を取り巻く各ランナーの環境、つまり星の数ほどもある個別の状況を推し量ることは、不可能だ。仕事の予定、家族の生活、人付き合い、学校の授業、天候などは、どれもさまざまな面からマラソントレーニングに影響を及ぼす。ロング走の開始時間ひとつとっても、すべてが絡んでくる。場合によっては柔軟に対応しなければならないことも当然あるだろうし、日程を入れ替えるべきときもあるだろう。こうした事態は十分想定できる。したがって、ロスした時間を取り戻そうと、何日も連続してハードな練習をしないかぎり、ケガやオーバートレーニングは防げるはずだ。

　連戦の場合、スケジュールの実施には、かなりの柔軟性が必要である。レースからの回復にかかる時間は、人によって大きく異なるからだ。同じ1人のランナーでも、1回目のレースが高温下で行われたために重度の脱水になった場合や、珍しく足を引きずっているというような場合は、通常よりも回復に時間がかかるだろう。トレーニングの内容に身体がついていけそうになかったら、身体が発する声を聞くこと。本章のようなタイトなスケジュールで立て続けにマラソンを走る場合は、まずは回復に集中し、トレーニングの心配をするのはあと回しにするのがいちばんだ。もし何らかの理由でスケジュールどおりの練習ができない場合は、本章の後半で説明する優先順位に従って、行う練習、省略する練習を決めること。

　どのスケジュールを実施するにしても、1回目のレース後の2、3週間は回復すること、そして2回目のレース前の3週間はテーパリングを行ってエネルギーを最大限にため込むことが、何よりも重要である。ぜひ覚えていてほしい。疲れがたまっている状態、あるいはケガをしている状態で2回目のレースに臨めば、余分に詰め込んだ練習も、行う価値のないものだったことになる。

　1回目のレース後の2、3週間に、ハードに走りすぎないようにするには、ハートレートモニターを使うのも1つの手だ。第1章と第3章で述べたように、ハートレートモニターを使えば、イージーな日に速く走りすぎるのを抑えられる。マラソンレース後の最初の2、3週間は、

心拍数を、最高心拍数の76%未満または心拍予備量の68%未満に保って走り、身体の回復を促進させること。

スケジュールの見方

スケジュール表では、縦の列に1週間のトレーニングを示した。例えば、10週間スケジュールの「9週間前」という列は、いちばん下の日曜日からレースの日までが9週間だという意味である。この1週間ごとのスケジュールが、レースのある週まで続く（監修者注：原著ではマイルとkmの両方で表示されているが、本訳書ではkm表示をのみを掲載する）。

スケジュールには、その日のトレーニングのカテゴリーと、具体的な練習内容が書かれている。例えば、10週間スケジュールの、レース5週間前の金曜日。具体的な練習は14km走、そしてその日のカテゴリーは、有酸素走である。このような形で示すことにより、1週間のなかでそれぞれの練習がどういうバランスで配置されているのか、そして週ごとにトレーニングがどう進行するのかが、ひと目でわかる。再び10週間スケジュールのレース5週間前を見ると、回復の日が3日あるほか、$\dot{V}O_2max$インターバル、ロング走、ミディアムロング走、有酸素走のあることが、すぐにわかる。次に表を横に見てみよう。日曜日の段に注目すると、ロング走がどのように増えていき、レース前の2週間ではどのように減っていくか、ということも、一目瞭然だ。

トレーニングのカテゴリーは、ロング走、ミディアムロング走、マラソンペース走、有酸素走、LT走、回復走、$\dot{V}O_2max$インターバル、レッグスピードの、8つである。強度設定や実施方法など、各カテゴリーの詳細については第8章で、トレーニングの生理学的な意味については第1章で解説している。

多数のレースに出る場合の優先事項

ここからは、本章のトレーニングスケジュール（12週間、10週間、8週間、6週間、4週間）の優先事項について説明する。しかし、2つのレースのあいだの期間が、12週間、10週間、8週間、6週間、4週間以外の場合は、どうしたらいいのだろうか。

2回目のレースまでの期間が4週間もないとなれば、もうそれは読者の自己責任だ。この場合、課題となるのは、回復、また回復である。回復といっても、身体の回復だけではない。そんな計画を立てた、いかれた頭も治すべきである。

12週間、10週間、8週間、6週間、4週間以外の期間で行うトレーニングのガイドラインは、以下のとおりである：

- 11週間：12週間スケジュールに従って実施するが、「レース6週間前」の週は省略する。
- 9週間：10週間スケジュールに従って実施するが、「レース5週間前」の週は省略し、レース35日前の日の距離を29kmに増やす。
- 7週間：8週間スケジュールに従って実施するが、「レース3週間前」の週は省略し、レース21日前の日の距離を29kmに増やす。
- 5週間：6週間スケジュールに従って実施するが、「レース2週間前」の週は省略し、レース14日前のミディアムロング走の距離を26kmに増やす。

第①部 マラソントレーニングとは何か

第❶章 マラソンに必要な条件とトレーニング

第❷章 栄養摂取と水分補給

第❸章 トレーニングと回復のバランス

第❹章 補助的トレーニング

第❺章 年齢（と分別）を重ねたランナーのトレーニング

第❻章 ベストパフォーマンスのためのテーパリング

第❼章 レース当日の戦略

第②部 マラソントレーニングプログラム

第❽章 プログラムの実施

第❾章 週89kmまでのマラソントレーニング

第❿章 週89〜113kmのマラソントレーニング

第⓫章 週113〜137kmのマラソントレーニング

第⓬章 週137km以上のマラソントレーニング

→ 第⓭章 マラソンの連戦について

12週間スケジュール

　1回目のレースが終わってから、2回目のレースまでの期間が12週間あれば、そう悪くはない。しかし、現実としてリスクはある。それは、この12週間という期間にのんびり構えす

川内優輝 Yuki Kawauchi

©Scott Eisen/Getty Images

自己最高記録：2時間8分14秒（2013年ソウル国際マラソン）※

主な戦績：2018年ボストンマラソン優勝、マラソン2時間20分以内における完走数：世界記録※

世界のエリートマラソンランナーのなかには、年1回のビッグレースだけに焦点を絞り、他のレースには姿を見せない、という選手もいる。

　翻って、川内優輝である。2018年のボストンマラソンで誰も予想しなかった優勝を遂げた彼は、10kmロードのスペシャリストよりも頻繁にマラソンを走る数少ないエリート選手のなかでは、最速のランナーだ。2018年は11のマラソンを走り、ボストン以外にも5つのレースで優勝を果たした。前年の2017年には、出場した12レースすべてにおいて2時間16分を切り、そのうち4レースで優勝している。しかし、彼が走るのはマラソンにかぎらない。毎年数回、ハーフマラソンにも出場しているのである。実際、ボストンで優勝したときも、前の週と次の週の週末は、ハーフマラソンを走っている。さらには毎年最低1回、ウルトラマラソンにも出場している（ボストンで優勝した翌月に、自身最長レース距離である71kmのレースで優勝を果たしている）。また川内は、マラソンを2時間20分以内に完走した回数では、世界記録保持者でもある。※

　川内に素早く回復できる並外れた資質があるのは、間違いない。マラソンの直後はエリートランナーといえども、その多くはふだんどおりに歩くのに苦労する。ましてや走るとなると、さらに難しい。しかし川内は、マラソンランナーにありがちな軟部組織の痛みに対する、いわ

ば免疫を持っている。それが、筋線維組成やランニングエコノミーなどと同様、遺伝によるものであることは、明らかだ。とはいえ、連戦に興味のないランナーにとっても、川内から学ぶべきことは多い。

　まず、そもそも川内はなぜ、こうもたくさんレースを走るのか、ということである。そのいちばんの理由は、レースが好きであることだ。本書でも、自分自身にとって意味のある目標を持つことの重要性については、第1章で述べた。レースの頻度は、自分が何をいちばん大切に思うかで変わるはずである。もっと広い観点から言えば、自分が求めるランニングをすればいい、

※訳者注：自己最高記録は2021年びわ湖毎日マラソンを2時間7分27秒で走り更新した。2時間20分以内の完走数は同大会で101回を達成したほか、2020年の防府読売マラソンで達成した100回がギネス世界記録に認定された。

ぎて、マラソンのための体力が徐々に落ちていくこと、あるいはその逆で、トレーニングをしすぎたために疲労感が抜けないままスタートラインに立ち、なぜここにいるのか、と当の本人でもわからなくなることだ。ランナー自身が自分の状況に合わせ、適切なトレーニングバランスを見極める必要がある。いずれにせよ、前のレースのあとの3〜4週間は十分にリラックス

ということだ。人によっては、それが1年に1度、自己ベストを狙って走ることであるかもしれないし、ボストンマラソンの出場資格を得るために何度も挑戦することかもしれない。あるいは川内のように、競技をすることからしか得られない高揚感を、日ごろから楽しむことかもしれない。自分はランニングのどんな面が好きなのかを意識し、それに従ってトレーニングやレースを行っていけばいいのだ。

頻繁にレースを走ることで、川内はレースの成功率も高めている。もちろん、マラソンに「数撃てば当たる」方式がどこまでも通用するわけではないし、心と身体の回復力によって限界も決まってしまう。しかも、川内の自己最高記録は、レースを選べば本来2時間8分14秒どころではないと考えてしかるべきだ。しかし、1回のマラソンでも多くの失敗をしてしまう可能性はある。それを思えば、3年に2回くらいの頻度にレースを絞ったところで、最大限の力が発揮できるとはかぎらない。これもまた、至極もっともな話だ。川内ほど極端ではないが、15年にわたってレースに出場したメブ・ケフレジギも同様である。頻繁にレースを走ることで、レース当日にすべての条件がうまくそろい、最高の結果を出せる確率が上がったと、ケフレジギ自身、語っている。

では、川内は実際、どのようにトレーニングをこなしてきたのだろうか。彼はこれまでの競技生活の大半において、ランニング以外のスケジュールとレースをうまく組み合わせてきた。2019年にプロランナーに転向する前の仕事は、公務員である。勤務時間は月曜日から金曜日の昼12時から夜9時。平日に走る時間がとれるのは、通常、1日に1回（彼のライバルのほとんどは、ほぼ毎日、2回のトレーニングを積んでいた）。インターバルトレーニングを行う水曜以外の平日は、70〜100分のイージーランニングを午前中に行う、というのが、典型的な平日のスケジュールである。そして、週末はいつもレースを走る。彼にとってはこれが、質と量を兼ね備えた練習の機会になっていたが、それだけではない。こうしたレースは、重要なレースへのステップともなった。例えば71kmのウルトラマラソンは、その次に走るマラソンに向けたロングトレーニングである（かなりロングではあるが）。また、彼はハーフマラソンを65〜66分で走るが、これはマラソン2時間8分のランナーにとって、全力を出す強度ではなく、むしろマラソンペースで走るミディアムロング走に近い強度である。平日にはマラソンに特化した練習がなかなかできないという読者にとっても、週末のレースを利用して、マラソンに必要な練習をこなすことができるだろう。

最後にもう1つ、すべてのランナーが川内から学べることがある。それは、本調子とは言えない日のとらえ方である。調子の悪い日は、必ずある。しかし、彼はそのようなときでも、自分を責めることはせず、その先に待っているチャレンジへと向かう。望みどおりにならないとわかっている日にもレースに姿を見せ、粘り抜くことにも、メリットはあるのだ。世界最強のランナーたちがボストンの冷たい雨と激しい風に打ちのめされるなか川内が凱歌を上げたのも、何ら不思議ではない。

し、身体を完全に回復させるのが最善の策だ。そうすれば、次のレースまでの8、9週間のうち、5、6週間をしっかりしたトレーニングに、3週間をテーパリングにあてることができる。

　メインとなるトレーニングの期間は、2回目のレースの7週間前から2週間前までの6週間である。この期間の最も重要な練習は以下のとおりである：

・調整レース（レース29日前と15日前）
・マラソンレースペース走（42日前）
・ロング走（49日前、35日前、28日前、21日前）
・VO_2maxインターバル（39日前、33日前、25日前）
・ミディアムロング走（52日前、44日前、38日前、32日前、24日前）

10週間スケジュール

　2回目のレースまでの期間が10週間というのも、まだ許せる範囲である。そこで、3週間を身体を十分に回復させることに使う。そして、4週間をしっかりとしたトレーニングに、残りの3週間をテーパリングにあてる。

　メインとなるトレーニングの期間は、レース6週間前から2週間前までである。この期間の最も重要な練習は以下のとおりである：

・調整レース（レース29日前と15日前）
・ロング走（35日前、28日前、21日前、14日前）
・LT走（44日前）
・VO_2maxインターバル（39日前、25日前）
・ミディアムロング走（38日前、32日前、24日前）

　10週間というスパンに関して注意すべきことはただ1つ、強度の高い練習をするのは、前回のレースから完全に身体を回復させてから、ということである。

8週間スケジュール

　2回目のマラソンまでに8週間あれば、1回目のマラソンから完全に回復し、3週間しっかりとトレーニングを行い、さらには2回目のレースに向けてテーパリングをする余裕もある。8週間という間隔は4週間や6週間よりもリスクは少ない。1回目のレースが暑かったとしても、また、軽くどこかケガをしたとしても、うまくいけば、2回目のレースもまだ大丈夫なはずだ。

　メインとなるトレーニングの期間は、レース4週間前から2週間前までである。この期間の最も重要な練習は以下のとおりである：

・調整レース（レース15日前）
・ロング走（28日前、21日前、14日前）
・LT走（30日前）
・ミディアムロング走（24日前、18日前）

　スケジュールに書かれた以上の練習は、なるべくしないこと。8週間あるといっても、やはり準備期間としては短いので、失敗できる余地はあまりない。

6週間スケジュール

　6週間スケジュールはうまく行うのが難しい。なぜなら6週間という期間は、十分なトレーニングをしないと体力がちょうど落ち始めるものの、次のレースに向けたテーパリングの時間を除くと前のレースから回復する時間しか残らないからである。主なトレーニングの期間は、レース3週間前から2週間前までである。この期間は少ない機会も利用してある程度ハードなトレーニングを行い、なおかつ2回目のレースに向けて重度の疲労を残さないようにする。この期間の最も重要な練習は以下のとおりである：

- ・調整レース（レース15日前）
- ・ロング走（14日前）
- ・$\dot{V}O_2$maxインターバル（23日前、19日前）
- ・ミディアムロング走（21日前、18日前）

　この短期間のトレーニング刺激によって、マラソンを走る体力はピークの状態に保たれるため、テーパリングのあとはベストに近いコンディションになるはずである。

4週間スケジュール

　4週間スケジュールは、準備期間をぎりぎりまでコンパクトにしたものである。このスケジュールは回復の2週間とテーパリングの2週間から成る。目的は、ケガをせずにスタートラインにつくこと、前回のレースから十分に回復すること、そして体調を万全に保つことである。走行距離は週間39kmから始まり、3週目は77kmに達する。しかし、あいにくこの週はマラソン2週前でもあるので、距離と強度を増やすのはこの時点でストップし、それと同時にテーパリングを始める。

　この期間の最も重要な練習は以下のとおりである：

- ・ミディアムロング走（14日前、10日前）
- ・$\dot{V}O_2$maxインターバル（12日前）

　連戦する必要のある2つのレースの間隔がちょうど4週間ならば（この「必要」という言葉が持つ意味は場合によって異なるが）、このスケジュールでうまくいくはずである。

レースの戦略

　走らない。それがレースの戦略である。

　もちろんこれは冗談だ。短期間で2回目（あるいは3回目、4回目、それ以上）のレースに出る場合は、2回目以降のレースの目標を明確にすべきである。そうしないとスタートから数kmも行かないうちに、「こんなところでいったい何をしているのだろう？」と、自分で自分がわからなくなるかもしれない。連戦で達成したいことをはっきりさせれば、トレーニングの道すじができ、モチベーションにもなる。2つのレースの間隔を長く空けるほど、2回目のレースでの目標（完走する以外の目標）は、具体的に言えるはずだ。

　2回目のレースの目標が決まったら、今度はスプリットタイムを綿密に計画する。中間点通過後もよいペースをできるだけ維持するには、レースの序盤は抑えて走る。本書ではそのメリ

ットをずっと強調してきたが、過去12週間以内にマラソンを走っている場合は、特に大きな鍵となる。中間点以降はペースがどうしても落ちるからといって、貯金を作るために序盤を飛ばせば、十中八九、自分で自分の首を締めることになるだろう。

目標とするタイムについては、2回目のレースの週になるまで待ってから決める。決定にあたっては、客観的になること。1回目のレースからの回復具合はどうか、1回目と2回目のレースのあいだに行ったロング走、テンポランニング、インターバル練習の質はどうだったか、テーパリング中、活力レベルが上がったと感じたか、ということを考慮に入れて判断する。

それだけではない。前のレース状況についても考えてみよう。例えば、ネガティブスプリットで大幅に自己ベストを更新できた場合。このようなときでも、次のレースに向けて改善する余地は、おそらく残っているだろう。他の例も考えられる。ラスト10kmでペースが落ち、その原因を振り返ってみた結果、序盤の16kmで攻めすぎたせいだとわかった場合。このようなときは、前回達成できなかった目標タイムに再び挑戦する力があるはずだ。しかし、24週間ストイックにトレーニングに打ち込んだあげく、自己ベストをあと3秒というところで逃したという場合、そしてその4週間後が今回のレースだという場合は、残念だが、自己ベストを10分も更新するようなことは考えられない。

もし今まで意識してネガティブスプリットでレースを走ったことがなければ、2回目のレースで試してみてもいいだろう。その場合は、初めの数kmで、設定したペースに身体がどのように反応するのかを正確に把握し、フィニッシュまで維持できる確信がある場合にかぎり、ペースを上げていくようにする。

レース後の過ごし方

短期間で2つ以上のマラソンを走ったあとは、連戦に見合うだけ休養をとる。将来のレースを成功させるためには、これがベストの戦略である。2、3週間、まったく走らないか、もしくは軽いトレーニングにとどめること。そうすれば、身体は回復し、次の新しいチャレンジに向けて意欲も高まるだろう。急いでトレーニングに戻っても、得るものはほとんどない。それどころか、この時期は複数回レースを走ったあとで筋肉や結合組織の弾力性が低下しているため、ケガのリスクが非常に高くなるのである。

1983年の3連戦

1983年、私は17週間のうちに3回マラソンを走ったが、いずれも質の高いレースになった。まずサンフランシスコマラソンを2時間14分44秒で走り優勝すると、その9週間後のモントリオールマラソンでは、2時間12分33秒で2位。そしてさらにその8週間後のオークランドマラソンでは2時間12分19秒を記録し、優勝したのである。モントリオールとオークランドの記録は当時の自己ベストだ。サンフランシスコからモントリオールまでのあいだのトレーニングでは、いくつか失敗もあったが、運、気合、若さ（当時私は26歳だった）で、なんとか乗り切ることができた。サンフランシスコのあとの数日間は特にひどい筋肉痛に悩まされ、レース2日後は脚を引きずりながら3kmを走り、1週間の合計で74kmに到達するという状態だった。脚が回復したのは、定期的に受けていたマッサージのおかげである。

さいわい、レース後1週間が経つと身体はすっかり回復し、3週目では週161kmを走り、トラックで800mのインターバルトレーニングをすることもできた。そして4週目、5週目には、週間走行距離はそれぞれ187km、196kmと、当時の平均と変わらないまでになった（このころはまだオリンピック代表チームには入っておらず、フルタイムで働いていたため、週間走行距離はこの程度だったのである）。次のマラソンまでは、調整レースを2回入れる時間がちょうどあった。1回目は5マイルのレースで23分35秒という結果を出し、2回目はニューヘイブン20Kを走って3位に入賞した。2つのレースが終われば次はテーパリングである。レースの8日前になると私はトラックに行き、1,600mを2本走った。1本目は4分24秒、2本目は4分23秒と、私にしてはかなり速いタイムであり、いい予感がした。さらに最後の2週間は、日ごろ不足していた睡眠時間を補うように努めたため、しっかり準備ができたという感触を得てレースに臨むことができた。

モントリオールマラソンを走り終えた日の夜は遅くまで外出していて、翌朝の早い便でボストンに帰り、そこからタクシーで直接職場に向かった。こうした行動は回復のためにはならなかったが、その後は状態も落ち着いたため、レース後の3週間はそれぞれ、77km、116km、156kmと、走ることができた。たっぷり睡眠をとり、週1回マッサージを受けたため、ケガをすることもなかった。時おりトレーニング日誌に「最悪の気分だ」と書くこともあったが、それ以外はきわめて順調にトレーニングを進めることができた。

オークランドマラソンまであと3週間という時点で、私は勤務先のニューバランスから、オリンピック代表選考会に向けた準備のためという理由で長期の休暇を取った。そして、同じくオークランドマラソンに参加するトレーニングパートナーのトム・ラトクリフと共にニュージーランドへ渡った。当初、我々は少々舞い上がっていた。ニュージーランドでの1週目はトレーニングをしすぎたようである。2週目は、10kmの調整レースに臨んだところ、29分12秒という満足のいく結果が出た。しかし、レースまであと1週となったとき、身体がぎりぎりの状態にあるのがわかり、練習をすぐやめることにした。ひどい疲労感は、レース前3日になってもなくならなかったが、さいわいにしてレース当日は活力がみなぎり、27km地点を過ぎたところで、集団から抜け出すことができた。短期間に連戦するなかで、これは非常に有意義な体験であり、翌年のオリンピック代表選考会とオリンピック本番に向けて、大変よい練習となった。　　　　　　ピート・フィッツィンジャー

表13.1●連戦プログラム:12週間スケジュール

		11週間前	10週間前	9週間前	8週間前	7週間前	6週間前
月曜	カテゴリー	休養またはXT	休養またはXT	休養またはXT	休養またはXT	休養またはXT	休養またはXT
火曜	カテゴリー	休養または回復走	回復走	回復走	有酸素走＋レッグスピード	$\dot{V}O_2max$ INT	有酸素走＋レッグスピード
	内容				WS:100m×10	800m×6	WS:100m×10
	合計距離	0～8km	10km	10km	13km	14km	13km
水曜	カテゴリー	回復走	回復走	有酸素走	ミディアムロング走	回復走	ミディアムロング走
	合計距離	8km	8km	14km	19km	10km	24km
木曜	カテゴリー	休養またはXT	休養またはXT	休養またはXT	回復走	ミディアムロング走	回復走
	合計距離				6km	21km	10km
金曜	カテゴリー	回復走	有酸素走＋レッグスピード	有酸素走＋レッグスピード	LT走	有酸素走＋レッグスピード	ミディアムロング走
	内容		WS:100m×8	WS:100m×8	LTペース:8km	坂道走:10秒×6、WS:100m×8	
	合計距離	8km	11km	14km	14km	13km	21km
土曜	カテゴリー	回復走	回復走	回復走	回復走＋レッグスピード	回復走	回復走＋レッグスピード
	内容				WS:100m×6		WS:100m×6
	合計距離	8km	8km	8km	8km	10km	11km
日曜	カテゴリー	回復走	有酸素走	ミディアムロング走	ロング走	ロング走	マラソンペース走
	内容						マラソンペース:16km
	合計距離	11km	16km	21km	26km	29km	24km
週間走行距離		35～43km	53km	67km	86km	97km	103km

		5週間前	4週間前	3週間前	2週間前	1週間前	レースの週
月曜	カテゴリー	休養またはXT	休養またはXT	休養またはXT	休養またはXT	休養またはXT	休養
火曜	カテゴリー	回復走	$\dot{V}O_2max$ INT	回復走	$\dot{V}O_2max$ INT	有酸素走＋レッグスピード	回復走
	内容		600m×6		600m×6	WS:100m×8	
	合計距離	10km	14km	10km	14km	13km	10km
水曜	カテゴリー	$\dot{V}O_2max$ INT	ミディアムロング走	$\dot{V}O_2max$ INT	ミディアムロング走	回復走	マラソンペース走（ドレスリハーサル）
	内容	1200m×4		1000m×6			マラソンペース:3km
	合計距離	16km	18km	18km	18km	8km	11km
木曜	カテゴリー	ミディアムロング走	回復走＋レッグスピード	ミディアムロング走	回復走＋レッグスピード	$\dot{V}O_2max$ INT	回復走
	内容		WS:100m×6		WS:100m×6	1200m×4	
	合計距離	24km	10km	24km	10km	14km	10km
金曜	カテゴリー	有酸素走	回復走	有酸素走	回復走	回復走	回復走＋レッグスピード
	内容						WS:100m×6
	合計距離	14km	8km	14km	8km	8km	8km
土曜	カテゴリー	回復走	レース	回復走	レース	有酸素走＋レッグスピード	回復走
	内容		調整レース:8～15km		調整レース:8～10km	WS:100m×10	
	合計距離	10km	14～21km	10km	14～18km	11km	6km
日曜	カテゴリー	ロング走	ロング走	ロング走	ロング走	ミディアムロング走	2回目のマラソンレース
	合計距離	32km	27km	32km	27km	21km	
週間走行距離		106km	91～98km	108km	91～95km	75km	45km(レースを除く)

訳者注:※略語:XT=クロストレーニング、WS=ウィンドスプリント、INT=インターバルトレーニング。※$\dot{V}O_2$ max INTの急走は5kmレースペース、休息の緩走の時間は急走にかかった時間の50～90%。※練習の実施方法と構成に関しては第8章を確認のこと。

表13.2●連戦プログラム:10週間スケジュール

		9週間前	8週間前	7週間前	6週間前	5週間前
月曜	カテゴリー	休養またはXT	休養またはXT	休養またはXT	休養またはXT	休養またはXT
火曜	カテゴリー	休養またはXT	回復走	回復走	有酸素走+レッグスピード	回復走
	内容				坂道走:10秒×6、WS:100m×8	
	合計距離		8km	10km	13km	10km
水曜	カテゴリー	回復走	回復走	有酸素走	ミディアムロング走	$\dot{V}O_2$max INT
	内容					1200m×4
	合計距離	8km	8km	14km	19km	16km
木曜	カテゴリー	休養またはXT	休養またはXT	休養またはXT	回復走	ミディアムロング走
	合計距離				6km	24km
金曜	カテゴリー	回復走	有酸素走+レッグスピード	有酸素走+レッグスピード	LT走	有酸素走
	内容		WS:100m×8	WS:100m×8	LTペース:8km	
	合計距離	8km	11km	14km	14km	14km
土曜	カテゴリー	回復走	回復走	回復走	回復走+レッグスピード	回復走
	内容				WS:100m×6	
	合計距離	8km	8km	8km	8km	10km
日曜	カテゴリー	回復走	有酸素走	ミディアムロング走	ロング走	ロング走
	合計距離	11km	16km	21km	27km	31km
週間走行距離		35km	51km	67km	87km	105km

		4週間前	3週間前	2週間前	1週間前	レースの週
月曜	カテゴリー	休養またはXT	休養またはXT	休養またはXT	休養またはXT	休養
火曜	カテゴリー	$\dot{V}O_2$max INT	回復走	$\dot{V}O_2$max INT	有酸素走+レッグスピード	回復走
	内容	600m×6		600m×6	WS:100m×8	
	合計距離	14km	10km	14km	13km	10km
水曜	カテゴリー	ミディアムロング走	$\dot{V}O_2$max INT	ミディアムロング走	回復走	マラソンペース走（ドレスリハーサル）
	内容		1000m×6			マラソンペース:3km
	合計距離	18km	18km	18km	8km	11km
木曜	カテゴリー	回復走+レッグスピード	ミディアムロング走	回復走+レッグスピード	$\dot{V}O_2$max INT	回復走
	内容	WS:100m×6		WS:100m×6	1200m×4	
	合計距離	10km	24km	10km	14km	10km
金曜	カテゴリー	回復走	有酸素走	回復走	回復走	回復走+レッグスピード
	内容					WS:100m×6
	合計距離	8km	14km	8km	8km	8km
土曜	カテゴリー	レース	回復走	レース	有酸素走+レッグスピード	回復走
	内容	調整レース:8〜15km		調整レース:8〜10km	WS:100m×10	
	合計距離	14〜21km	10km	14〜18km	11km	6km
日曜	カテゴリー	ロング走	ロング走	ロング走	ミディアムロング走	2回目のマラソンレース
	合計距離	27km	32km	27km	21km	
週間走行距離		91〜98km	108km	91〜95km	75km	45km(レースを除く)

訳者注:※略語:XT=クロストレーニング、WS=ウィンドスプリント、INT=インターバルトレーニング。※$\dot{V}O_2$max INTの急走は5kmレースペース、休息の緩走の時間は急走にかかった時間の50〜90%。※練習の実施方法と構成に関しては第8章を確認のこと。

表13.3●連戦プログラム:8週間スケジュール

		7週間前	6週間前	5週間前	4週間前
月曜	カテゴリー	休養またはXT	休養またはXT	休養またはXT	休養またはXT
火曜	カテゴリー	休養またはXT	回復走	回復走	有酸素走+レッグスピード
	内容				坂道走: 10秒×6、WS: 100m×8
	合計距離		8km	10km	13km
水曜	カテゴリー	回復走	回復走	有酸素走	ミディアムロング走
	合計距離	8km	8km	14km	19km
木曜	カテゴリー	休養またはXT	休養またはXT	休養またはXT	回復走
	合計距離				6km
金曜	カテゴリー	回復走	有酸素走+レッグスピード	有酸素走+レッグスピード	LT走
	内容		WS:100m×8	WS:100m×8	LTペース:8km
	合計距離	8km	11km	14km	14km
土曜	カテゴリー	回復走	回復走	回復走	回復走+レッグスピード
	内容				WS:100m×6
	合計距離	8km	8km	8km	8km
日曜	カテゴリー	回復走	有酸素走	ミディアムロング走	ロング走
	合計距離	11km	16km	21km	27km
週間走行距離離		35km	51km	67km	87km

		3週間前	2週間前	1週間前	レースの週
月曜	カテゴリー	休養またはXT	休養またはXT	休養またはXT	休養
火曜	カテゴリー	回復走	$\dot{V}O_2max$ INT	有酸素走+レッグスピード	回復走
	内容		600m×6	WS:100m×8	
	合計距離	10km	14km	13km	10km
水曜	カテゴリー	$\dot{V}O_2max$ INT	ミディアムロング走	回復走	マラソンペース走（ドレスリハーサル）
	内容	1000m×5			マラソンペース:3km
	合計距離	16km	18km	8km	11km
木曜	カテゴリー	ミディアムロング走	回復走+レッグスピード	$\dot{V}O_2max$ INT	回復走
	内容		WS:100m×6	1200m×4	
	合計距離	24km	10km	14km	10km
金曜	カテゴリー	有酸素走	回復走	回復走	回復走+レッグスピード
	内容				WS:100m×6
	合計距離	14km	8km	8km	8km
土曜	カテゴリー	回復走	レース	回復走+レッグスピード	回復走
	内容		調整レース:8〜10km	WS:100m×8	
	合計距離	10km	14〜18km	10km	6km
日曜	カテゴリー	ロング走	ロング走	ミディアムロング走	2回目のマラソンレース
	合計距離	32km	27km	21km	
週間走行距離離		106km	91〜95km	74km	45km(レースを除く)

訳者注:※略語:XT=クロストレーニング、WS=ウィンドスプリント、INT=インターバルトレーニング。※$\dot{V}O_2$ max INTの急走は5kmレースペース、休息の緩走の時間は急走にかかった時間の50〜90%。※練習の実施方法と構成に関しては第8章を確認のこと。

表13.4●連戦プログラム:6週間スケジュール

		5週間前	4週間前	3週間前	2週間前	1週間前	レースの週
月曜	カテゴリー	休養またはXT	休養またはXT	休養またはXT	休養またはXT	休養またはXT	休養
火曜	カテゴリー	休養またはXT	回復走	有酸素走+レッグスピード	$\dot{V}O_2$max INT	有酸素走+レッグスピード	回復走
	内容			WS:100m×8	600m×6	WS:100m×8	
	合計距離		10km	11km	14km	13km	10km
水曜	カテゴリー	回復走	有酸素走	ミディアムロング走	ミディアムロング走	回復走	マラソンペース走(ドレスリハーサル)
	内容						マラソンペース:3km
	合計距離	8km	13km	19km	18km	8km	11km
木曜	カテゴリー	休養またはXT	休養またはXT	回復走	回復走+レッグスピード	$\dot{V}O_2$max INT	回復走
	内容				WS:100m×6	1200m×4	
	合計距離			6km	10km	14km	10km
金曜	カテゴリー	回復走	有酸素走+レッグスピード	$\dot{V}O_2$max INT	回復走	回復走	回復走+レッグスピード
	内容		WS:100m×8	800m×6			WS:100m×6
	合計距離	10km	13km	14km	8km	8km	8km
土曜	カテゴリー	回復走	回復走	回復走	レース	回復走+レッグスピード	回復走
	内容				調整レース:8〜10km	WS:100m×8	
	合計距離	8km	8km	8km	14〜18km	10km	6km
日曜	カテゴリー	有酸素走	有酸素走	ミディアムロング走	ロング走	ミディアムロング走	2回目のマラソンレース
	合計距離	13km	16km	24km	29km	21km	
週間走行距離		39km	60km	82km	93〜97km	74km	45km(レースを除く)

表13.5●連戦プログラム:4週間スケジュール

		3週間前	2週間前	1週間前	レースの週
月曜	カテゴリー	休養またはXT	休養またはXT	休養またはXT	休養
火曜	カテゴリー	休養またはXT	回復走	$\dot{V}O_2$max INT	回復走
	内容			800m×5	
	合計距離		10km	13km	10km
水曜	カテゴリー	回復走	有酸素走	回復走	マラソンペース走(ドレスリハーサル)
	内容				マラソンペース:3km
	合計距離	8km	13km	8km	11km
木曜	カテゴリー	休養またはXT	休養またはXT	ミディアムロング走	回復走
	合計距離			24km	10km
金曜	カテゴリー	回復走	有酸素走+レッグスピード	回復走	回復走+レッグスピード
	内容		WS: 100m×8		WS:100m×6
	合計距離	10km	13km	6km	8km
土曜	カテゴリー	回復走	回復走	回復走+レッグスピード	回復走
	内容			WS:100m×8	
	合計距離	8km	8km	8km	6km
日曜	カテゴリー	有酸素走	ミディアムロング走	ミディアムロング走	2回目のマラソンレース
	合計距離	13km	18km	18km	
週間走行距離		39km	62km	77km	45km(レースを除く)

訳者注:※略語:XT=クロストレーニング、WS=ウィンドスプリント、INT=インターバルトレーニング。※$\dot{V}O_2$ max INTの急走は5kmレースペース、休息の緩走の時間は急走にかかった時間の50〜90%。※練習の実施方法と構成に関しては第8章を確認のこと。

①第1部 マラソントレーニングとは何か

第1章 マラソンに必要な条件とトレーニング

第2章 栄養摂取と水分補給

第3章 トレーニングと回復のバランス

第4章 補助的トレーニング

第5章 年齢(と分別)を重ねたランナーのトレーニング

第6章 ベストパフォーマンスのためのテーパリング

第7章 レース当日の戦略

②第2部 マラソントレーニングプログラム

第8章 プログラムの実施

第9章 週89kmまでのマラソントレーニング

第10章 週89〜113kmのマラソントレーニング

第11章 週113〜137kmのマラソントレーニング

第12章 週137km以上のマラソントレーニング

第13章 マラソンの連戦について

オリンピックイヤーのビッグな2連戦

1984年、私は5月26日に行われたオリンピック代表選考会を2時間11分43秒で走り、8月12日のロサンゼルス・オリンピックでは、2時間13分53秒、11位でフィニッシュした。この2つのビッグレースのあいだの11週間、私がどのようにトレーニングに取り組んだか、紹介しよう。

代表選考会に勝ったあとの私は、どうみても少しハイになっていた。選考会の翌日は走るのは休んでゆっくりと泳ぎ、2日後にはぶざまに脚を引きずりながらも5kmを走った。その翌日には週1回のマッサージを受けたが、筋肉の状態はそれほどひどくはなかった。オリンピックまでの回復の期間が短いわりにケガと無縁でいられたのは、このマッサージのおかげである。選考会後の1週目の走行距離は合計で72km。テーパリングを行い、オリンピックを絶好のコンディションで迎えるには、できるだけ早いうちからトレーニングを詰め込むべき、と考えた私は、まずは自分の感覚を頼りにして、2週目は180km、3週目は243kmと距離を踏んだ。さらに2週目からは、脚の回転のため、2日に一度、ウィンドスプリントを2、3本走ることもした。この練習は非常に力になったように思う。

ただ振り返ってみれば、2週目は129〜145km、3週目は177〜193kmにしておくべきだった。少ない距離でも体力は落ちなかっただろうから、やはりこれだけ長い距離を走り込んでしまったのは、自信がなかった証拠だ。実際、選考会の直後に少々距離を落としていれば、オリンピックではもっといい走りができていたかもしれない。しかし、当時の私にはそれがわからなかったのである。

この2連戦で私が直面した問題とは、11週間という期間では、4週間の回復と3週間のテーパリングをフルにこなせない、ということである。これだけの期間を回復とテーパリングにあてると、世界のトップと競うためのトレーニングは、4週間しかできないことになってしまう。そこで、選考会後の回復にあてる期間を短縮し、4週目または5週目までにかなり質の高いロングインターバルを再開することにした。こうすることで、私は問題をくぐりぬけることができたのである。回復期間の短縮には、メリットがあった。直後から、かなりいいペースでロングインターバルを走れるだけの体力があったため、こうした練習の準備にさほど長い期間が要らなかったのである。実際、私は5週目に3マイルのタイムトライアルを14分2秒で走ることができていた。

それでも、私は引き続き、自分の感覚を頼りにしながら臨機応変にトレーニングの加減をした。例えば24km走の日でも、走りながら調子がいいと思ったら、結局42km走ってしまうという具合だ。逆に、予定していたトラックの練習を2、3日先に延ばす、ということもした。「この脚の調子ならばケガをせずに、強度の高い、いい走りができる」と確信できるまで、待ったのである。

テーパリングは、選考会前よりも増やした。これにはオリンピック直前の3週間で背中の張りがひどくなったという、やむを得ない事情もあったのだが、それだけではない。選考会直後のトレーニングが激しすぎたこと、そして活力レベルをもう一段階アップさせるには時間が必要だということに、気づいたのである。あくまで感覚の問題ではあったが、トレーニング中に元気が出ず、練習を抑えて力を取り戻したほうがいいということがわかったのだ。これには、イージーな日を（スピードと距離の面で）さらにイージーにして、対処した。その他、ロング走とインターバルトレーニングの距離も若干短くした。このやり方は私のスタンダードとなり、このあとずっと、レース前はこの方法でテーパリングを行った。

ピート・フィッツィンジャー

目標タイム	ペース(1kmあたり)	5kmスプリット	10kmスプリット	15kmスプリット	20kmスプリット	ハーフマラソン	25kmスプリット	30kmスプリット	35kmスプリット	40kmスプリット	フィニッシュタイム
2:10:00	3:05	15:24	30:49	46:13	1:01:37	1:05:00	1:17:01	1:32:26	1:47:50	2:03:14	2:10:00
2:15:00	3:12	16:00	32:00	47:59	1:03:59	1:07:30	1:19:59	1:35:59	1:51:59	2:07:59	2:15:00
2:20:00	3:19	16:35	33:11	49:46	1:06:22	1:10:00	1:22:57	1:39:32	1:56:08	2:12:43	2:20:00
2:25:00	3:26	17:11	34:22	51:33	1:08:44	1:12:30	1:25:55	1:43:06	2:00:16	2:17:27	2:25:00
2:30:00	3:33	17:46	35:33	53:19	1:11:06	1:15:00	1:28:52	1:46:39	2:04:25	2:22:12	2:30:00
2:35:00	3:40	18:22	36:44	55:06	1:13:28	1:17:30	1:31:50	1:50:12	2:08:34	2:26:56	2:35:00
2:40:00	3:48	18:58	37:55	56:53	1:15:50	1:20:00	1:34:48	1:53:45	2:12:43	2:31:41	2:40:00
2:45:00	3:55	19:33	39:06	58:39	1:18:12	1:22:30	1:37:46	1:57:19	2:16:52	2:36:25	2:45:00
2:50:00	4:02	20:09	40:17	1:00:26	1:20:35	1:25:00	1:40:43	2:00:52	2:21:01	2:41:09	2:50:00
2:55:00	4:09	20:44	41:28	1:02:13	1:22:57	1:27:30	1:43:41	2:04:25	2:25:10	2:45:54	2:55:00
3:00:00	4:16	21:20	42:40	1:03:59	1:25:19	1:30:00	1:46:39	2:07:59	2:29:18	2:50:38	3:00:00
3:05:00	4:23	21:55	43:51	1:05:46	1:27:41	1:32:30	1:49:37	2:11:32	2:33:27	2:55:23	3:05:00
3:10:00	4:30	22:31	45:02	1:07:33	1:30:03	1:35:00	1:52:34	2:15:05	2:37:36	3:00:07	3:10:00
3:15:00	4:37	23:06	46:13	1:09:19	1:32:26	1:37:30	1:55:32	2:18:39	2:41:45	3:04:51	3:15:00
3:20:00	4:44	23:42	47:24	1:11:06	1:34:48	1:40:00	1:58:30	2:22:12	2:45:54	3:09:36	3:20:00
3:25:00	4:52	24:18	48:35	1:12:53	1:37:10	1:42:30	2:01:28	2:25:45	2:50:03	3:14:20	3:25:00
3:30:00	4:59	24:53	49:46	1:14:39	1:39:32	1:45:00	2:04:25	2:29:18	2:54:11	3:19:05	3:30:00
3:35:00	5:06	25:29	50:57	1:16:26	1:41:54	1:47:30	2:07:23	2:32:52	2:58:20	3:23:49	3:35:00
3:40:00	5:13	26:04	52:08	1:18:12	1:44:17	1:50:00	2:10:21	2:36:25	3:02:29	3:28:33	3:40:00
3:45:00	5:20	26:40	53:19	1:19:59	1:46:39	1:52:30	2:13:19	2:39:58	3:06:38	3:33:18	3:45:00
3:50:00	5:27	27:15	54:31	1:21:46	1:49:01	1:55:00	2:16:16	2:43:32	3:10:47	3:38:02	3:50:00
3:55:00	5:34	27:51	55:42	1:23:32	1:51:23	1:57:30	2:19:14	2:47:05	3:14:56	3:42:47	3:55:00
4:00:00	5:41	28:26	56:53	1:25:19	1:53:45	2:00:00	2:22:12	2:50:38	3:19:05	3:47:31	4:00:00

※1kmあたりのペースおよびスプリットタイムは0.1秒の位を四捨五入して1秒単位で表示。

　以下に、同等のレースパフォーマンスと推定される、異なるレース距離のタイムを示す。レース距離は10kmからマラソンまでの代表的な種目に絞っている。この一覧表は、目標タイムの設定の一助にと作成した。

　ただし、あくまで「推定」である。表に示したタイムが各ランナーにどのくらい正確に当てはまるかは、トレーニング歴、レースの地形、天候、各レース距離の経験、競技会のレベル、生まれ持った資質によって異なる。同等のパフォーマンスを推定するにあたっては、各距離のレースに対し、等しくトレーニングを積んだことを前提として検討した。また、比較の対象とするそれぞれの記録が新しいものであるほど、表の推定も正確になる。

10km	15km	10マイル	ハーフマラソン	マラソン
27:00	41:50	45:21	60:24	2:07:22
28:00	43:23	47:02	62:39	2:12:05
29:00	44:56	48:43	64:53	2:16:48
30:00	46:29	50:24	67:07	2:21:31
31:00	48:02	52:06	69:21	2:26:14
32:00	49:35	53:45	71:36	2:30:57
33:00	51:08	55:26	73:50	2:35:40
34:00	52:41	57:07	76:04	2:40:23
35:00	54:14	58:48	78:18	2:45:07
36:00	55:47	60:28	80:33	2:49:50
37:00	57:20	62:09	82:47	2:54:33
38:00	58:53	63:50	85:01	2:59:16
39:00	60:26	65:31	87:15	3:03:59
40:00	61:59	67:12	89:30	3:08:42
41:00	63:32	68:52	91:44	3:13:25
42:00	65:05	70:33	93:58	3:18:08
43:00	66:38	72:14	96:12	3:22:51
44:00	68:11	73:55	98:27	3:27:34
45:00	69:44	75:35	1:40:41	3:32:17
46:00	71:17	77:16	1:42:55	3:37:00
47:00	72:50	78:57	1:45:09	3:41:43
48:00	74:23	80:38	1:47:24	3:46:26
49:00	75:56	82:19	1:49:47	3:51:09
50:00	77:28	83:59	1:51:52	3:55:52
51:00	79:01	85:40	1:54:06	4:00:35
52:00	80:34	87:21	1:56:20	4:05:18
53:00	82:07	89:02	1:58:35	4:10:01
54:00	83:40	90:42	2:00:49	4:14:44
55:00	85:13	92:23	2:03:03	4:19:27

用語解説はあえて簡潔に示した。掲載した用語は本書に登場する主な生理学用語にしぼられているが、いずれもマラソンのトレーニングとレースでよく使われるものである。不明な点があっても、最初から読み返さずすぐに参照できるよう、ここにまとめた。

期分け (periodization)

目標達成のために、ある期間にわたり、トレーニングを体系的に構築すること。

グリコーゲン (glycogen)

筋肉内に蓄えられる貯蔵型の糖質。ランニング時の主要なエネルギー源となる。持久性トレーニングを行うと、一定ペースのランニングに必要となるグリコーゲン燃焼量が減少するほか、グリコーゲン貯蔵量を増やすよう、身体に教えることができる。

最高心拍数 (maximal heart rate)

オールアウト(全力)で走ったときに達する心拍数の最高値。遺伝により決まる。逆に言えば、トレーニングで向上することはない、ということである。優秀なマラソンランナーでも最高心拍数は特に高くない。したがって、マラソンの成否を決めるファクターではない。

最大酸素摂取量 (maximal oxygen uptake)

通常$\dot{V}O_2$maxと呼ばれる。心臓によって筋肉に送り出され、エネルギー産生に利用される酸素量の最大値。トレーニングと遺伝の組み合わせによって決まる。

心拍予備量 (heart rate reserve)

最高心拍数から安静時心拍数を引いた数値。酸素を含んだ血液をより多く筋肉に供給するために、心拍数がどのくらい上昇できるかという範囲を示す。

速筋線維 (fast-twitch muscle fibers)

疲労しやすく収縮が速い筋線維。スプリントのような短時間・高強度の運動時に動員される。速筋線維はタイプIIa線維、タイプIIb線維に大別される。タイプIIa線維はタイプIIb線維に比べて遅筋線維的な性質が強い。持久性トレーニングを行うことによって、タイプIIa線維の遅筋線維的な性質が強まる。このような適応は、速筋線維の有酸素性エネルギー産生能力が向上するため、非常に有益である。

遅筋線維 （slow-twitch muscle fibers）

疲労しにくく収縮が遅い筋線維。持久走のような最大下負荷運動を持続するときに動員される。遅筋線維には、耐疲労性が高い、有酸素能力に優れている、毛細血管密度が高い、といった性質があり、マラソンに向いている。

乳酸性作業閾値 （lactate threshold:LT）

運動強度の値。この値を超えると、乳酸の生成が消失を大幅に上回るようになり、筋肉内および血中の乳酸濃度が上昇する。乳酸の生成に伴って生じた水素イオンは、エネルギー産生酵素を不活性化する。また、筋小胞体のカルシウム取り込み機能を阻害するとも考えられ、その結果、筋収縮力が低下する。したがって、LTペースより速いペースを数km以上維持することはできない。

バイオメカニクス （biomechanics）

身体の各部位がどのように連動してランニングフォームを作るのか、というメカニズム。バイオメカニクスの要素なかには、骨格のように主に遺伝によって決まるものもあるが、ランニングのバイオメカニクスはストレッチや筋力トレーニングによって改善することもあり、それがひいてはマラソンのパフォーマンス向上につながる。

$\dot{V}O_2max$

最大酸素摂取量の箇所を参照。

ヘモグロビン （hemoglobin）

酸素を運搬する働きを持つ、赤血球中のタンパク質。ヘモグロビン濃度が高いほど、有酸素性エネルギー産生のために筋肉に運搬される（一定の血液量あたりの）酸素量が多くなる。

ミトコンドリア （mitochondria）

筋線維内で唯一有酸素性エネルギーが産生される場所。いわば、筋線維内の有酸素性エネルギー産生工場である。適正なトレーニングを行うと、筋線維内のミトコンドリアが拡大し（つまりエネルギー産生工場が大きくなり）、その数も増える（エネルギー産生工場の数が増える）。

毛細血管 （capillaries）

最も細い血管。通常、各筋線維の周囲に分布している。適正なトレーニングを行うと、筋線維あたりの毛細血管数が増える。毛細血管は各筋線維に酸素を直接供給するため、毛細血管密度が高まれば、有酸素性エネルギーの産生速度も上昇する。また、毛細血管は筋線維に燃料を供給し、二酸化炭素のような老廃物を除去する。

ランニングエコノミー （running economy）

一定量の酸素でどれだけ速く走れるかということ。もし同じ酸素消費量で他のランナーよりも速く走れるなら、自分のランニングエコノミーがより優れているということになる。逆に、ランニングエコノミーは、ある一定ペースで走る際の酸素必要量と考えることもできる。同じペースで走ったときに消費する酸素量が他のランナーより少なければ、自分のランニングがより経済的、つまりランニングエコノミーに優れていることになる。

→ 引用文献と参考図書

Armstrong, L.E., A.C. Pumerantz, M.W. Roti, D.A. Judelson, G. Watson, J.C. Dias, B. Sokmen, D.J. Casa, C.M. Maresh, H. Lieberman, and M. Kellogg. 2005. "Fluid, Electrolyte and Renal Indices of Hydration During 11 Days of Controlled Caffeine Consumption." International *Journal of Sports Nutrition and Exercise Metabolism* 15:252-265.

Arnal, P.J., F. Sauvet, D. Leger, P. van Beers, V. Bayon, C. Bougard, and M. Chennaoui. 2015. "Benefits of Sleep Extension on Sustained Attention and Sleep Pressure Before and During Total Sleep Deprivation and Recovery." *Sleep: Journal of Sleep and Sleep Disorders Research* 38 (12): 1935-1943.

Azevedo, L.B., M.I. Lambert, P.S. Zogaib, and T.L. Barros Neto. 2010. "Maximal and Submaximal Physiological Responses to Adaptation to Deep Water Running." *Journal of Sports Sciences* 28 (4): 407-414.

Bailey, S.J., P. Winyard, A. Vanhatalo, J.R. Blackwell, F.J. DiMenna, D.P. Wilkerson, J. Tarr, N. Benjamin, and A.M. Jones. 2009. "Dietary Nitrate Supplementation Reduces the O_2 Cost of Low-Intensity Exercise and Enhances Tolerance to High-Intensity Exercise in Humans." *Journal of Applied Physiology* 107 (4): 1144-1155.

Barnes K.R., W.G. Hopkins, M.R. McGuigan, and A.E. Kilding. 2013. "Effects of Different Uphill Interval-Training Programs on Running Economy and Performance." International *Journal of Sports Physiology and Performance* 8:639-647.

Beck, O.N., S. Kipp, J.M. Roby, A.M. Grabowski, R. Kram, and J.D. Ortega. 2016. "Older Runners Retain Youthful Running Economy Despite Biomechanical Differences." *Medicine and Science in Sports and Exercise* 48:697-704.

Bell, D.G., and T.M. McLellan. 2002. "Exercise Endurance 1, 3, and 6 h After Caffeine Ingestion in Caffeine Users and Nonusers." *Journal of Applied Physiology* 93:1227-1234.

Bishop, P.A., E. Jones, and A.K. Woods. 2008. "Recovery From Training: A Brief Review." *Journal of Strength and Conditioning Research* 22 (3): 1015-1024.

Bompa, T.O. 2005. *Periodization Training for Sports.* 2nd ed. Champaign, IL: Human Kinetics.

Born, D.P., B. Sperlich, and H.C. Holmberg. 2013. "Bringing Light Into the Dark: Effects of Compression Clothing on Performance and Recovery." *International Journal of Sports Physiology and Performance* 8 (1): 4-18.

Bosquet, L., J. Montpetit, D. Arvisais, and I. Mujika. 2007. "Effects of Tapering on Performance: A Meta-Analysis." *Medicine and Science in Sports and Exercise* 39:1358-1365.

Brisswalter, J., and K. Nosaka. 2013. "Neuromuscular Factors Associated With Decline in Long-Distance Running Performance in Master Athletes." *Sports Medicine* 43:51-63.

Burgess, T.L., and M.I. Lambert. 2010. "The Efficacy of Cryotherapy on Recovery Following Exercise-Induced Muscle Damage." *International SportMed Journal* 11 (2): 258-277.

Burke, L.M. 2007. "Nutrition Strategies for the Marathon: Fuel for Training and Racing." *Sports Medicine* 37 (4/5): 344-347.

Burke, L.M. 2008. "Caffeine and Sports Performance." *Applied Physiology, Nutrition and Metabolism* 33:1319-1334.

Burke, L.M. 2010. "Fueling Strategies to Optimize Performance: Training High or Training Low?" Supplement 2, *Scandinavian Journal of Medicine and Science in Sports* 20:48-58.

Burke, L.M., J.A. Hawley, S.H.S. Wong, and A.E. Jeukendrup. 2011. "Carbohydrates for Training and Competition." Supplement 1, *Journal of Sports Sciences* 29: S17-S27.

Burke, L.M., and R.J. Maughan. 2015. "The Governor Has a Sweet Tooth—Mouth Sensing of Nutrients to Enhance Sports Performance." *European Journal of Sport Science* 15 (1): 29-40.

Carr, A.J., A.P. Sharma, M.L. Ross, M. Welvaert, G.J. Slater, and L.M. Burke. 2018. "Chronic Ketogenic Low Carbohydrate High Fat Diet Has Minimal Effects on Acid-Base Status in Elite Athletes." *Nutrients* 10 (2): 236-248.

Chapman, R., and B.D. Levine. 2007. "Altitude Training for the Marathon." *Sports Medicine* 37 (4/5): 392-395.

Cheuvront, S.N., S.J. Montain, and M.N. Sawka. 2007. "Fluid Replacement and Performance During the Marathon." *Sports Medicine* 37 (4/5): 353-357.

Clark, N. 2014. *Nancy Clark's Sports Nutrition Guidebook.* 5th ed. Champaign, IL: Human Kinetics.

Cochrane, D.J. 2004. "Alternating Hot and Cold Water Immersion for Athlete Recovery: A Review." *Physical Therapy in Sport* 5:26-32.

Cox, P.J., T. Kirk, T. Ashmore, K. Willerton, R. Evans, A. Smith, and K. Clarke. 2016. "Clinical and Translational Report: Nutritional Ketosis Alters Fuel Preference and Thereby Endurance Performance in Athletes." *Cell Metabolism* 24:256-268.

Coyle, E.F. 2007. "Physiological Regulation of Marathon Performance." *Sports Medicine* 37 (4/5): 306-311.

Craig, W.J., A.R. Mangels. 2009. "Position of the American Dietetic Association: Vegetarian Diets." *Journal of the American Dietetic Association* 109:1266-1282.

Dalleck, L.C., L. Kravitz, and R.A. Robergs. 2004. "Maximal Exercise Testing Using the Elliptical Cross-Trainer and Treadmill." *Professionalization of Exercise Physiology* 7 (3): 94-101.

Daniels, J. 2014. *Daniels' Running Formula.* 3rd ed. Champaign, IL: Human Kinetics.

Devita, P., R.E. Fellin, J.F. Seay, E. Ip, N. Stavro, and S.P. Messier. 2016. "The Relationships Between Age and Running Biomechanics." *Medicine and Science in Sports and Exercise* 48 (1): 98-106.

Dupuy, O., W. Douzi, D. Theurot, L. Bosquet, and B. Dugué. 2018. "An Evidence-Based Approach for Choosing Post-Exercise Recovery Techniques to Reduce Markers of Muscle Damage, Soreness, Fatigue, and Inflammation: A Systematic Review With Meta-Analysis." *Frontiers in Physiology* 9:1-15.

Eberle, S.G. 2014. *Endurance Sports Nutrition.* 3rd ed. Champaign, IL: Human Kinetics.

Eichner, E.R. 2012. "Pearls and Pitfalls: Everyone Needs Iron." *Current Sports Medicine Reports* 11 (2): 50-51.

Flueck, J.L., A. Bogdanova, S. Mettler, and C. Perret. 2016. "Is Beetroot Juice More Effective Than Sodium Nitrate? The Effects of Equimolar Nitrate Dosages of Nitrate-Rich Beetroot Juice and Sodium Nitrate on Oxygen Consumption During Exercise." *Applied Physiology, Nutrition, and Metabolism* 41 (4): 421-429.

Flynn, M.G., K.K. Carroll, H.L. Hall, B.A. Bushman, P.G. Brolinson, and C.A. Weideman. 1998. "Cross Training: Indices of Training Stress and Performance." *Medicine and Science in Sports and Exercise* 30 (2): 294-300.

Foster, C., L.L. Hector, R. Welsh, M. Schrager, M.A. Green, and A.C. Snyder. 1995. "Effects of Specific Versus Cross-Training on Running Performance." *European Journal of Applied Physiology and Occupational Physiology* 70 (4): 367-372.

Foster, C., and A. Lucia. 2007. "Running Economy: The Forgotten Factor in Elite Performance." *Sports Medicine* 37 (4/5): 316-319.

Frazer, M., and S. Romine. 2017. *The No Meat Athlete Cookbook*. New York: The Experiment.

Gellish, R.L., B.R. Goslin, R.E. Olson, A. McDonald, G.D. Russi, and V.K. Moudgil. 2007. "Longitudinal Modeling of the Relationship Between Age and Maximal Heart Rate."*Medicine and Science in Sports and Exercise* 39 (5): 822-829.

Gonçalves, L. de S., V. de S. Painelli, G. Yamaguchi, L.F. de Oliveira, B. Saunders, R.P. da Silva, B. Gualano. 2017. "Dispelling the Myth That Habitual Caffeine Consumption Influences the Performance Response to Acute Caffeine Supplementation." *Journal of Applied Physiology* 123 (1): 213-220.

Grivas, G.V. 2018. "The Effects of Tapering on Performance in Elite Endurance Runners: A Systematic Review." *International Journal of Sports Science* 8 (1): 8-13.

Guest, N., P. Corey, J. Vescovi, and A. El-Sohemy. 2018. "Caffeine, CYP1A2 Genotype, and Endurance Performance in Athletes." *Medicine and Science in Sports and Exercise* 50 (8): 1570-1578.

Guglielmo, L.G., C.C. Greco, and B.S. Denadai. 2009. "Effects of Strength Training on Running Economy." *International Journal of Sports Medicine* 30 (1): 27-32.

Havemann, L., S. West, J. Goedecke, I. Macdonald, A. Gibson, T. Noakes, and E. Lambert. 2006. "Fat Adaptation Followed by Carbohydrate Loading Compromises High-Intensity Sprint Performance." J*ournal of Applied Physiology* 100:194-202.

Hawley, J.A., and F.J. Spargo. 2007. "Metabolic Adaptations to Marathon Training and Racing." *Sports Medicine* 37 (4/5): 328-331.

Hayes, P.R., A. Walker. 2007. "Pre-Exercise Stretching Does Not Impact Upon Running Economy." *Journal of Strength and Conditioning Research* 21:1227-1232.

Hunter, I., K. Lee, J. Ward, and J. Tracy. 2017. "Self-Optimization of Stride Length Among Experienced and Inexperienced Runners." *International Journal of Exercise Science* 10 (3):446-453.

Impey, S.G., M.A. Hearris, K.M. Hammond, J.D. Bartlett, J. Louis, G.L. Close, and J.P. Morton. 2018. "Fuel for the Work Required: A Theoretical Framework for Carbohydrate Periodization and the Glycogen Threshold Hypothesis." *Sports Medicine* 48 (5): 1031-1048.

Jones, A.M. 2014. "Influence of Dietary Nitrate on the Physiological Determinants of Exercise Performance: A Critical Review." Applied Physiology, *Nutrition, and Metabolism* 39 (9): 1019-1028.

Kenefick, R., S. Cheuvront, and M. Sawka. 2007. "Thermoregulatory Function During the Marathon." *Sports Medicine* 37 (4/5): 312-315.

Knechtle, B., C.A. Rust, and T.R. Knechtle. 2012. "Does Muscle Mass Affect Running Times in Male Long-Distance Master Runners?" *Asian Journal of Sports Medicine* 3:247-256.

Lane, S.C., S.R. Bird, L.M. Burke, and J.A. Hawley. 2013. "Effect of a Carbohydrate Mouth Rinse on Simulated Cycling Time-Trial Performance Commenced in a Fed or Fasted State." *Applied Physiology, Nutrition, and Metabolism* 38 (2): 134-139.

Larisova, V. 2014. "Does Resistance Training Improve Running Economy and Distance Running Performance?" *Journal of Australian Strength and Conditioning* 22 (1): 56-62.

Larson-Meyer, D.E. 2006. *Vegetarian Sports Nutrition*. Champaign, IL: Human Kinetics.

Leetun, D.T., M.L. Ireland, J.D. Wilson, B.T. Ballantyne, and I.M. Davis. 2004. "Core Stability Measures as Risk Factors for Lower Extremity Injury in Athletes." *Medicine and Science in Sports and Exercise* 36:926-934.

Lis, D.M., T. Stellingwerff, C.M. Shing, K.D.K. Ahuja, and J.W. Fell. 2015. "Exploring the Popularity, Experiences, and Beliefs Surrounding Gluten-Free Diets in Nonceliac Athletes."

International Journal of Sport Nutrition and Exercise Metabolism 25 (1): 37-45.

Maughan, R.J., L.M. Burke, J. Dvorak, D.E. Larson-Meyer, P. Peeling, S.M. Phillips, and A. Ljungqvist. 2018. "IOC Consensus Statement: Dietary Supplements and the High-Performance Athlete." *International Journal of Sport Nutrition and Exercise Metabolism* 28 (2): 104-125.

McNeely, E., and D. Sandler. 2007. "Tapering for Endurance Athletes." *Strength and Conditioning Journal* 29 (5): 18-24.

McSwiney, F.T., B. Wardrop, L. Doyle, P.N. Hyde, R.A. Lafountain, and J.S. Volek. 2018. "Keto-Adaptation Enhances Exercise Performance and Body Composition Responses to Training in Endurance Athletes." *Metabolism: Clinical and Experimental* 81: 25-34.

Midgley, A.W., L.R. McNaughton, and A.M. Jones. 2007. "Training to Enhance the Physiological Determinants of Long-Distance Running Performance." *Sports Medicine* 37:857-880.

Mountjoy, M., J. Sundgot-Borgen, L. Burke, S. Carter, N. Constantini, C. Lebrun, and A. Ljungqvist. 2014. "The IOC Consensus Statement: Beyond the Female Athlete Triad—Relative Energy Deficiency in Sport (RED-S)." *British Journal of Sports Medicine* 48 (7): 491-497.

Mujika, I. 1998. "The Influence of Training Characteristics and Tapering on the Adaptation in Individuals: A Review." *International Journal of Sports Medicine* 19 (7): 439-446.

Mujika, I. 2010. "Intense Training: The Key to Optimal Performance Before and During the Taper." Supplement 2, *Scandinavian Journal of Medicine and Science in Sports* 20:24-31.

Nieman, D.C. 1999. "Physical Fitness and Vegetarian Diets: Is There a Relation?" Supplement 3, *The American Journal of Clinical Nutrition* 70:570-575.

Nieman, D.C. 2007. "Marathon Training and Immune Function." *Sports Medicine* 37 (4/5): 412-415.

Noakes, T.D. 2003. *Lore of Running*. 4th ed. Champaign, IL: Human Kinetics.

Noakes, T.D. 2007a. "The Central Governor Model of Exercise Regulation Applied to the Marathon." *Sports Medicine* 37:374-77.

Noakes, T.D. 2007b. "Hydration in the Marathon: Using Thirst to Gauge Safe Fluid Replacement." *Sports Medicine* 37 (4/5): 463-466.

Peling, P., B. Dawson, C. Goodman, G. Landers, and D. Trinder. 2008. "Athletic Induced Iron Deficiency: New Insights Into the Role of Inflammation, Cytokines and Hormones." *European Journal of Applied Physiology* 103 (4): 381-391.

Poppendieck, W., O. Faude, M. Wegmann, and T. Meyer. 2013. "Cooling and Performance Recovery of Trained Athletes: A Meta-Analytical Review." *International Journal of Sports Physiology and Performance* 8 (3): 227-242.

Pfitzinger, P., and P. Latter. 2015. *Faster Road Racing*. Champaign, IL: Human Kinetics.

Ramirez, M.E., M.P. McMurry, G.A. Wiebke, K.J. Felten, K. Ren, A.W. Meikle, and P.H. Iverius. 1997. "Evidence for Sex Steroid Inhibition of Lipoprotein Lipase in Men: Comparison of Abdominal and Femoral Adipose Tissue." *Metabolism: Clinical and Experimental* 46 (2): 179-185.

Reaburn, P., and B. Dascombe. 2008. "Endurance Performance in Masters Athletes." *European Reviews of Aging and Physical Activity* 5:31-42.

Reilly, T., C.N. Dowzer, and N.T. Cable. 2003. "The Physiology of Deep-Water Running." *Journal of Sports Sciences* 21:959-972.

Robergs, R.A., and R. Landwehr. 2002. "The Surprising History of the HRmax = 220 − Age Equation." *JEPonline* 5 (2): 1-10. https://www.asep.org/asep/asep/May2002JEPonline.html

Rønnestad, B.R., and I. Mujika. 2014. "Optimizing Strength Training for Running and Cycling Endurance Performance: A Review." *Scandinavian Journal of Medicine and Science in Sports* 24:603-612.

Ryan, B.D., T.W. Beck, T.J. Herda, H.R. Hull, M.J. Hartman, J.R. Stout, and J.T. Cramer. 2008. "Do Practical Durations of Stretching Alter Muscle Strength? A Dose-Response Study." *Medicine and Science in Sports and Exercise* 40:1529-1537.

Saunders, P., D. Pyne, R. Telford, and J. Hawley. 2004. "Factors Affecting Running Economy in Trained Distance Runners." *Sports Medicine* 34:465-485.

Sawka, M.N., L.M. Burke, E.R. Eichner, R.J. Maughan, S.J. Montain, and N.S. Stacherfield. 2007. "ACSM Position Stand: Exercise and Fluid Replacement." *Medicine and Science in Sports and Exercise* 39:377-390.

Schumacher, Y.O., A. Schmid, and D. Grathwohl. 2002. "Hematological Indices and Iron Status in Athletes of Various Sports and Performances." *Medicine and Science in Sports and Exercise* 34 (5): 869-875.

Simpson, N.S., E.L. Gibbs, and G.O. Matheson. 2017. "Optimizing Sleep to Maximize Performance: Implications and Recommendations for Elite Athletes." *Scandinavian Journal of Medicine and Science in Sports* 27 (3): 266-274.

Spriet, L. 2007. "Regulation of Substrate Use During the Marathon." *Sports Medicine* 37 (4/5): 332-336.

Stellingwerff, T. 2013. "Contemporary Nutrition Approaches to Optimize Elite Marathon Performance." *International Journal of Sports Physiology and Performance* 8 (5): 573-578.

Storen, O., J. Helgerud, E.M. Stoa, and J. Hoff. 2008. "Maximal Strength Training Improves Running Economy in Distance Runners." *Medicine and Science in Sports and Exercise* 40 (6): 1087-1092.

Suominen, H. 2011. "Ageing and Maximal Physical Performance." *European Reviews of Aging and Physical Activity* 8:37-42.

Svedenhag, J., and J. Seger. 1992. "Running on Land and in Water: Comparative Exercise Physiology." *Medicine and Science in Sports and Exercise* 24 (10): 1155-1160.

Tanaka, H. 1994. "Effects of Cross-Training: Transfer of Training Effects on $\dot{V}O_2$ max Between Cycling, Running and Swimming. *Sports Medicine* 18 (5): 330-339.

Thomas, D.T., K.A. Erdman, and L.M. Burke. 2016. "Position of the Academy of Nutrition and Dietetics, Dietitians of Canada, and the American College of Sports Medicine: Nutrition and Athletic Performance." *Journal of the Academy of Nutrition and Dietetics* 116 (3): 501-528.

Uckert, S., and W. Joch. 2007. "Effects of Warm-Up and Precooling on Endurance Performance in the Heat." *British Journal of Sports Medicine* 6:380-384.

Urbain, P., L. Strom, L. Morawski, A. Wehrle, P. Deibert, and H. Bertz. 2017. "Impact of a 6-Week Non-Energy-Restricted Ketogenic Diet on Physical Fitness, Body Composition and Biochemical Parameters in Healthy Adults." *Nutrition and Metabolism* 14 (17): 1-11.

Van Hooren, B., and J.M. Peake. 2018. "Do We Need a Cool-Down After Exercise? A Narrative Review of the Psychophysiological Effects and the Effects on Performance, Injuries and the Long-Term Adaptive Response." *Sports Medicine* 48 (7): 1575-1595.

Venter, R.E. 2012. "Role of Sleep in Performance and Recovery of Athletes." *South African Journal for Research in Sport, Physical Education and Recreation* 34:167-184.

Versey, N.G., S.L. Halson, and B.T. Dawson. 2012. "Effect of Contrast Water Therapy Duration on Recovery of Running Performance." *International Journal of Sports Physiology and Performance* 7 (2): 130-140.

Vikmoen, O., T. Raastad, O. Seynnes, K. Bergstrøm, S. Ellefsen, and B.R. Rønnestad. 2016. "Effects of Heavy Strength Training on Running Performance and Determinants of Running Performance in Female Endurance Athletes." *PLOS ONE* 11(3): 1-18.

Volek, J.S., D.J. Freidenreich, C. Saenz, L.J. Kunces, B.C. Creighton, J.M. Bartley, P.M. Davitt, C.X. Munoz, J.M. Anderson, C.M. Maresh, E.C. Lee, M.D. Schuenke, G. Aerni, W.J. Kraemer, and S.D. Phinney. 2016. "Clinical Science: Metabolic Characteristics of Keto-Adapted Ultra-Endurance Runners. *Metabolism* 65:100-110.

Weerapong, P., P.A. Hume, and G.S. Kolt. 2005. "The Mechanisms of Massage and Effects on Performance, Muscle Recovery and Injury Prevention." *Sports Medicine* 35 (3): 235-256.

Wilber, R.L., R.J. Moffatt, B.E. Scott, D.T. Lee, and N.A. Cucuzzo. 1996. "Influence of Water Run Training on the Maintenance of Aerobic Performance." *Medicine and Science in Sports and Exercise* 28 (8): 1056-1062.

Wilkerson, D.P., G.M. Hayward, S.J. Bailey, A. Vanhatalo, J.R. Blackwell, and A.M. Jones. 2012. "Influence of Acute Dietary Nitrate Supplementation on 50-Mile Time Trial Performance in Well-Trained Cyclists." *European Journal of Applied Physiology* 112 (12): 4127-4134.

Wirnitzer, K., T. Seyfart, C. Leitzmann, M. Keller, G. Wirnitzer, C. Lechleitner, C.A. Rüst, T. Rosemann, and B. Knechtle. 2016. "Prevalence in Running Events and Running Performance of Endurance Runners Following a Vegetarian or Vegan Diet Compared to Non-Vegetarian Endurance Runners: The NURMI Study." *SpringerPlus* 5 (1): 458-464.

Wiswell, R.A., S.V. Jaque, T.J. Marcell, S.A. Hawkins, K.M. Tarpenning, N. Constantino, and D.M. Hyslop. 2000. "Maximal Aerobic Power, Lactate Threshold, and Running Performance in Master Athletes." *Medicine and Science in Sports and Exercise* 32 (6): 1165-1170.

Wong, S.H., P.M. Siu, A. Lok, Y.J. Chen, J. Morris, and C.W. Lam. 2008. "Effect of the Glycemic Index of Pre-Exercise Carbohydrate Meals on Running Performance." *European Journal of Sport Science* 8:23-33.

Young, B.W., N. Medic, P.L. Weir, and J.L. Starkes. 2008. "Explaining Performance in Elite Middle-Aged Runners: Contribution From Age and From Ongoing and Past Training Factors." *Journal of Sport and Exercise Psychology* 30:737-754.

Zinn, C., M. Wood, M. Williden, S. Chatterton, and E. Maunder. 2017. "Ketogenic Diet Benefits Body Composition and Well-Being but not Performance in a Pilot Case Study of New Zealand Endurance Athletes." *Journal of the International Society of Sports Nutrition* 14 (1): 1-9.

→ 索引

著者

ピート・フィッツィンジャー ★ Pete Pfitzinger

1984年ロサンゼルス、1988年ソウルのオリンピック米国マラソン代表。両大会では米国トップの成績を収める。自己ベストは2時間11分43秒。サンフランシスコマラソンでは1983年、1986年と2回優勝。1987年ニューヨークシティマラソン3位。1984年には、『Track & Field News』誌において米国マラソンランナーランキングのトップとなり、Road Runners Club of Americaの殿堂入りも果たしている。これまで30年以上にわたり、マラソンランナーを指導し、目標達成のサポートをしてきた。他の著作に『Faster Road Racing』(Philip Latterとの共著など)がある。

著者

スコット・ダグラス ★ Scott Douglas

フリーランスライター、エディター。25年以上にわたりランニング関連のジャーナリズムに携わり、『Running World』誌などに連載を持つ。主な著書に『Meb for Mortals』『26 Marathons』(メブ・ケフレジギとの共著)、『Running Is My Therapy』のほか、伝説のランナー、ビル・ロジャースとの共著もある。メイン州サウスポートランド在住。

翻訳者

篠原美穂 ★ しのはら・みほ

慶應義塾大学卒業。主な訳書に『ダニエルズのランニング・フォーミュラ』『初めてのウルトラ&トレイルランニング』『ランニング解剖学第2版』『コーチとは自分を知ることから始まる』(以上、小社刊)、『トライアスリート・トレーニング・バイブル』『50を過ぎても速く!』(以上、OVERLANDER刊)など。走歴22年。

監修者

前河洋一 ★ まえかわ・よういち

国際武道大学教授。筑波大学大学院修了、日本スポーツ協会公認日本陸連コーチ4、国際陸連レベル1公認コーチ、健康運動指導士。筑波大学時代に箱根駅伝(5区)2回出場、マラソン(2時間19分34秒)、100km(7時間32分)、富士登山競走(3時間20分)。日本陸連ランニング普及部長や東京マラソン財団のONE TOKYO講師、ホノルルマラソンツアーコーチなどで市民ランナーの指導を牽引。

アドバンスト・マラソン
トレーニング 第3版

2021年6月15日　第1版第1刷発行

著　者　ピート・フィッツィンジャー、スコット・ダグラス
訳　者　篠原美穂
監修者　前河洋一
発行人　池田哲雄
発行所　株式会社ベースボール・マガジン社
　　　　〒103-8482
　　　　東京都中央区日本橋浜町2-61-9 TIE浜町ビル
　　　　電話 03-5643-3930(販売部)
　　　　電話 03-5643-3885(出版部)
　　　　振替口座 00180-6-46620
　　　　https://www.bbm-japan.com/

印刷・製本 大日本印刷株式会社
本文・装幀 チックス.

©Baseball Magazine Sha, Co. Ltd., 2021
Printed in Japan
ISBN978-4-583-11311-1 C2075